LA
VIE MORALE ET INTELLECTUELLE

DES

OUVRIERS

PAR

M. EUGÈNE TALLON

~~ancien général~~ ANCIEN DÉPUTÉ

MEMBRE DE LA COMMISSION SUPÉRIEURE

DU TRAVAIL DES ENFANTS DANS L'INDUSTRIE

Deuxième Édition

LABOR · OMNIA · VINCIT · IMPROBVS

PARIS

E. PLON et Cie, IMPRIMEURS-ÉDITEURS

RUE GARANCIÈRE, 10

1877

Tous droits réservés

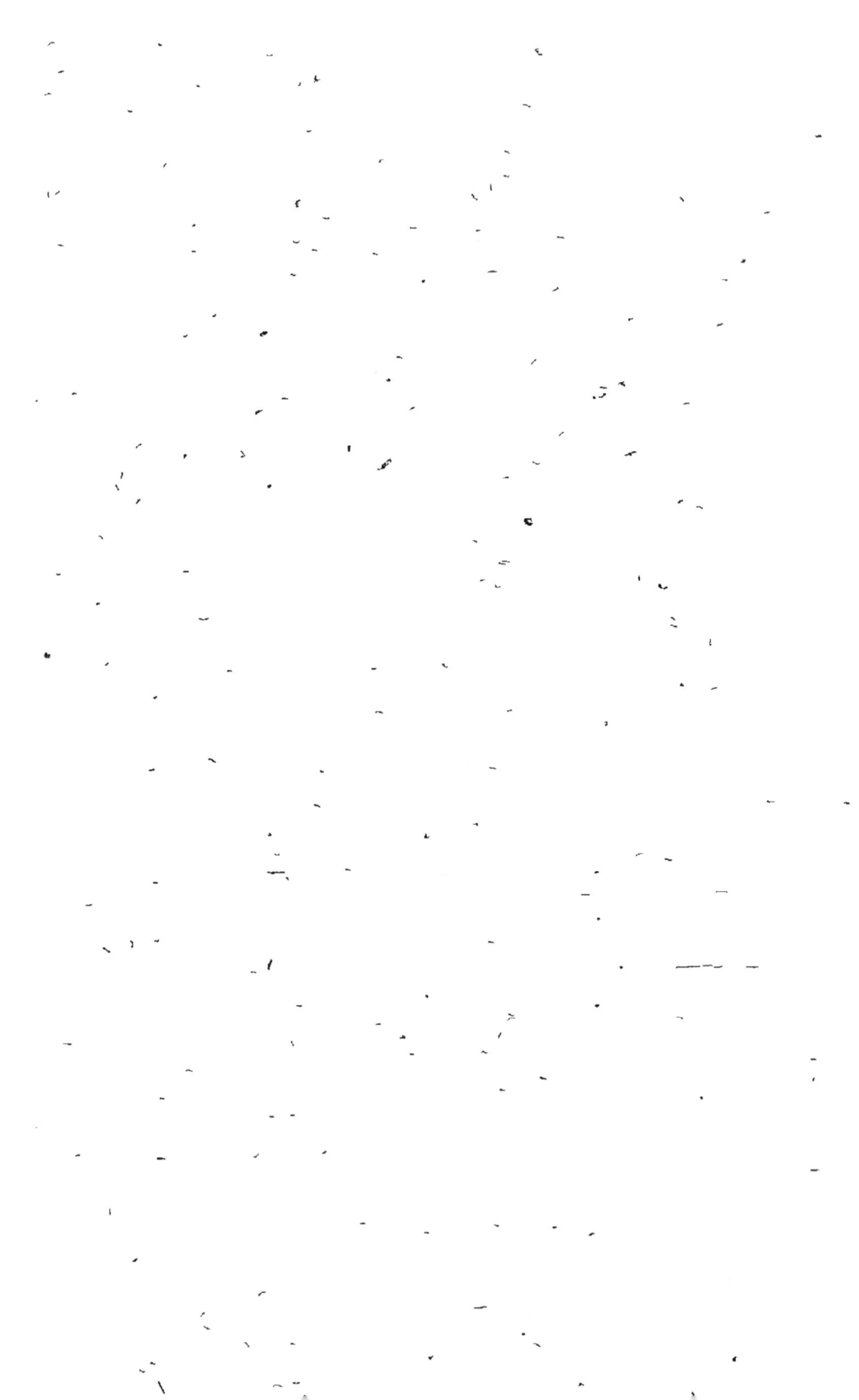

LA VIE MORALE

ET INTELLECTUELLE

DES OUVRIERS

L'auteur et les éditeurs déclarent réserver leurs droits de traduction et de reproduction à l'étranger.

Cet ouvrage a été déposé au ministère de l'intérieur (section de la librairie) en décembre 1876.

PARIS. TYPOGRAPHIE DE E. PLON ET Cie, RUE GARANCIÈRE . 8.

LA

VIE MORALE ET INTELLECTUELLE

DES

OUVRIERS

PAR

M. EUGÈNE TALLON

ANCIEN DÉPUTÉ

MEMBRE DE LA COMMISSION SUPÉRIEURE

DU TRAVAIL DES ENFANTS DANS L'INDUSTRIE

Deuxième Édition

PARIS

E. PLON ET Cie, IMPRIMEURS-ÉDITEURS

RUE GARANCIÈRE, 10

1877

Tous droits réservés.

AVANT-PROPOS

Paris, 1er décembre 1876.

L'attention publique est en ce moment fixée, non-seulement en France, mais encore dans l'Europe entière, sur le mouvement ouvrier.

Les récentes publications des délégués aux Expositions de Vienne et de Philadelphie, le Congrès ouvert le 3 octobre dernier à Paris, les rapports internationaux des associations syndicales en vue de l'Exposition universelle de 1878, manifestent de la manière la plus ostensible les espérances et les revendications d'une partie de la population ouvrière. L'opinion publique s'en émeut et le gouvernement, déconcerté, dissimule mal son embarras.

a

L'heure est donc opportune pour rechercher ce que pensent et ce que veulent les
ouvriers; pour bien voir où va, sous l'impulsion qui l'entraîne, la masse égarée des prolétaires; pour bien montrer aux populations
laborieuses, tant éprouvées dans le passé, ce
qu'elles ont à attendre du mirage de nouvelles
chimères et des hasards de nouvelles aventures.

N'y a-t-il pas également opportunité à étudier, dans la sphère morale et intellectuelle,
les institutions les plus favorables au progrès
des mœurs et des lumières pour les hommes
qui vivent honnêtement du travail manuel?
N'est-il point urgent de donner, à ceux qui
veulent être éclairés, des avis profitables; de
placer, sous les yeux de tous, les leçons
de l'expérience; de bien déterminer les agents
les meilleurs d'apaisement, d'ordre et de sécurité si indispensables aux intérêts matériels;
d'exposer enfin les moyens les plus propres
à relever, dans la famille ouvrière, la con-

dition de la femme et de l'enfant, ces nobles espoirs de l'avenir?

La lumière ainsi jetée sur des problèmes encore enveloppés d'ombre et d'ambiguité, la vérité loyalement dite aux esprits sincères, peuvent, nous en avons la foi, ouvrir l'horizon à de légitimes espérances, effacer des malentendus, calmer des irritations, en un mot faire germer, dans le domaine des idées et la réalité des faits, une semence féconde pour la paix sociale.

C'est là le but de ce livre.

INTRODUCTION

Les progrès de l'industrie moderne n'ont pas seulement modifié les procédés divers de la fabrication et bouleversé de fond en comble les lois générales de là production, ils ont en outre exercé une influence profonde sur les habitudes, l'esprit et les mœurs des populations où se recrutent ses auxiliaires indispensables, les ouvriers. Pour entreprendre et soutenir aujourd'hui avec avantage la grande lutte du travail, dans l'effort de la concurrence, au milieu du mouvement et du conflit des intérêts, sous le poids des fatigues, des épreuves et des vicissitudes sans nombre que lui impose sa condition, l'ouvrier doit posséder à un égal degré la force physique et la force morale.

Ce sont là les deux termes auxquels on peut ramener toutes les questions intéressant les hommes qui vivent du travail. Les soins du jeune âge, la protection de l'enfance, l'hygiène, l'alimentation, le salaire pourvoient aux premières nécessités de l'existence contribuent tour à tour au développement ou au maintien des forces physiques, assurent en un mot la vie matérielle. L'instruction, l'éducation morale, les affections de famille, le sentiment et la connaissance des droits et des devoirs concourent à former le caractère de l'homme, lui donnent la force d'âme et constituent dans leur ensemble la vie morale. De l'harmonie et du concours de ces deux forces vitales dépendent à la fois, on peut le dire, l'aisance, la liberté, la dignité de l'ouvrier. Leur défaut d'équilibre ou leur absence le voue infailliblement à l'inaction, à l'impuissance et à la misère.

Ce n'est point ici le lieu de s'occuper de l'amélioration et du progrès matériel de la condition des populations ouvrières. Ce sujet est sans doute l'un des plus importants que l'on puisse traiter et l'un des plus dignes d'intérêt; mais cet intérêt, si puissant, si absorbant qu'il soit, ne saurait détourner nos préoccupations de l'étude morale qui les sollicite.

Il existe d'ailleurs une intime solidarité entre ces deux ordres de considérations :

La vie morale et intellectuelle de l'ouvrier influe profondément sur les conditions de sa vie matérielle; l'une exerce sur l'autre une action dominante et, selon ses propres vicissitudes, la trouble ou l'améliore. L'ouvrier éclairé, rangé, ménager de son salaire, répand le bien-être au sein de sa famille; il acquiert pour lui-même l'aisance, la joie, la santé. L'ouvrier illettré, imprévoyant et dissipateur, porte au contraire l'angoisse et la faim à son foyer, brise les forces de son corps, anéantit parfois son intelligence elle-même. Pour lui, les privations succèdent sans relâche aux excès quotidiens, jusqu'à ce que les accidents inévitables, le chômage, la maladie ou l'âge jettent ses enfants dans la rue, à la charge de la charité publique, et l'exposent lui-même au sort le plus misérable.

Ainsi, la moralité de l'homme, du père de famille, qui est pour tous, dans les conditions ordinaires de la vie, à la fois un honneur et un devoir, devient pour ceux qui vivent du travail la garantie même d'une existence facile et paisible.

L'état moral des populations ouvrières est donc une étude vraiment digne du législateur, de l'économiste et du philosophe. Cette étude s'impose à nos méditations au double point de vue de la situation présente des ouvriers et de l'amélioration de leur avenir; on ne saurait trop fixer l'attention sur ses conditions, ses défaillances ou ses progrès; le bon ordre des sociétés, la vie de l'humanité tout entière en dépendent.

Une semblable entreprise, il est vrai, n'est point sans écueils. La plus grande difficulté est d'être à la fois véridique et impartial. On voit malaisément les choses à un point de vue exact dans les mœurs les intérêts ou les opinions des populations ouvrières. Indépendant dans sa vie, renfermé dans ses habitudes, réservé dans l'expression de ses vœux et de ses aspirations, l'ouvrier se montre à bon droit ombrageux, méfiant même, vis-à-vis de celui qui l'observe. La première difficulté est donc la justesse de l'observation.

Les écrivains qui traitent les questions d'économie sociale rencontrent en outre, de leur propre chef, un embarras non moins grand. Combien parmi eux sont assez dégagés du désir de rechercher la popularité, assez soutenus par le courage de leur œuvre et assez inspirés par le sentiment du devoir, pour parler aux ouvriers le langage d'une entière franchise ?

Beaucoup ont oscillé entre la flatterie, faute assez familière aux rapports officiels sous l'Empire, et la dissimulation des dures vérités, système plus marqué dans les rapports des dernières enquêtes. On a cru bien faire en éludant les questions irritantes et en jetant toujours sur les plaies vives les palliatifs de l'illusion et de l'optimisme. On a écrit ainsi des volumes entiers sur les plus graves problèmes sociaux, sur les conflits permanents du capital et du travail, sur l'antagonisme persistant entre les patrons et les ouvriers, sans que, dans le monde chimérique où un faux optique a placé l'observateur, il ait peint une ombre sur un tableau fait à plaisir, rencontré un froissement ou heurté une souffrance. De telles œuvres sont stériles, blessantes pour l'ouvrier qui fait mépris de la peur ou du mensonge, dangereuses enfin pour une société dont le premier besoin est d'être éclairée dans sa marche.

Honneur aux écrivains consciencieux et sincères , comme Le Play, Louis Reybaud, Michel Chevalier, qui n'ont pas craint de dévoiler la vérité et de mettre le doigt sur la plaie saignante de la réalité, bien moins préoccupés de la faveur de l'opinion et des succès populaires qu'animés d'un ardent désir de bien faire connaître, pour les soulager, les douleurs et les misères de l'humanité !

C'est là surtout ce que demandent les ouvriers à ceux qui manifestent la prétention de s'occuper de leurs intérêts : la sincérité. Toute flatterie soulève leurs instinctives répugnances. Ils en ont donné plus d'une fois la preuve, en un autre temps, en repoussant des présents dont la générosité calculée, pour partir de plus haut, ne leur inspirait pas une plus grande confiance. Les euphémismes du langage ne sont point de leur goût ; le cri de leurs besoins, la voix de leurs aspirations ont l'âpreté de l'impatience et la rudesse d'une volonté qui s'impose avec la force de la nécessité. On doit donc écouter d'une oreille ni intolérante ni irritable les plaintes et les revendications des ouvriers, sous la forme amère ou vive qu'elles prennent. En retour, il convient de leur parler net, sans crainte de les blesser, en ne fardant point la vérité. C'est le plus sûr moyen d'être entendu d'eux et de gagner leur confiance.

Cette mâle franchise du langage est la meilleure assurance de sympathie et d'intérêt que l'on puisse témoigner, dans un pays où le sentiment du patriotisme est si vivace, aux hommes qui concourent pour la plus grande part au mouvement de vie, de production et de prospérité de la nation.

On doit surtout apprécier les ouvriers, comme ils méritent de l'être, avec un sentiment de justice. « Savoir reconnaître ce qu'il y a de bon chez les autres, disait avec raison l'auteur regretté des *Mémoires d'un ouvrier de Paris*[1], voilà bien l'un des premiers articles de l'art de la vie. Où est le bien le plus solide de la société, si ce n'est dans ce fait que nous avons à tous les instants besoin les uns des autres?.... Sans l'esprit de bienveillance et de tolérance fondé sur le sentiment de la justice, il n'y a point de société qui soit digne de ce nom; il n'y en a point qui puisse retremper incessamment ses forces dans les eaux vives de l'intérêt collectif et s'ouvrir largement aux influences des idées libérales et des intérêts généraux. »

C'est dans la conciliation de ces sentiments : la sincérité, la sympathie et la justice, que nous devons chercher un guide de notre examen. C'est là une garantie certaine de ne point tomber dans des erreurs trop fréquentes, et de ne point se laisser égarer

---

[1] M. AUDIGANNE.

par des théories ou des systèmes dont l'inspiration est uniquement puisée dans l'imagination ou l'esprit de parti.

Si la plupart des livres écrits sur les ouvriers sont dédaignés par ceux qu'ils devraient toucher le plus, la faute en est à ce défaut de sincérité, de justice ou de sympathie que nous venons de signaler, dont beaucoup portent l'empreinte. Ils sont faits d'après des idées préconçues, des documents officiels, ou des écrits acceptés déjà par l'opinion, au lieu d'être arrachés au vif de la situation, à la lutte de la vie, en un mot à l'expérience des faits.

On ne tient point en général un compte suffisant de ce que les ouvriers veulent, expriment, désirent eux-mêmes. Au lieu de suivre la voie tracée par eux, de comprendre comme eux leurs propres intérêts, on repousse leurs idées. Sous prétexte d'é-clairer leurs erreurs et de mieux voir qu'eux sur ce qu'ils demandent, on les refoule dans une voie opposée à leurs tendances naturelles où ils résistent à s'engager.

Nous estimons, quant à nous, que l'on doit en toute loyauté, et par un sentiment de simple impartialité, recourir avec un égal soin aux trois modes d'information suivants : en premier lieu, l'observation personnelle qui implique un long commerce avec les ouvriers, la connaissance pratique de leur vie et de leurs habitudes. En second lieu, l'expres-

sion donnée par les ouvriers eux-mêmes à leurs
aspirations et à leurs revendications dans leurs écrits
et dans leurs réunions. Ce mode d'information a pris
aujourd'hui, personne ne l'ignore, une importance
considérable par les associations syndicales, les délégations aux expositions et le développement de la
presse ouvrière. Enfin, on doit attentivement consulter les dernières enquêtes sur les conditions de l'industrie et du travail.

Ces enquêtes sont, à la vérité, moins l'œuvre des
ouvriers, qui s'y font rarement entendre, que celle
des patrons. Mais les dépositions de ceux-ci portent,
on ne saurait le nier, l'empreinte de ces sentiments
à la fois bienveillants et équitables dont nous avons
placé la manifestation en si haute et si légitime
estime.

Telle est la marche que nous nous proposons de
suivre ouvertement et franchement, sans avoir une
foi présomptueuse dans la fidélité ou la pénétration
de notre observation, en dégageant les enquêtes de
leur caractère administratif et officiel, en séparant
enfin, dans les témoignages et les écrits des ouvriers,
la vérité de tout ce qui touche à l'emphase, à la
déclamation et à l'attitude. Puissions-nous arriver
ainsi, dans cette œuvre de bonne foi, à ressaisir
le fil d'Ariane qui doit guider tout observateur
consciencieux vers l'issue du labyrinthe des questions économiques et sociales, à travers tant de

ténèbres et de détours accumulés dans l'étude de leurs problèmes.

.   .   .   .

Jusqu'en 1848, on ne semble pas s'être beaucoup préoccupé des conditions du travail dans leur rapport moral avec l'esprit des populations ouvrières. Jusque-là les enquêtes sont plutôt des études de statistique industrielle relevées sous le patronage et pour l'unique enseignement de l'administration. C'est en partie le caractère des premières statistiques de Villermé sur le travail des enfants dans les manufactures ; c'est celui des *Recherches sur l'industrie de la ville de Paris* relevées en 1828 sous les ordres de M. de Chabrol, préfet de la Seine.

L'enquête de 1834, sur l'état de l'industrie française, fut encore dirigée dans le même esprit et dans un sens exclusivement technique.

En 1848, sous l'influence des événements politiques et de la crise sociale, le cadre d'étude des enquêtes s'élargit tout à coup ; leur caractère change. On ne se préoccupe plus seulement de l'état matériel de la production manufacturière ; la condition même des ouvriers, le côté moral de leur existence, leur esprit, leurs mœurs, leurs aspirations deviennent, au milieu de circonstances grosses d'anxiétés et de périls, l'objet de la pressante sollicitude du législateur.

Les gouvernements appelés depuis cette époque à occuper le pouvoir ont subi les mêmes nécessités ; ils ont été successivement amenés par le mouvement des esprits, l'agitation des masses populaires, et l'action qu'elles exercent sur la fortune publique, à ne point perdre de vue leurs revendications, tour à tour contenues ou ardentes. Une évolution nouvelle s'est d'ailleurs accomplie dans la direction des affaires publiques ; le suffrage universel est devenu la base des institutions du pays. On ne saurait dès lors méconnaître la légitime et inévitable influence que doivent exercer les aspirations de la population ouvrière sous des institutions dont les premières assises reposent sur la volonté parfois changeante et capricieuse du plus grand nombre. Il devenait désormais indispensable d'étudier attentivement tout à la fois l'état moral et la situation matérielle des ouvriers français, à raison des conditions spéciales et des liens de solidarité qui les rattachent à la sécurité et à la stabilité du gouvernement.

L'enquête ouverte en 1848, par l'Assemblée constituante, entra la première dans cette voie nouvelle ; elle fut spontanément provoquée au lendemain du 15 mai, sous l'impression des événements qui avaient amené l'envahissement de l'Assemblée par l'émeute.

La proposition d'enquête, faite par M. Billaut, était particulièrement inspirée par la pensée de montrer aux ouvriers de Paris, égarés par les agitateurs, que l'Assemblée nationale portait sa sollicitude sur les besoins et sur les vœux de la population ouvrière.

Le travail de l'enquête devait dans chaque département être dirigé par des commissions locales, composées en nombre égal de patrons et d'ouvriers, sous la présidence des juges de paix. Le champ d'observations à recueillir était vaste; on allait jusqu'à demander aux commissions cantonales leur avis sur la solution de cette formule d'économie politique : « *Quels sont les moyens d'augmenter la production et d'assurer le développement de la consommation?* Le but et la portée réels de l'enquête étaient d'opposer un faisceau de réponses pratiques, relevées sur tous les points de la France laborieuse, au chimérique système de l'*Organisation du Travail* proposé par M. Louis Blanc; système dont l'opinion populaire s'était spontanément éprise et se faisait un drapeau insurrectionnel.

« On craint, disait M. Valdeck Rousseau dans son rapport à la séance du 24 mai 1848, on craint l'émotion que ressentirait la France de cette interpellation générale adressée au travail sur tous les points de son territoire. Cette objection appelle une réponse. La voici : L'émotion existe. Qui peut le nier? La question des droits, des besoins, des devoirs des travailleurs ne s'est-elle pas emparée de tous les esprits? L'enquête n'appellera donc pas l'émotion, elle s'emparera de l'émotion qui existe, elle ne la laissera pas s'égarer, elle la dirigera vers l'étude des faits et des moyens. En un mot, elle la mettra dignement au service de l'émulation qui nous précipite tous vers la question du travail, entraînés que nous sommes par les sentiments les plus louables. »

Généreuses espérances et méritoires efforts à coup sûr, mais dont la sincérité ne devait avoir d'égales que leur inanité et leur impuissance. Chimériques illusions dont le premier danger fut d'entretenir des prétentions irréalisables et une émotion profonde au sein des masses populaires !

On ne peut toutefois se le dissimuler, un vif et soudain essor fut dès lors imprimé à la recherche des solutions rationnelles et pratiques sur toutes les questions économiques et sociales. L'élan fut général. On manifesta partout une grande bonne volonté en faveur de l'enquête ouvrière. Sur les 2847 cantons dont la France se composait alors, 2177 adressèrent des réponses à la commission.

L'enquête de 1848 rencontra cependant un obstacle inattendu dans l'émeute sanglante des journées de Juin. Ces événements dissipèrent bien des illusions sur les théories du travail organisé. Ils furent suivis d'une transformation complète dans

les vues progressives et les propositions de réforme
du Gouvernement.

L'Assemblée législative nomma le 11 juillet une
commission pour dépouiller les documents de l'enquête. Le rapport fut déposé le 18 décembre
1850. Sous l'influence des changements produits
dans les esprits et dans les tendances mêmes de
l'Assemblée par la marche des événements, la majorité vota le dépôt pur et simple de l'enquête aux
archives. Par ce vote, elle s'associait aux considérations développées dans le rapport de M. Lefèvre-
Duruflé, qui faisait ressortir l'embarras des affaires,
l'affaissement du pays, et les aspirations de la France
vers la stabilité du Gouvernement.

Ainsi l'utilité morale de cette enquête ne fut
même pas reconnue, l'œuvre resta stérile, un silence profond succéda aux revendications bruyantes.
Manifeste preuve des retards et des entraves qu'apportent toujours après elles les révolutions à la
marche du progrès, à la réalisation des réformes,
au développement normal et régulier des institutions sociales.

L'Empire voulut jouer, à peu de temps de là, le
rôle de bienveillant protecteur des intérêts des
populations ouvrières. On n'ouvrit point, il est vrai,
d'enquêtes, ce qui eût pu paraître dangereux au début du règne, sur l'état général des esprits et des
besoins dans les centres industriels.

Tout en voulant faire des ouvriers un instrument de gouvernement, la politique impériale redoutait cependant l'usage de cette arme puissante, et craignait qu'elle ne blessât la main qui tentait de la manier. L'appui ministériel, sous ce régime, fut largement offert, au prix d'une direction officielle, à l'organisation des comités ouvriers, aux délégations ouvrières envoyées aux expositions, à la formation des chambres syndicales, aux sociétés de secours mutuels, aux sociétés coopératives, en un mot à toutes les institutions populaires qui acceptaient le patronage administratif. Quelques-unes, comme celle du *prêt de l'enfance au travail*, connue sous le nom de Société du prince impérial, furent fondées par l'initiative directe du Gouvernement. En un mot, suivant une expression d'Audiganne, pour se concilier les bonnes grâces de la masse plébiscitaire, l'Empire *visa surtout à l'effet*.

Des enquêtes spéciales sur diverses branches de l'industrie ont été ouvertes par le gouvernement impérial, de 1853 à 1867, et l'on peut puiser d'utiles renseignements dans les documents recueillis. L'enquête de 1858 notamment porte sur diverses questions intéressant les salaires, et en particulier sur les rapports entre ouvriers et patrons. Cette enquête, faite à un point de vue plus administratif qu'industriel, ne donne à la vérité une

peinture ni complète ni fidèle de l'état des esprits
dans la population ouvrière, à une époque où les
grèves furent fréquentes. Elle conserva le caractère
tout officiel et de police qui avait présidé à sa direction. Le mode d'information adopté consistait
uniquement, en effet, à demander un rapport à
chaque préfet sur l'état de l'industrie dans sa
région. Le côté moral des questions fut à peine
effleuré. Les administrateurs de l'Empire, voulant
d'ailleurs ménager les sympathies des ouvriers dont
le suffrage, dans les villes industrielles, était leur
principal moyen d'action, ne se montrèrent nullement disposés à leur tenir l'austère langage de la
franchise et du devoir.

L'enquête ouverte en 1860 par la chambre de
commerce de la Seine sur l'industrie parisienne, et
terminée en 1864, présente une importance plus
sérieuse par la nature des informations qu'elle contient. Toutefois elle porte exclusivement sur les
conditions industrielles *des professions appliquées
à la transformation de la matière première,
et réclamant un emploi manuel.* Ces industries,
dont le nombre, non compris les établissements
et services publics, s'élève à 275, se divisent en
dix groupes ou sections : *l'alimentation; le bâti-
ment; l'ameublement; le vêtement; les fils et
tissus; les fers, aciers et cuivres; l'or, argent
et platine; l'industrie chimique et céramique;*

l'imprimerie, gravure, papeterie, enfin les industries diverses.

Deux ordres seulement de questions dans cette
enquête, celles relatives aux apprentis et celles
relatives aux *mœurs et habitudes* des ouvriers,
touchent aux études sociales. Mais, même à ces
points de vue spéciaux, l'information s'est uniquement placée sur le terrain de la statistique. C'est
une enquête de chiffres. La conduite des ouvriers y
est présentée sous forme de règles de proportion;
elle donne les résultats suivants :

Conduite bonne, 90 pour 100 ;

Conduite douteuse, 5 pour 100 ;

Conduite mauvaise, 5 pour 100.

Les causes de l'inconduite et ses effets ne sont
point développés dans les observations de l'enquête. La question de l'instruction y est isolée
de celle de l'éducation morale. Enfin, aucun des
moyens d'amélioration propres à établir de bons
rapports entre l'ouvrier et le patron, à éclairer les
esprits, à élever les sentiments n'y est abordé. Ces
lacunes témoignent de l'insuffisance de ce document, de son indifférence pour le progrès moral, et
du peu de profit que l'on peut, à ce point de vue,
retirer de son étude.

Tandis que les enquêtes officielles n'atteignaient
point leur but et prenaient une fausse direction,
un nouvel ordre d'informations s'ouvrait, sur les

questions sociales, par l'initiative même des ouvriers.

Les expositions de l'industrie nationale en fournirent l'occasion. *La commission du Gouvernement pour les travailleurs* avait été instituée le 28 février 1848 par le Gouvernement provisoire. Elle fonctionna au Luxembourg sous la présidence de M. Louis Blanc et de l'ouvrier mécanicien Albert Martin. Cette commission, arrêtée dans son œuvre par l'insurrection de Juin, fut plus tard transformée en délégation ouvrière, en vue de l'Exposition de 1849. Elle n'y prit cependant aucune part et borna son rôle à s'occuper activement de fonder des associations de production, 101 environ. D'un autre côté, la Chambre de commerce de Lyon envoya à ses frais à l'Exposition de 1849 plusieurs chefs d'atelier, ouvriers ou contre-maîtres. La base des délégations ouvrières aux expositions était ainsi jetée. De cette époque date un mouvement nouveau dans l'expression des idées, des aspirations, des revendications de la population ouvrière. Les rapports des délégations ou les comptes rendus des réunions appelées à les former présenteront désormais, peints par eux-mêmes, les opinions et les sentiments des ouvriers sur leur condition. Cette peinture, il est vrai, ne sera pas toujours l'image des sentiments de la population honnête et laborieuse des ateliers; souvent elle sera présentée à l'optique de ceux qui, sortis de ses rangs, voudraient façonner au gré de leurs ambitions la masse des prolétaires.

En 1851, la commission municipale, la Chambre de commerce de Paris, l'Assemblée nationale votèrent successivement des subventions pour l'envoi de délégations ouvrières à l'Exposition universelle de Londres. A côté de cela, l'initiative de plusieurs publicistes, à la tête desquels figure M. Émile de Girardin, ouvrait dans le même but une souscription publique. Les délégations libres, c'est-à-dire celles uniquement soutenues par le concours privé et dégagées de toute direction officielle, s'organisèrent sous ces auspices. Ce serait un tort d'exagérer l'importance de ces délégations, émanées le plus souvent d'une minorité dans les corporations ouvrières; minorité, il est vrai, ambitieuse et agissante. Mais il n'y aurait pas moins d'aveuglement que d'ignorance à méconnaître le rôle considérable qu'elles ont joué, l'influence qu'elles ont exercée sur l'esprit et les tendances de la population ouvrière, enfin l'importance croissante qu'elles n'ont cessé d'acquérir depuis leur point de départ jusqu'à l'époque actuelle.

Suivons donc attentivement le mouvement progressif de ces délégations :

On ne peut rappeler le souvenir de la délégation de Londres sans relever un fait auquel les événements postérieurs ont donné une grande portée. C'est là que les premiers projets d'association internationale furent concertés entre les délégués français et les ouvriers anglais. « L'idée démocratique et sociale de février, écrivait l'un d'eux [1], éclairant leur intelligence, avait détruit les idées antiques de haine, de vengeance, pour faire place à la solidarité échangiste. En effet, le travail se donnait avec la fraternité le baiser de paix. »

Le rapport d'ensemble disait à son tour, en formulant la doctrine du socialisme unitaire : « Un immense cri s'élève du sein de la vieille Angleterre : plus de guerres, plus de nationalités conquérantes ou ennemies, plus de vainqueurs, plus de vaincus, plus de sang répandu, plus de larmes versées, plus d'holocaustes humains ; *la paix, la paix universelle !* »

Par un étrange contraste, trop fréquent, hélas ! dans les annales des révolutions, c'est de cette enthousiaste revendication de la solidarité humaine et de la paix universelle que sortit *l'Internationale ;* sinistre association qui devait, à vingt années de distance, organiser la Commune et couvrir Paris de sang et de ruines !

Lors de l'Exposition universelle de 1855 [2], les

[1] Rapport d'ensemble de la délégation ouvrière à l'Exposition de Vienne.

[2] La première Exposition nationale des produits de l'industrie française eut lieu au Champ de Mars en l'an VI de la Répu-

délégations ouvrières, organisées et patronnées par le gouvernement impérial, reprirent l'attache officielle. Cette attache pèse, il est vrai, aux délégués ouvriers ; ils se plaignent de ce que, en théorie, la commission impériale fait appel à *la solidarité des producteurs de toutes les nations,* proclame par l'organe de son président *la fraternité des peuples,* et déclare que « le problème de l'avenir est de faire partager à l'universalité ce qui n'est que le partage du petit nombre », tandis qu'en fait on exclut les membres des délégations ouvrières des jurys de l'Exposition, et qu'on ne leur laisse pas la libre expression de leur vœux ou de leurs griefs.

De 1855 à 1862, le mouvement socialiste s'accentue davantage. Il a son organe à Genève, l'*Espérance,* et ses réunions à Paris, rue du Temple. Bien plus, il trouve des appuis et des instigateurs au Palais-Royal, dans la famille même de l'Empereur. L'Exposition universelle de Londres en 1862 lui fournit

---

blique ; elle dura treize jours et compta 110 exposants. La seconde, celle de l'an IX, en compta 229 ; celle de l'an X, 540. En 1806 eut lieu une nouvelle Exposition, sur l'Esplanade des Invalides, où figuraient 1,422 exposants. En 1819, cinquième Exposition, où le nombre sans cesse croissant des exposants s'éleva à 1,662. En 1823, ce nombre ne dépassa pas 1,648 ; il s'éleva à 1,795 à l'Exposition de 1827 ; à 2,447 en 1834 ; à 3,381 en 1839 ; à 3,960 en 1844 ; à 4,532 en 1849. Le cercle va s'élargissant avec les grandes Expositions internationales de 1855 et 1867, dont l'une comptait 24,000 exposants et l'autre près de 50,000.

une occasion nouvelle de se manifester. Un comité d'initiative fut formé pour l'envoi de délégués à cette exposition. On obtint du Gouvernement que les délégués ne seraient plus officiellement désignés ; la commission électorale fut composée par les présidents-ouvriers des sociétés professionnelles de secours mutuels; la nomination des délégués eut lieu par le vote de la corporation, au suffrage universel de ses membres. « Près de mille ouvriers délégués de toute la France, dit le rapport officiel, ont été à Londres, pour y étudier l'Exposition et y puiser des renseignements utiles. »

Là, il est vrai, ne se borna point leur rôle. La discussion des questions sociales n'occupa pas moins les délégués que les questions industrielles, si l'on en juge par cette déclaration des ouvriers mécaniciens : « Nous demandons qu'on supprime la misère en protégeant le pauvre, qu'on mette un terme à l'exploitation injuste du faible par le fort, qu'on ajuste mathématiquement le salaire au travail, qu'on développe les intelligences tout en occupant les bras. Quand un pays produit la richesse, qu'on sache au moins la répartir. »

Chaque délégation consigna dans un rapport ses appréciations sur la production des diverses nations relative à sa spécialité. Ces rapports, c'est là leur principal caractère, se terminent tous par un exposé des vœux, des besoins et des aspirations de chaque corps professionnel. Quoique ces nouveaux cahiers des assemblées du travail ne présentent point, à vrai dire, l'autorité d'une enquête, on ne peut nier cependant qu'ils n'aient une importance réelle. Il convient d'en apprécier le caractère.

La première impression produite sur l'esprit des délégués par leur voyage d'outre-Manche, « c'est que la condition des ouvriers anglais est meilleure que la condition des ouvriers français : ils gagnent davantage et ils travaillent moins. » Tous expriment la même idée, sans chercher d'ailleurs à établir les différences existant entre les conditions respectives de la vie, celles du travail et du salaire chez les deux nations. Les délégués français partent de ces prémisses pour envier à nos voisins leurs associations et leurs institutions ouvrières; ils réclament instamment les réformes suivantes :

1° Le droit de réunion comportant pour les ouvriers la faculté de s'entendre, de discuter librement entre eux et sans aucune restriction tous les intérêts de la corporation et les questions professionnelles.

2° L'abolition de la loi sur les coalitions, comme conséquence du droit de réunion; ils considèrent cette loi comme faite contre l'ouvrier dans l'intérêt exclusif du patron. Ils protestent d'ailleurs contre toute suspicion de leurs intentions et affirment leur désir sincère de rallier les intérêts des ouvriers à

-ceux des patrons et de rétablir entre eux la bonne harmonie.

3° La liberté d'association, indispensable à leurs yeux pour établir l'égalité entre le travailleur isolé qui offre ses services et le capital collectif qui les marchande. Ils voient là un moyen d'assurer l'indépendance de l'ouvrier et d'éviter la concurrence que se font entre eux les ouvriers français.

4° La formation de sociétés coopératives destinées à substituer l'action de la corporation, accessible à tous, à l'action individuelle des ouvriers, dans les rapports avec les patrons.

5° La création d'une chambre syndicale d'ouvriers dans chaque corporation, composée de membres nommés à l'élection. Ces chambres seraient appelées à se prononcer sur tous les différends qui s'élèveraient sur la fixation du prix de la main-d'œuvre.

6° L'organisation de sociétés coopératives de secours mutuels, avec des présidents librement élus.

7° La réforme des conseils de prud'hommes, par une représentation plus directe de chaque corporation professionnelle.

8° L'augmentation du salaire, fondée sur l'augmentation croissante des dépenses.

9° La diminution du travail effectif, par la réduction à dix heures de la durée de la journée.

10° La fixation du minimum du salaire d'après

un tarif arrêté par la chambre syndicale de chaque corporation.

11° L'assainissement des ateliers et des conditions plus hygiéniques du travail.

12° La suppression des livrets, mesure considérée comme vexatoire pour les ouvriers.

13° La réforme de l'apprentissage, dont les délégués signalent l'état déplorable. Ils appellent de leurs vœux la création d'écoles professionnelles spéciales pour les apprentis.

Ce dernier point est le seul où l'on voit s'éveiller l'attention de la délégation de Londres sur la condition de l'enfance ouvrière. Les rapports des délégués gardent en général un silence absolu sur l'éducation morale de la jeunesse et la pratique des devoirs domestiques. C'est l'un des côtés les plus attristants de ces rapports. D'une part, ils se préoccupent peu du sort de la femme ou de l'enfant, et de tout ce qui relève la vie de famille et la moralité individuelle; de l'autre, ils mêlent une expression d'amertume et de désillusion à la solution des divers problèmes qu'ils abordent.

On lit avec un véritable sentiment de tristesse cette peinture de la condition de l'ouvrier, dans le rapport des délégués de la carrosserie : « Jeune, l'ouvrier lutte avec la misère, jusqu'à ce qu'il ait acquis assez de connaissances dans sa partie pour obtenir une journée qui le fasse vivre ; n'ayant au-

cun appui, aucun encouragement à bien faire, il
vit au jour le jour, et quand le chômage arrive,
n'ayant pas d'économies, il fait sans scrupule des
dettes; il devient insouciant ou bien il acquiert un
caractère aigre; il vit dans un mécontentement continuel qui l'amène graduellement à devenir l'ennemi de celui qui possède et de ses camarades...
Devenu vieux, il mendie... »

Si l'on ajoutait foi à la sincérité de ce tableau de la
situation des ouvriers, tracé par un des leurs, on
s'abandonnerait au découragement, et la tâche du
moraliste serait bien bornée. Cette peinture n'est
heureusement point fidèle; il n'en naît pas moins
dans l'esprit une impression douloureuse. La pensée
qui l'inspire est en effet empreinte d'un manque
absolu de confiance dans l'avenir et d'espérance
dans le progrès.

Les mandataires des ouvriers semblent en général
n'avoir vu aux Expositions universelles, dans ces
grands congrès de l'industrie du monde entier,
qu'un vaste marché des intérêts matériels. S'ils manifestent un vœu ou un sentiment sur leur condition
ou celle de leur famille, ils ne rattachent point à
son expression une pensée morale; leurs revendications sont toujours mêlées d'aigreur ou de scepti-
cisme; rien ne semble présenter à leurs regards
l'espoir d'un avenir meilleur.

Ainsi, au milieu de l'éblouissement causé, dans

ces exhibitions de la production universelle, par les
œuvres du génie moderne, à travers l'éclat de tant
de richesses accumulées, où il semble que la misère
ait disparu du monde, une note dissonnante et aiguë
ramène l'esprit d'un rêve merveilleux au sentiment
de la réalité. Cet étalage somptueux de la fortune
de toutes les nations du globe porte la fatale empreinte qui a marqué, dans ces dernières années, en
France comme à l'étranger, les œuvres d'une époque
éprise de matérialisme. Leur faux éclat cache parfois,
sous les plus brillantes apparences, des germes de
destruction, de corruption et de mort.

En 1867, l'Exposition universelle de Paris offrait
une occasion nouvelle et plus éclatante encore de
bien apprécier l'état, la condition et les revendications générales des ouvriers des deux mondes.

Le gouvernement impérial crut-il alors conquérir
les suffrages des ouvriers en laissant se produire
librement la manifestation des doctrines socialistes
dont il avait depuis quinze années comprimé
l'essor? Céda-t-il à l'impulsion des idées libérales
qui se propageaient de jour en jour davantage et
faisaient dans l'ordre politique tout renaître à la vie
militante? On ne pourrait le dire. Peut-être les
gouvernants d'alors ne se rendirent-ils pas parfaite-
ment compte de la portée des concessions faites aux
réclamations de la presse démocratique et des associations ouvrières. Le fait certain, c'est que, à la

liberté de réunion qui fut alors relativement accordée, correspondit aussitôt un mouvement profond au sein de la population ouvrière. Les échos des réunions du *passage Raoul* eurent leur retentissement dans les plus petits ateliers, et on alla jusqu'à appeler ces réunions les *États-Généraux du Travail*.

Une commission présidée par M. Devinck fut chargée de faciliter aux ouvriers français la visite de l'Exposition et les études relatives aux produits de leur profession. Des délégués, au nombre de 315, appartenant à environ 110 professions différentes, furent nommés au suffrage universel des corporations; les frais des délégations furent couverts par une souscription à laquelle prirent part les grands fonctionnaires de l'État. Liberté pleine et entière fut promise aux délégués pour la rédaction de leurs rapports.

Le ministre de l'intérieur, M. Pinard, MM. de Forcade la Roquette et Émile Ollivier, admis alors dans les conseils de l'Empire, le chef de l'État lui-même, à ce que l'on assure, assistèrent aux discussions du passage Raoul. La présence des conseils et des représentants du pouvoir au milieu des débats des délégations ouvrières faisait déjà pressentir les tentatives de réforme destinées à donner satisfaction aux populations des grandes villes, tentatives qui marquèrent les dernières années de l'Empire et aboutirent aux projets de loi sur les livrets d'ouvriers, les conseils de prud'hommes et à la fameuse loi sur les coalitions.

Ainsi patronnés et encouragés, les rapporteurs des délégations ouvrières se sentirent les coudées franches et en prirent à leur aise dans l'expression de leurs revendications.

127 rapports des délégations furent déposés et réunis en trois volumes par la commission d'encouragement. La plupart présentent une étude sérieuse de la production des diverses nations dans la branche d'industrie dont ils traitent; puis ils se terminent tous en formulant l'expression des vœux de la corporation pour l'amélioration du sort des salariés. A ces vœux, les rapporteurs ajoutent aussi des conseils ou des incitations adressés à leurs camarades de profession. Ces conseils sont parfois donnés avec une véritable hauteur de vues; ainsi le rapport des ouvriers mécaniciens tient ce langage digne d'un moraliste : « Le travail est la loi primordiale de l'humanité, l'éternel moyen de transformer toutes choses. Personne ne peut s'y soustraire sans faillir à sa mission ici-bas. Chacun, dans la mesure de ses forces, doit contribuer à hâter la marche de la civilisation, les uns par l'intelligence, les autres par les bras. Chaque page d'un bon livre, chaque coup d'outil, chaque coup de piston d'une machine, sont autant d'éléments qui, en se multipliant à l'infini, constituent le progrès.....

» Ceux qui passent leur existence dans une oisiveté absolue, et quelquefois dans les débauches les plus honteuses, sont indignes du nom d'homme et du titre de citoyen libre. Ce sont des membres improductifs, par conséquent inutiles, dont la société doit désirer la transformation. Méprisés pendant leur vie et promptement oubliés après leur mort, voilà le sort qui les attend. Il n'est pas enviable. Le travail, de quelque nature qu'il soit, est ce qu'il y a de plus honorable. »

Ce langage honnête et élevé se retrouve ailleurs. Malheureusement il n'est point sans contrastes, et parfois se projettent des ombres choquantes sur ces tableaux d'une morale pure et austère.

Ces rapports présentent, dans leur ensemble, une grande analogie avec ceux des délégués à l'Exposition de Londres. On y retrouve d'abord la reproduction de la plupart des vœux précités sur le droit de réunion, d'association, sur les corporations et les chambres syndicales, etc. Mais ici sont en outre abordés les plus graves problèmes sur l'instruction, l'enseignement professionnel, l'organisation du travail, même *l'extinction du paupérisme.*

On demande, entre autres choses, la formation d'un tribunal du travail; l'élection libre des présidents de sociétés de secours mutuels; la suppression des octrois; l'instruction obligatoire et gratuite, laïque quand elle est distribuée par l'État, etc., etc.

Le rapport sur le 10ᵉ groupe de l'Exposition a
fait grand bruit. Là se trouvait un spécimen de tous
les produits de l'industrie et de toutes les tentatives
d'organisation en vue d'améliorer la situation ou de
développer l'intelligence des travailleurs ; ce groupe
comprenait aussi les institutions relatives à l'éducation populaire, à la prévoyance et à l'assistance.
L'étude de ces questions devint pour le rapporteur
une occasion de manifester les opinions les plus
antisociales. Pour lui, l'enseignement chrétien est
une école d'immoralité ; l'assistance est une spéculation contre les classes laborieuses ; la société n'a
aucun compte à demander au criminel qui se révolte
contre ses institutions ; la guerre civile est un
droit. [1]

La commission d'encouragement, prenant les al-

---

[1] On lit ceci dans ce rapport, au sujet de l'institution des
crèches, qui rend tant de services aux familles d'ouvriers :
« L'œuvre des crèches vient en aide, non aux classes laborieuses, mais à celles des spéculateurs et des mères insouciantes. Qui est-ce qui s'empare de la direction de ces
établissements? la sombre Société de Loyola! Toujours les
robes noires! »

Ailleurs, le rapporteur affirme que les institutions de charité
« dégénèrent chaque jour en autant d'œuvres de spéculations
honorifiques qu'elles comptent d'administrateurs chargés de
soulager la misère. »

Viennent ensuite des appréciations aussi justes et aussi mesu-
rées sur la responsabilité des provocateurs d'émeutes :

« La société a-t-elle le droit de trouver coupable celui qui,
oubliant un instant les devoirs qu'elle lui impose, et s'oubliant

lures du libéralisme et de la tolérance, eut le tort
d'accueillir sous un patronage officiel la manifestation de ces doctrines subversives dont la France
a depuis si cruellement éprouvé les effets. La
commission, dit-on, se montra moins tolérante
pour les rapports où la critique des actes du Gouvernement se donnait libre carrière. Elle usa là
largement de son droit de rature, réservant toute
l'indulgence officielle aux attaques dirigées contre
le respect des principes sur lesquels reposent les
sociétés humaines, ou semblant croire que la religion, la famille, la justice peuvent être impunément
outragées.

On se demande aujourd'hui avec angoisse, au spectacle de ces révoltes contre ce qu'il y a de plus respectable, d'immuable et de sacré dans les fondements
de l'édifice social, vers quel avenir devaient marcher
des générations dont le cœur s'empoisonnait de ces
criminelles erreurs. L'œuvre des délégations ouvrières elle-même, à travers ses fautes et ses exagérations, méritait mieux de ses protecteurs. C'était
rendre en effet à la bonne renommée et au crédit des
associations corporatives, comme à la considération

lui-même pour ne se souvenir que de ses maux, croit se venger
en levant l'étendard de la révolte ? Non. *A-t-elle le droit de
lui demander compte de ce que, dans sa fureur, il aura détruit?* Non... Il faut rendre les guerres civiles impossibles, et
pour cela il faut qu'elles deviennent *inutiles.* »

de leurs membres, un médiocre service que de livrer au jugement de l'opinion les imprudences de leur langage ou les points vulnérables de leur conduite.

Hâtons-nous de rappeler, en faisant œuvre d'impartialité, qu'à côté des efforts stériles tentés par le pouvoir à cette époque pour résoudre selon ses vues le problème social, des études utiles, loyales et élevées ont été faites par le gouvernement impérial, sur quelques-unes des questions ouvrières. Telles sont, pour les populations rurales la grande enquête agricole de 1866, et pour les populations industrielles l'enquête sur l'enseignement professionnel dirigée en 1864, avec un zèle éclairé, par le général Morin.

Nous aurons plus d'une fois à consulter ce dernier document; nous retrouverons dans l'enquête de 1872-1875 des vœux analogues à ceux formulés dès 1864, et malheureusement encore insuffisamment satisfaits. L'éducation de la jeunesse ouvrière, son avenir, sa moralité sont engagés dans cette question. L'enquête de 1864 fournit d'ailleurs des renseignements précieux. La commission ne se borna point à des recherches sur l'état de l'apprentissage et des connaissances professionnelles en France; elle porta simultanément son instigation sur l'enseignement professionnel à l'étranger, notamment en Angleterre et en Allemagne. Trente déposants, directeurs ou professeurs d'écoles professionnelles spéciales, furent entendus ; leurs dépositions établissent l'utilité et les bons résultats de l'enseignement donné dans ces écoles.

Quant à l'apprentissage, on en constate d'une manière générale l'état déplorable, tant au point de vue de l'instruction professionnelle de l'apprenti qu'au point de vue des inconvénients résultant pour son avenir de la division du travail, de la spécialisation à laquelle il est assujetti, de l'abus presque général de l'emploi des apprentis par les patrons à des services de domesticité. La loi de 1851 est considérée comme incomplète, surtout en ce qu'elle a négligé de garantir, dans ses dispositions, l'éducation morale et intellectuelle de l'enfant. Cette loi est encore considérée comme dépourvue de sanction, l'intervention des commissaires de police étant tombée en désuétude, et la juridiction des prud'hommes étant trop restreinte pour être efficace.

A la suite de l'enquête de 1864 est publié un tableau fort instructif indiquant, d'après les rapports des préfets, les diverses écoles professionnelles instituées en France.

Malgré l'intérêt que présente cette enquête, les solutions relatives à l'enseignement professionnel y sont demeurées pendantes ; la commission se borna à mettre sous les yeux du Gouvernement diverses questions, sans formuler aucune proposition ; et, dans ce temps où sommeillait l'initiative parlementaire, les réformes à réaliser restèrent dans l'ombre.

En 1871, au lendemain des désastres et des calamités qui avaient accablé la France, l'Assemblée nationale s'efforçait de cicatriser les plaies saignantes de la patrie. Des préoccupations d'un nouvel ordre assiégeaient alors les esprits. Les conditions économiques du travail et de la production semblaient être entièrement troublées. La mutilation de nos frontières de l'Est venait de nous faire perdre deux de nos départements les plus industriels ; une diminution notable se faisait sentir dans la population ouvrière fort éprouvée par la guerre ; Paris, à la suite des événements de la Commune, subissait par l'émigration, la transportation ou la mort, une réduction de 200,000 habitants ; les industries de luxe, à qui nous devions une clientèle cosmopolite, étaient frappées de chômage ; la crise des houilles aggravait à peu de temps de là cette situation. A côté de cela, la nécessité de faire face au payement de la lourde rançon imposée à la France rendait nécessaire le vote d'impôts nouveaux qui frappaient successivement le commerce, l'industrie, la propriété, surtout la consommation ; de telle sorte que la vie de l'ouvrier, déjà atteinte par la diminution du travail, devenait de jour en jour plus difficile et plus précaire.

Cette situation appelait toute la sollicitude de l'Assemblée nationale et du Gouvernement. Aussi quand l'honorable M. d'Audiffret-Pasquier déposa, le 24 avril 1872, une proposition d'enquête sur les *Conditions du travail en France*[1], cette proposition fut-elle accueillie avec la plus grande faveur par l'Assemblée, et partout l'opinion applaudit à la pensée qui l'avait inspirée.

Cependant la France, par l'essor d'une force vitale dont la prodigieuse puissance a étonné le monde, reconquérait bientôt sa prospérité matérielle. Ouvriers et patrons avaient traversé avec courage ces temps de crises douloureuses; la fabrication reprenait une activité nouvelle; l'étranger redevenait tributaire de nos industries; des efforts réciproques étaient accomplis pour éviter les conflits et les grèves. L'enquête alors perdait de son importance, au point de vue des conditions matérielles du travail.

Il n'en était pas de même au point de vue moral.

Le trouble des esprits et des consciences avait été trop profond pour qu'il pût disparaître en quelques années; les causes d'ailleurs n'en étaient

---

[1] Voir les *Annales parlementaires.* L'enquête commencée au mois d'avril 1872 n'a été close qu'à la fin de 1875 par le dépôt des rapports de la commission.

pas nouvelles, et il s'agissait d'en rechercher à la fois les origines et les effets. La commission d'enquête eut donc raison de livrer aux méditations de tous ceux auxquels elle adressa ses questionnaires les graves problèmes de l'état moral des populations ouvrières, et d'aborder l'étude des moyens les plus propres à aider au progrès des intelligences et des mœurs, à favoriser l'accomplissement de tous les devoirs, à assurer le respect des affections saintes de la famille.

Il n'avait donc fallu, dans ce pays rebelle aux leçons de l'expérience, rien moins que les malheurs de la patrie, les souffrances des populations vivant du travail, l'anxiété du présent et les angoisses d'un avenir incertain, pour ramener les esprits à ces réflexions calmes et élevées, dont les inspirations font comprendre à l'homme voué chaque jour à la peine et aux rudes labeurs, qu'aucune puissance ne peut mieux fortifier son cœur contre les épreuves de la vie que le sentiment du devoir et les pensées morales versées dans nos âmes par les espérances d'une immortelle destinée !

Des diverses régions de la France se sont manifestées les mêmes préoccupations. Quel avenir serait réservé à une société d'où le sentiment moral et les croyances religieuses seraient bannis du cœur de ceux qui portent par le travail le poids de son existence, de son action, de sa vitalité? Où se dirigeraient alors les forces vives, parfois brutales des travailleurs ? A quels moyens les masses populaires demanderaient-elles la satisfaction de leurs besoins ?

La pensée s'arrête épouvantée devant cet inconnu.

Mais, hâtons-nous de le dire, si les appréhensions les plus graves naissent au simple aspect de tels problèmes, si elles s'accroissent au spectacle des agitations provoquées par ceux qui, n'ayant nul souci de la stabilité sociale, ne cessent de répandre l'irritation dans les ateliers, elles se dissipent à l'étude pratique des faits. Le fantôme s'évanouit au contact de la réalité.

Pour tout observateur attentif, trois grands progrès se sont accomplis dans ces dernières années au sein des populations ouvrières : un mouvement marqué vers le développement de l'instruction, un accroissement considérable de l'épargne, un sensible apaisement dans les conflits entre ouvriers et patrons.

L'enquête de 1872-1875 met en relief ces faits. Elle leur eût même donné par la publicité et la consécration de l'opinion une éclatante sanction, si diverses circonstances n'avaient rejeté ses résultats dans l'ombre, faussé sa portée, entièrement affaibli son autorité et dénaturé son caractère.

En premier lieu, la lutte ouverte entre Paris et

Versailles, au lendemain de la Commune, avait
laissé subsister des méfiances profondément marquées dans l'esprit des ouvriers parisiens, même les
mieux intentionnés; ils voyaient dans l'Assemblée
nationale un adversaire de leurs intérêts, même un
ennemi. La prévention était si forte qu'aucun d'eux
ne voulut s'approcher du bureau d'enquête. De
telle sorte que les huit cent cinquante documents
recueillis par la commission sont dépourvus de l'élément spécial le plus indispensable, celui des dépositions ouvrières. Nous n'entendons pas ainsi contester la valeur générale de l'enquête, elle est
sérieuse et incontestable. On y a recueilli soigneusement les dépositions des chefs d'industrie les plus
jaloux du progrès, du bien-être et de la moralité
de la population ouvrière. Des publicistes, des
économistes éminents, MM. Le Play, Michel Chevalier, F. Passy, Leroy-Beaulieu, Dewinck, Cochut,
Audiganne, etc. etc., ont apporté là les lumières
de leur expérience et leur dévouement aux intérêts des travailleurs. L'abstention des ouvriers
n'en constitue pas moins une grave et regrettable
lacune.

En second lieu, la commission, à l'instigation
de quelques-uns de ses membres, et plus particulièrement de son vice-président, M. Ducarre, s'est
laissé entraîner involontairement à un déplorable
esprit de système. Ainsi, elle s'est refusée, malgré

des instances réitérées, à faire figurer à son questionnaire aucune demande d'information relative aux associations ouvrières et spécialement aux chambres syndicales.

Cet ostracisme a été déterminé par un étrange scrupule : on a cru qu'inscrire le nom des chambres syndicales dans un document officiel serait leur délivrer des lettres de naturalisation, leur donner en quelque sorte droit de cité dans l'industrie nationale, reconnaître en un mot leur existence légale. La commission a préféré se placer sous le coup de cette fâcheuse alternative : ou paraître ignorer l'action progressive des associations syndicales qui agite à l'heure présente dans ses plus profonds fondements la masse populaire, ou se priver sciemment d'un élément considérable d'information. On est ainsi arrivé à nier officiellement le mouvement actuel du prolétariat. Pourtant il marche, tout le dit, tout le montre ; il marche même d'un pas de géant.

Enfin les résultats de l'enquête n'ont été livrés au public que déformés et incomplets. Les analyses de ses documents relevées par M. Favre, secrétaire adjoint, et le rapport de M. de Melun [1] au nom de la première sous-commission, peuvent être seuls consultés avec quelque utilité pour l'exactitude de

---

[1] *Annales parlementaires*, 1875.

leurs renseignements. Le rapport de la deuxième
sous-commission, relatif *aux salaires,* rédigé par
M. Ducarre, porte l'empreinte d'un vice rédhibi-
toire. C'est une œuvre toute personnelle, une œuvre
de système, suivant une marche parallèle à l'enquête, ne pénétrant pas dans son intimité, puisant ses
renseignements à des sources d'une antiquité barbare ou d'un usage entièrement suranné, marchant
enfin côte, à côte et sans le voir, avec le progrès
moderne. Le rapporteur, ainsi dévoyé, nie l'utilité de l'association, comprime ses revendications
maintes fois exprimées malgré tout dans l'enquête,
combat pied à pied toute idée de corporation et
d'union des efforts dans un but commun, pour se
renfermer dans ses préférences obstinées en faveur
de l'individualisme.

Les rapports sur l'enquête sont restés inachevés.
A la suite d'un conflit regrettable, la publication du
rapport de la troisième sous-commission, chargée
de relever dans l'enquête tout ce qui concernait
*l'état moral et intellectuel des populations ou-
vrières,* fut définitivement ajournée[1].

---

[1] Chargé nous-même de ce rapport sur l'état moral des
populations ouvrières, nous ne rappelons pas ces souvenirs
lointains avec un sentiment d'amertume. Nous mêlerions plutôt
l'expression de notre gratitude envers nos collègues au regret
que nous inspire la pensée de n'avoir point vu achever, compléter et livrer à l'opinion une œuvre qui a fait grand honneur
à l'Assemblée nationale.

Les avantages de l'association, la nécessité de légaliser la situation des syndicats d'ouvriers et de patrons, un ensemble de mesures relatives à l'instruction et à la protection des enfants, à l'éducation professionnelle des femmes, à la réforme de l'apprentissage se dégageaient naturellement d'une analyse consciencieuse des documents de l'enquête. De là naissait l'expression d'opinions et de vœux dont la manifestation, basée sur l'autorité d'une enquête officielle, heurtait et ébranlait entièrement la conclusion du rapport de M. Ducarre en faveur de la liberté absolue du travail individuel. De cette opposition des faits à une doctrine personnelle surgirent des résistances et d'interminables discussions qui ne permirent pas à l'œuvre de la troisième sous-commission d'être adoptée et publiée avant la dissolution, alors imminente, de l'Assemblée nationale. Ainsi l'un des côtés saillants, le plus considérable peut-être, de l'enquête parlementaire est resté dans l'ombre par l'absence d'un document qui, à défaut d'autre mérite, portait un caractère indéniable de sincérité et éclairait d'un jour nouveau le côté moral et intellectuel des conditions du travail en France.

Le rapport de la deuxième sous-commission sur les *salaires* est ainsi devenu pour l'opinion publique la dernière expression de l'enquête de 1872-1875 ; de là tant d'accusations imméritées, de critiques injustes, de calomnies même contre cette immense, et nous pouvons dire cette utile entreprise, la plus importante peut-être qui ait encore été faite en ce genre. ·

Disons-le en passant, dans le monde industriel moderne, au milieu des ardeurs de la concurrence, sous l'action croissante des machines et le développement des grandes compagnies, la liberté absolue du travail individuel, telle que M. Ducarre et bon nombre de patrons l'entendent et la préconisent en l'opposant à l'association, ne serait inévitablement, en dépit des meilleures intentions, que la liberté de l'impuissance, de l'isolement et de la misère. Les ouvriers n'en veulent pas. En cela, le sentiment de la défense personnelle et l'instinct de conservation de leurs intérêts ne les trompent pas. Ils ont suivi là de bons guides de leurs opinions et de leurs préférences. Les ouvriers pressentent, non sans raison, que l'absolue liberté serait, dans leur état actuel de dispersion et d'affaiblissement, l'assujettissement des forces individuelles des salariés à la puissance collective de l'industrie; en un mot la stérilité des efforts du travail ou l'inertie décourageante. Ils se sentent au contraire invinciblement attirés vers l'union des forces communes, vers la solidarité d'intérêts, vers l'association. Les ouvriers poussent, à la vérité, ce sentiment à l'exagération, mais ils ne s'égarent point en s'y attachant opiniâ-

trement; le groupement entre eux, l'appui mutuel,
la communauté des efforts leur sont nécessaires pour
vivre, se défendre, conquérir les améliorations légitimes de leur condition.

Aux nécessités du présent s'ajoutent, pour confir-
mer les travailleurs dans ces sentiments, les souvenirs
du passé, la tradition. L'histoire et les exemples des
anciennes associations le leur disent : la liberté du
travail individuel, c'est la concurrence d'homme à
d'homme; elle laisse les ouvriers désarmés et faibles
en les faisant désunis; elle les livrerait, dans notre
état social contemporain, sous l'empire des vicissitudes et des besoins quotidiens, à la domination
absolue de la grande industrie. Les ouvriers aspirent
donc, non sans de graves raisons, à l'association, au
syndicat, qui ne sont après tout qu'une forme plus
effective et plus robuste de la liberté. Ils espèrent
mieux assurer ainsi leurs droits dans le présent et
préparer plus sûrement les conquêtes de l'avenir.

La réprobation dont les individualistes ont pour-
suivi l'idée syndicale a malheureusement fait de la
grande et utile enquête de 1872-1875 une œuvre
inutile et sans fruit. Cette haute entreprise est ainsi
restée marquée aux yeux des ouvriers de la tache
de l'esprit de parti; elle a été livrée aux sarcasmes
qui ne manquent jamais de s'attacher, dans notre
libéral pays de France, aux doctrines routinières et
aux opinions rétrogrades. La malveillance est allée

plus loin; on a voulu reconnaître dans les opinions du rapport l'expression des sentiments des représentants les plus accrédités du patronat, on les a accusés de vouloir favoriser le disséminement des ouvriers pour les affaiblir. Enfin cette hostilité ouverte contre l'esprit de groupement a porté ombrage à des populations qui, par leurs tendances naturelles, sont facilement disposées à la méfiance.

Les vrais amis de la liberté, à leur tour, se sont affligés de ces déclarations intempestives d'un principe fort contestable. A leurs yeux, la faculté de s'unir, d'agir en commun, de s'entr'aider n'est qu'une forme, l'une des plus élevées et des plus indispensables, de la liberté. Toute liberté, en effet, qu'on ne l'oublie pas, a son corollaire, sa sanction dans les lois, dans l'autorité suprême des gouvernements qui la protègent, la mettent à l'abri des entreprises dolosives, la défendent contre l'oppression. Isolée, livrée à elle-même, la liberté du travail est fort exposée à l'asservissement, à la persécution; elle trouve au contraire un point d'appui et de résistance dans la liberté d'association. L'une ne peut exister sans l'autre.

C'est pour avoir méconnu ces vérités, pour en avoir comprimé l'expression, que l'enquête ouvrière de 1872-1875 restera mal comprise, mal appréciée; elle vaut mieux que sa réputation. On le reconnaîtra le jour où l'on aura procédé à un nouveau dépouillement des documents de cette enquête et à une nouvelle déduction de ses véritables conséquences. On ne saurait trop convier les prochaines Assemblées à accomplir cette œuvre de réparation et de justice.

En 1873, l'Exposition de Vienne ouvrait un nouveau champ d'observation sur les questions d'économie sociale. Les ouvriers de Paris, en cette circonstance, ne pouvaient manquer de prendre, comme ils l'avaient fait lors des dernières expositions universelles, l'initiative de l'envoi de délégations à Vienne. Les délégués furent élus par les associations corporatives, et l'on réclama un crédit de l'Assemblée nationale pour subvenir aux frais de voyage de la délégation. Les chambres syndicales n'entendaient pas néanmoins accorder au Gouvernement un contrôle quelconque dans le choix des délégués; il leur suffisait de mettre à la charge de l'État le soin de la dépense. L'Assemblée nationale refusa le crédit, moins déterminée, il est vrai, à ce refus par un sentiment de dignité blessée que par le souvenir du médiocre résultat des précédents envois de délégations ouvrières aux expositions. Au fond, l'Assemblée usait d'un droit, mais sa résolution ne fut point habilement motivée, elle s'appuyait sur des arguments de suspicion qu'il est toujours malséant de faire valoir. En fait, l'Assemblée nationale entendait prendre parti pour la généralité des

ouvriers contre une minorité intolérante et oppressive. Elle défendait les droits et la liberté des
ouvriers indépendants contre l'absolutisme des
chambres syndicales. On n'a donc pu sans injustice lui reprocher une conduite basée sur ces bonnes
raisons.

La nouvelle Chambre des députés, en 1876,
voulant mieux se ménager que sa devancière l'opinion populaire, a fait aux associations syndicales, à
l'occasion de l'envoi de leurs délégués à Philadelphie, une maladroite avance. Non-seulement les
députés ont accueilli la demande d'une subvention
en faveur de la délégation, ils ont de plus augmenté
sensiblement le crédit au-delà des demandes. Il y a
eu parmi eux assaut de générosité. On ne pouvait
assez faire pour le suffrage universel. Mais on
avait compté sans l'esprit d'opposition des ouvriers
parisiens; ils ont refusé les dons de ceux qui tenaient tant à leur être agréables. Les chambres
syndicales ont entendu maintenir leur prétention de
choisir seules, sans contrôle, leurs délégués, de
leur imposer un programme, une sorte de mandat
impératif dans le domaine économique et social.

Une souscription couverte à grand renfort de
réclames, de réunions publiques et de manifestations politiques a pourvu aux frais de voyage des
délégués à Philadelphie. Ainsi, le concours ou l'intrusion, comme on l'a dit, des gouvernements dans

la nomination des délégations est désormais écarté. C'est l'esprit d'exclusivisme des associations syndicales qui l'emporte. Triomphe bien fait, avouons-le, pour jeter l'hésitation dans les esprits même les plus convaincus, sur l'application du principe fécond et utile de l'association.

La délégation libre, l'affranchissement de toute tutelle, de tout contrôle dans le choix des mandataires, est donc le système définitivement arrêté dans les vues des chambres syndicales. Les délégués de Vienne en 1873 triomphaient du caractère indépendant de leur élection[1]. « Cette manifestation, disaient-ils, a cela d'unique dans l'histoire du travail qu'elle est le résultat de l'initiative privée, dégagée de toute influence administrative ou autre, étrangère à l'élément corporatif représenté. Elle est une protestation en faveur des libertés de réunion et d'association, une preuve évidente de la modération du prolétariat dans sa revendication pour l'affranchissement du travail, l'instruction et la moralisation des travailleurs. »

Le même système de délégation a été adopté lors de la formation du Congrès ouvrier, réuni à Paris, rue d'Arras, le 3 octobre 1876. 253 délégués y ont été envoyés par les associations syndicales de Paris, et 99 par celles de la province.

---

[1] Rapport d'ensemble des délégués de l'Exposition de Vienne.

On a vu, à la vérité, poindre en cette circonstance des germes de dissentiment dans la représentation corporative. Les ouvriers de plusieurs corps de métier, les tabletiers notamment, ont envoyé au Congrès une double délégation, l'une émanant de l'association syndicale, l'autre de la partie dissidente ou libre de leur corporation, de beaucoup la plus nombreuse. L'association syndicale a toutefois maintenu le privilége qu'elle s'arroge, en faisant écarter par l'assemblée générale ce dernier élément représentatif.

Il serait, du reste, facile de démêler, à travers les prétentions bruyamment affichées des associations syndicales, l'intérêt qui les anime et le but qu'elles poursuivent. Il suffit pour cela de jeter un coup d'œil sur le programme tracé aux délégués et sur les rapports présentés à la suite de leur mission, à l'*Union syndicale*[1].

Si on fixe l'attention sur les 71 rapports des délégués à l'Exposition de Vienne, on apprécie d'abord la valeur technique de ces documents dans chaque spécialité industrielle. On est beaucoup moins édifié par leur valeur morale. Dans la plupart de ces rapports, on trouve peu de sentiments élevés, point de foi dans l'avenir, point d'idées saines; on y rencontre en revanche la redite incolore, insou-

---

[1] Voir les statuts de l'*Union syndicale*.

ciante le plus souvent, et inconsciente des clichés
mêlés d'emphase et de banalité de la politique radicale. Partout absence, au point de vue moral, de
conceptions utiles ou pratiques. *Le rapport d'ensemble* publié par l'*Union syndicale* résume ces
divers rapports, en écume les scories, en élague les
broussailles et prétend avoir accompli, dans ce travail sans souffle, sans séve et sans vie, l'une des plus
grandes œuvres de ce siècle. Les auteurs de ces
rapports, sont, à leurs propres yeux, des historiens;
selon leur expression, *les premiers historiens du
travail*[1]. Voici comment ils comprennent l'importance de leur mission : « Mesurant, disent-ils,
l'honneur et la gloire à l'utilité sociale, aux services
rendus à l'humanité, les historiens du travail buri-
neront à leur tour en traits ineffaçables l'histoire de
leurs cultes et de leur martyre. Bien supérieurs
moralement et socialement aux guerriers historiens,
dont la plupart poursuivirent un résultat immédiat
et un profit personnel, les travailleurs du dix-neuvième siècle légueront à la postérité le fruit de leurs
travaux, le produit de leur expérience, de leurs
études, et l'exposé sincère d'espérances et d'associations dont la réalisation ne profitera qu'à leurs
neveux. Ils le savent, et cette perspective, loin de

---

[1] Rapport d'ensemble de la délégation ouvrière à l'Exposition de Vienne.

les décourager, ne fait qu'exciter leur zèle et fortifier leur abnégation. »

Les historiens du travail tracent ensuite les hautes visées économiques ou sociales et le but politique qu'ils poursuivent. Puis ils s'écrient dans un élan lyrique d'enthousiasme :

« Et maintenant, allez, pages modestes! allez, récits véridiques! allez, revendications modérées autant que légitimes, inspirées par l'esprit de conciliation et de justice! Allez dire à tous ce qu'il faut espérer d'une civilisation où le travail, de plus en plus honoré, est accompli par des hommes de plus en plus éclairés et libres. Apprenez aux champions des gouvernements despotiques ce qu'ont pu réaliser, dans des circonstances politiques absolument défavorables à leur but, au moyen seulement d'une souscription qui fut entravée par les pouvoirs publics, de simples ouvriers auxquels l'autorité ne permettait pas toujours de se réunir pour se concerter entre eux, sous sa surveillance et sous le contrôle de ses agents. Faites comprendre aux populations que la vérité est avec ces pionniers de l'avenir; que le mouvement qui entraîne le monde moderne vers l'association résoudra tous les conflits et donnera à la société sa forme rationnelle, en mettant l'accord partout où sévit aujourd'hui la lutte; que c'est dans cette voie que se trouve le salut social, et qu'enfin les peuples doivent avoir pleine

confiance et dans ce mouvement régénérateur et
dans la France qui en est la principale initia-
trice ! »

La même emphase se retrouve dans les déclarations des orateurs du Congrès ouvrier. Pour eux,
ce congrès sera *l'éternel honneur du prolétariat
français ;* le monde entier a les yeux fixés sur
ces *grandes assises du travail ;* les ouvriers de
Paris sont *les héros du progrès et les martyrs de la
liberté ;* enfin le Congrès vote une résolution tendant à *la représentation directe du prolétariat dans
le Parlement.*

Tout en faisant la part de la jactance particulière
aux hommes à la fois inexpérimentés et impatients
de se produire pour faire figure devant le public,
on ne sent pas moins, dans toutes ces paroles d'apparat, une confiance exagérée, sinon une-foi aveugle
dans la valeur et l'importance des manifestations
organisées par les syndicats ouvriers[1].

La propagande des idées et des systèmes préconisés par les associations syndicales ne manque
d'ailleurs ni d'apôtres ardents, ni d'audacieux exploiteurs[2] Suffirait-il donc d'opposer à leurs agisse-

---

[1] Compte rendu du Congrès ouvrier. Journal *la Tribune.*

[2] Les mêmes prétentions se sont manifestées, le même spectacle a été donné à l'occasion de l'envoi des délégués à l'Exposition de Philadelphie. Les réunions où s'organisent les délégations pour l'Exposition universelle de 1878 en préparent déjà
une nouvelle reproduction.

ments et à leurs revendications la négation et le dédain ? Il ne serait ni rationnel, ni politique, d'agir ainsi. Il nous semble plus juste d'envisager avec sang-froid, au milieu du bruit et du faux éclat d'un spectacle de parade, ce mouvement de plus en plus actif, de l'étudier dans ses diverses évolutions, de le ramener enfin à ses véritables proportions.

Les associations corporatives, dans leur constitution actuelle, ne sont en réalité qu'une minorité restreinte au milieu des masses populaires, douée, il est vrai, d'une volonté agissante et dominatrice. C'est à la faveur de l'incertitude des lois, d'une tolérance déjà ancienne, fruit de l'absence de la liberté, d'agissements occultes justifiés en apparence par une situation irrégulière, que les syndicats exercent un empire sans conteste au sein de la population ouvrière. Ces associations, à l'heure présente, deviennent un trouble pour les intérêts, une tyrannie pour ceux qui se soumettent à leur joug, une menace pour ceux qui s'en affranchissent, une inquiétude permanente dans notre état social. Entendons-nous dire par là qu'il y ait lieu de sévir contre les associations illégalement formées? Nullement. L'unique moyen, à notre sens, de maîtriser leur influence, de limiter leur action, de la retenir dans une voie mesurée, c'est de donner l'extension la plus large, en un mot liberté entière, à l'association corporative. Dès lors, au lieu de vivre hors des lois, à côté des lois, contre les lois, les associations syndicales, réglées et régularisées par elles, ouvriront leurs portes, systématiquement closes, aux éléments les meilleurs de la population ouvrière. Alors elles recevront, par l'infusion dans leurs veines d'un sang nouveau et plus sain, une impulsion vraiment féconde. L'esprit d'association se développant librement sous la protection de la légalité, telle est, nous espérons en donner au cours de cet écrit une entière démonstration, la solution la plus susceptible d'apporter une satisfaction légitime, à la fois au droit et aux intérêts des ouvriers.

En faisant dès à présent pressentir combien l'esprit d'association, méconnu et repoussé par les uns, dénaturé et travesti par les autres, nous paraît être, dans son développement normal, favorable au progrès moral et intellectuel des populations ouvrières, nous anticipons sur la marche des études dont nous traçons ici les prodromes. Avant de traiter plus amplement ce grave sujet, avant de déterminer les tendances des ouvriers, dans la plénitude de leurs droits et de leurs aspirations, il convient de rechercher les premières influences qui agissent le plus, dans l'atmosphère où ils vivent, sur leur esprit, sur leur caractère, sur leurs mœurs.

Au premier rang des influences qui déterminent la condition morale de l'ouvrier se placent l'instruction, l'éducation, les enseignements de la famille.

Ici l'horizon s'agrandit, il s'agit des premiers éléments de la vie morale du plus grand nombre. C'est là l'air ambiant et vivifiant de la jeunesse, la sphère d'activité intellectuelle et d'éclosion des bons instincts où se préparent, se forment et s'élèvent les esprits, où se façonnent les mœurs. A toute heure de la vie, au milieu des vicissitudes les plus diverses, dans la peine comme dans la joie, nous ressentons les bienfaits de cette atmosphère salutaire où s'est épanouie notre enfance. Comme les plantes transportées d'une latitude sous une autre subissent encore, à travers les distances et les saisons contraires, les impressions du climat natal, ainsi dans toutes les conditions de la vie on éprouve les effets bons ou mauvais de l'éducation du premier âge.

L'esprit de l'ouvrier, ses opinions, sa moralité dépendent du milieu où s'est passée sa jeunesse, du degré d'instruction et du genre d'éducation qu'il a reçus. S'il est trop accessible à des excitations funestes, s'il se laisse séduire par de dangereuses illusions ou corrompre par de fausses doctrines, c'est le plus souvent à l'imperfection de son éducation morale qu'il faut attribuer ces erreurs. Tout, dans nos observations et nos études, nous porte à croire que le bien-être, l'aisance, le bonheur même des ouvriers sont en rapport direct avec leurs sentiments moraux, avec la connaissance et la pratique de leurs devoirs.

Les habitudes de l'ouvrier exercent de leur côté, sur les conditions de sa vie morale et matérielle, une influence profonde. On est ainsi amené à rechercher les effets de l'oisiveté ou du chômage volontaire sur les mœurs, sur l'aisance et sur l'union de la famille ouvrière; à étudier ensuite les résultats du mauvais emploi des salaires; à examiner enfin si le bien-être suit la proportion exacte de leur augmentation; si la dissipation, au contraire, ne se produit pas en raison directe de la diminution des heures de travail et de l'étendue des loisirs.

Nous ne pourrions négliger de constater, au cours de nos investigations, les déplorables conséquences de l'intempérance, non plus que les funestes effets des mauvaises mœurs. Le premier résultat de ces désordres est d'anéantir les affections honnêtes, le souci de l'épargne, l'aisance commune, de porter en un mot une égale atteinte aux intérêts matériels de la famille et aux sentiments les plus respectables.

En regard de ces sombres tableaux que l'on voudrait vainement voiler, nous mettrons en relief les influences salutaires qui peuvent protéger, soutenir, améliorer les mœurs de l'ouvrier et le conduire, compagnes bienfaisantes de sa vie, d'une jeunesse pure à une maturité prospère. Tels sont l'éducation morale et professionnelle, l'enseignement de l'épargne, le culte des sentiments de famille, les associations ayant en vue l'assistance mutuelle, la bonne harmonie, l'appui réciproque entre les compagnons de travail, et par-dessus tout la connaissance des devoirs sociaux.

L'étude de la famille nous conduit à nous occuper de la condition actuelle des femmes ouvrières, soit dans l'industrie, soit au foyer domestique. Nos observations devront naturellement se porter, en même temps, sur le sort des jeunes enfants séparés de leur mère par les exigences du travail industriel. Si la condition morale des ouvriers est, à juste titre, l'objet de préoccupations graves, n'est-il pas naturel de la prendre encore en plus vive sollicitude quand il s'agit de l'ouvrière, alors que de la moralité de la femme, de la mère, dépendent le plus souvent l'honnêteté, la dignité, le bonheur même de la famille entière?

Ajoutons à ces observations l'étude comparative du travail des femmes et des enfants dans les ateliers, et du travail à domicile ; les mesures de protection que réclament à la fois le développement physique et la culture intellectuelle de la jeunesse ouvrière ; enfin les avantages moralisateurs résultant de la vie de famille, du repos du dimanche, de la prohibition du travail de nuit, conditions si favorables à l'union des époux, à l'influence de la mère, à l'affection des enfants.

C'est le relâchement des liens de la famille, sa désagrégation progressante qui prêtent de plus en plus, dans l'état social moderne, une force dominante d'attraction aux tendances des ouvriers vers l'association. La famille n'est après tout que l'association naturelle et primitive des hommes, unis entre eux par un lien commun et puissant. A défaut de la famille, constituée comme elle l'était dans les premiers âges de l'humanité, on a toujours recherché son esprit de solidarité, sa force défensive, dans une formule fictive, l'association.

Une autre condition pousse les ouvriers à ces tendances d'union et de solidarité : la situation respective, nous allions dire *l'antagonisme,* pour nous servir d'un mot devenu malheureusement usuel, du *patronat* et du *salariat.*

L'esprit, le besoin même de résistance contre les prétentions du patronat portent inévitablement les ouvriers au groupement. Cet esprit se développe par suite de préventions qu'il est difficile de déraciner. Loin de comprendre la solidarité d'intérêts qui unit, dans le mouvement industriel contemporain, celui qui produit à celui qui dirige ; loin de voir dans le patron un associé, on pourrait dire un ami, les ouvriers l'observent et se tiennent vis-à-vis de lui en état permanent de méfiance ; ils le considèrent comme un concurrent, parfois même comme un ennemi. Ainsi disparaît de jour en jour l'influence morale qu'exerçait jadis le patronage sur l'esprit et sur le cœur des ouvriers.

Depuis longtemps d'ailleurs, le patronage a perdu le caractère intime et paternel dont il était revêtu dans l'ancienne société, caractère qui attachait à la fois à son exercice la confiance et l'autorité.

Autrefois l'ouvrier débutait dans la maison où avait travaillé son père, il y passait lui-même sa vie ; enfant, il était élevé avec les enfants du patron ; jeune homme, il écoutait ses conseils, acceptait sa direction ; homme fait, il s'attachait à la fabrique, s'établissait à l'abri de son toit et attendait là paisiblement une vieillesse qu'il savait n'être point abandonnée.

D'un autre côté, les ouvriers étaient peu nombreux dans le même atelier, ils se connaissaient tous, étant le plus souvent originaires du même pays ; ils prenaient leurs repas ensemble, logeaient dans le voisinage les uns des autres, et pour ainsi dire à l'ombre des cheminées de l'usine.

Aujourd'hui, les mêmes ateliers occupent un grand nombre d'ouvriers étrangers les uns aux autres, sans aucun lien commun ; peu de rapports existent entre eux et le patron, il ne s'en établit pas davantage, en dehors des associations, entre ouvriers du même état.

A Paris et dans les grandes villes, la population ouvrière est reléguée aux extrémités de l'enceinte, dans les faubourgs, privée de tout appui moral, vivant à l'écart de la bourgeoisie. Les diverses catégories sociales ne sont plus confondues comme jadis, où les mêmes maisons, groupées au centre de la ville, n'établissaient d'autre distinction que la différence des étages, et recevaient des locataires de toute condition. On a fait des maisons d'ouvriers, des quartiers spéciaux leur sont affectés; d'autres quartiers, selon l'expression des concierges et des propriétaires, sont habités bourgeoisement. On en écarte tout ce qui travaille manuellement par la cherté du loyer et maintes exigences. De là une séparation de jour en jour plus marquée dans les idées, les mœurs, les relations quotidiennes. Les rapports sociaux sont rompus entre les individus, ils n'existent plus entre les diverses classes, on est également indifférent à leur utilité et à leur agrément. Deux populations, différentes d'instinct, de goût et d'habitudes, vivent ainsi côte, à côte se regardant, l'une avec envie, l'autre avec inquiétude, chacune avec un sentiment d'antagonisme et d'anti pathie.

Le bon exemple surtout, de tous les enseignements moraux le meilleur, n'est plus placé, comme autrefois, sous les yeux de l'ouvrier. Jadis, à tous les degrés de l'échelle sociale, il voyait à côté de lui le patron pratiquer ses devoirs, faire bien élever ses enfants, aimer sa famille, améliorer sa condition. Les mêmes sentiments, les mêmes aspirations entraient alors dans le cœur des ouvriers par le contact et l'atmosphère même dans lesquels il vivaient. La femme à son tour, voyant celle du patron entretenir ses enfants dans des conditions d'hygiène et de bonne éducation, les conduire à l'école, les préparer aux devoirs religieux, cherchait à l'imiter; elle tenait convenablement ses propres enfants, surveillait leur langage, leur instruction morale, leur conduite. Aujourd'hui, les quartiers où la cherté des loyers a relégué les ouvriers sont les moins favorables aux influences morales; les enfants y vivent librement, au hasard des fréquentations de la rue, et, si on a le soin de les envoyer à l'école, on prend peu de souci de leur conduite aux heures de liberté.

Il serait fort désirable assurément que l'on pût relever le prestige antique du patronage et restaurer l'influence salutaire de l'exemple. Il appartient à chaque patron de reconquérir cet ascendant moral et intellectuel dans sa sphère d'action, là surtout où le nombre des ouvriers est peu considérable, dans les fabriques isolées des grands centres, et dans les villes populeuses même; là où le patron occupe encore des apprentis sous sa direction immédiate. « Protéger l'ouvrier, le conseiller, lui donner l'exemple de l'ordre et de la moralité, lui accorder un salaire rémunérateur, l'habituer à une discipline sévère, mais juste, tels sont les moyens d'action préconisés par un grand industriel des Deux-Sèvres[1] et qui, selon lui, ont produit dans plusieurs établissements de ce département de très-bons résultats. »

Il ne faut cependant pas s'abuser au point de croire qu'en l'état actuel des mœurs et des habitudes réciproques des ouvriers et des patrons dans la vie moderne, l'autorité morale de ceux-ci puisse être aisément reconquise ; l'affirmer, ce serait se payer d'illusions. Là seulement où les rapports d'industriel à ouvrier sont faciles, fréquents, quotidiens, l'influence du conseil et de l'exemple sera efficace, si elle entend s'exercer. L'essentiel est que les patrons comprennent bien leurs devoirs et les pratiquent. Les mœurs se forment à l'imitation de ceux qui nous entourent, que nous fréquentons le plus, dans la jeunesse surtout. Le caractère de l'enfant, naturellement porté à l'assimilation et à l'imitation, tantôt devient un danger, s'il est exposé à des suggestions mauvaises, tantôt constitue un avantage pour mettre à profit les leçons nées du spectacle d'une vie honnête et laborieuse. Le bien comme le mal a sa contagion ; il appartient à chacun de développer l'une et d'arrêter les effets de l'autre par la puissante prédication

[1] Enquête de 1872-1875 sur les conditions du travail en France.

d'une conduite exemplaire. Nous n'avons sans doute point ici à écrire un chapitre de morale spéciale à l'usage des patrons; les principes qui doivent les guider apparaissent à tous les esprits éclairés, ils sont inscrits dans toutes les consciences. Mais, avant de parler de la vie morale des ouvriers, de leurs devoirs, mis en regard de leurs droits, nous estimons qu'il est d'une saine et impartiale justice de faire appel aux sentiments des patrons et de les inviter au scrupuleux accomplissement de leurs propres devoirs.

Pour eux, d'ailleurs, un intérêt particulier les incite à la pratique des vertus domestiques et des obligations sociales. Les ouvriers ont les yeux fixés sur eux et, là où ils verraient l'inconduite, l'égoïsme, l'oubli des devoirs, non-seulement ils se trouveraient encouragés eux-mêmes à des écarts dont les intérêts de l'industrie auraient à souffrir, mais ils manqueraient au respect et aux égards que doit toujours inspirer celui qui tient le pouvoir, aussi bien dans une entreprise industrielle que dans les affaires publiques, pour exercer une action et une direction utiles et estimées.

L'absence du point d'appui moral et du secours matériel que les ouvriers trouvaient autrefois dans le patronage, tel qu'il était alors compris, est bien fait pour les porter à se grouper, à s'entr'aider, à se prêter une mutuelle assistance. La force qui manque,

à défaut de cette tutelle paternelle, aux nouvelles
générations ouvrières pour développer en elles les
influences et les inspirations morales et intellectuelles se retrouve encore et se concentre dans l'association. C'est la puissance nouvelle qui peut
aujourd'hui, dans la plus grande mesure, suppléer
au patronage ancien et substituer son action à l'absence ou à l'insuffisance des efforts individuels.
Cette action, cet appui à la fois moral et matériel, on
les rencontre dans les sociétés de secours mutuels,
aujourd'hui si nombreuses, dans les sociétés de
patronage ou d'éducation de la jeunesse, dans les
groupements divers des ouvriers en cercles ou en
syndicats. Les chambres syndicales elles-mêmes, par
l'influence qu'elles exercent sur les idées politiques
d'une partie de la population ouvrière, donnent la
mesure de ce que l'association des intelligences et
des volontés peut produire d'effet sur l'esprit et les
tendances du plus grand nombre.

La force de ce levier d'action morale et dirigeante
étant bien connue, il s'agirait seulement d'en faire
un usage utile et rationnel. Il faut pour cela que les
associations d'ouvriers, au lieu d'imposer aux volontés une loi tyrannique, tiennent compte des sentiments individuels, des besoins moraux de toute
personnalité humaine.

Les populations ouvrières, en s'éclairant, comprennent bien qu'elles ne sauraient se borner à

resserrer entre elles les liens de l'intérêt matériel, mais qu'elles ont avantage à prendre pour guides de leurs actions des principes conformes au but élevé que doit poursuivre vers de plus hautes destinées l'homme qui subit ici-bas la dure loi du travail. La grande morale religieuse, avec ses sanctions et ses ambitions suprêmes, ne fait après tout que prêter une puissance plus étendue à la morale journalière du travail; elle en relève le caractère et ajoute à sa dignité.

Les détracteurs de ces vérités éternelles ne sont point les représentants de la majorité des ouvriers, ils ne sont point les interprètes de leurs véritables sentiments.

Si nous voulions, dès le début de ces études, pénétrer dans l'intimité des besoins, des vœux et des désirs de la population ouvrière; si nous voulions bien préciser les meilleures conditions d'avenir et de sécurité de ces populations, nous résumerions le bilan de leurs forces actives et progressives dans ces trois mots : l'éducation morale, les sentiments de famille, l'association.

Pour développer les forces vives des populations ouvrières, en tirer d'utiles résultats, réaliser tous les bienfaits de leur activité, notre société trop calomniée porte encore dans son sein un essor et des initiatives qui n'ont point été mesurés. Ces populations elles-mêmes en ont conscience, elles ont le

sentiment de leur valeur, de la puissance de leurs
efforts, elles demandent qu'ils se développent et
attendent avec confiance l'avenir. Le devoir qui
s'impose à tous, ouvriers et patrons, est donc d'entrer et de se maintenir dans une voie où leur bon
accord, leur mutuel appui, leurs efforts réciproques
peuvent, en relevant leur propre condition, satisfaire aux intérêts du patriotisme et contribuer au
progrès moral de l'humanité.

L'ouvrier, affranchi des lisières de l'ancienne
maîtrise, a repris dans notre état social sa liberté
pleine et entière. Mais là, où existe la liberté individuelle, la responsabilité personnelle commence : on
ne saurait briser la chaîne des lois qui assujettissent,
ni ouvrir l'espace aux droits qui font indépendant,
sans prendre des garanties pour la sécurité des
citoyens d'une même nation. On est contraint ainsi,
bon gré mal gré, à inscrire sur l'autel de la liberté
la formule des obligations sociales. Chaque liberté
individuelle commande en effet une réciprocité d'é-
gards et de ménagements envers la liberté d'autrui ;
chacune implique la force nécessaire pour se protéger et se développer ; isolée et faible, elle court
des dangers d'oppression ou d'impuissance. De là
les devoirs qui s'imposent à la volonté et aux intérêts
mêmes de chaque homme dans toute société
humaine.

Aussi, par un éternel retour des choses de ce

monde, les populations ouvrières, affranchies par la Révolution du joug des corporations et des maîtrises, revendiquent-elles aujourd'hui comme une conquête nouvelle la solidarité corporative.

Les aspirations, les vues, les instincts des ouvriers, égarés trop souvent par l'influence des utopistes et par l'esprit de parti, ne s'écartent donc point dans leur marche progressive des traditions de l'histoire. Les institutions du passé, en dépit des novateurs, se rattachent toujours par un lien étroit au mouvement général de la civilisation moderne.

Ainsi on ne saurait raisonnablement s'effrayer des tendances nouvelles des populations ouvrières. Il n'y aurait de péril à redouter que dans l'isolement des ouvriers, qui les livrerait à de fausses applications de système et à de téméraires entreprises. Il est préférable d'aller franchement et ouvertement au-devant des besoins des masses laborieuses, de bien pénétrer leurs sentiments, d'apprécier leurs intérêts, de seconder, en un mot, toutes leurs aspirations légitimes. Alors disparaîtront les craintes du péril social.

L'instruction morale répandue partout, l'aisance acquise, la solidarité d'intérêts et de vues de plus en plus établie, l'union fortement cimentée entre les diverses classes de la société, tels sont les résultats qui se dégagent d'une analyse impartiale des faits, des vœux, des conditions réciproques du travail et de la production ; telles sont les garanties que, dans ce pays bouleversé par tant d'agitations stériles, l'avenir peut donner à la paix publique, ainsi qu'à la prospérité matérielle et à la grandeur morale de la nation française.

LA VIE MORALE

ET INTELLECTUELLE

DES OUVRIERS

CHAPITRE PREMIER

L'instruction des ouvriers. — L'obligation scolaire en Alsace.
— Les écoles de fabrique. — Les écoles de demi-temps. —
La lecture; ses influences morales dans les populations
ouvrières.

On a généralement compris en France, à la suite
des douloureuses épreuves dont notre pays a été af-
fligé, combien il importait de relever, par l'instruction, le niveau des intelligences; combien il était
nécessaire de développer les forces vitales de la nation par l'éducation des générations nouvelles. Ces
sentiments ne sont point restés, on doit le reconnaître, dans les sphères supérieures des idées spéculatives; elles sont vites descendues dans l'opinion
des masses et ont profondément pénétré l'esprit
populaire. Partout on en retrouve les échos : dans
les conversations journalières des ouvriers, dans les

enquêtes, les rapports des délégations, les réunions publiques, dans toutes les assemblées électives.

Les vœux, les aspirations, disons mieux, les impatiences, sont d'autant plus vives que les besoins sont plus étendus et ont été moins largement satisfaits.

Certes, bien des paroles ont été prononcées et bien des promesses faites; la diffusion de l'instruction est devenue le thème habituel des programmes politiques. Les déclarations succèdent aux déclarations; cependant le progrès est lent à venir, les réformes sont incomplètes ou tardives. On fait grand bruit en haut lieu, on vote de gros crédits dans les Assemblées; mais regardez le côté pratique et cherchez les traces de l'exécution dans les communes rurales ou les quartiers pauvres des villes !

L'instruction publique en France n'est point organisée, il faut le dire, même pour les classes aisées, dans des conditions dignes d'un grand peuple. On peut affirmer qu'à cet égard nous sommes dans un état d'infériorité manifeste vis-à-vis de la plupart des nations européennes. En ce qui concerne les populations ouvrières, aussi bien les paysans que les ouvriers des villes, cette organisation est encore plus défectueuse. D'un côté, les écoles manquent, le personnel enseignant n'est point assez nombreux ni assez rétribué, les communes résistent à une suffisante extension de la gratuité; de l'autre, le système d'enseignement populaire est peu pratique; il ne porte point les écoliers à apprendre ; il est mal approprié aux applications professionnelles ; de telle sorte qu'un grand nombre d'enfants, après avoir fréquenté les écoles primaires, en sortent sans avoir acquis les connaissances les plus nécessaires à l'exercice d'un métier.

En dépit de tout ce qui a été dit et écrit depuis le commencement de ce siècle sur l'instruction publique, du bruit qui se fait autour de toutes les questions qui s'y rattachent, dans l'opinion, dans la presse, à la tribune, les moyens d'instruction sont bien loin d'être en rapport avec les besoins réels de la population. Beaucoup d'enfants restent plongés de ce fait, malgré le bon vouloir des parents, dans les ténèbres de l'ignorance.

Les chiffres ici, plus qu'ailleurs, portent avec eux leurs enseignements :

En 1866, la population de la France, recensée pour la première fois au point de vue de l'instruction publique, donnait les résultats suivants : Sur 38,067,064 habitants, on comptait 14,847,803 illettrés ne sachant ni lire ni écrire. [1]

---

[1] Aux 14,847,803 individus totalement illettrés, il faut ajouter 3,886,324 sachant lire seulement.

Ainsi on évalue à 18,878,380 le nombre des habitants de la France sachant lire et écrire.

On observe que 454,557 n'ont pu être recensés au point de vue de l'instruction.

En négligeant ces derniers et les enfants de 0 à 5 ans, on

Si, à quelques années de là, on compare la situation ancienne à la situation nouvelle, on constate avec regret que les efforts multipliés du Gouvernement, des départements et des communes n'ont pas produit un accroissement bien considérable dans le progrès de la fréquentation scolaire.

Les rapports officiels de l'instruction publique évaluaient en effet, en 1872, à 553,000 le nombre des enfants placés hors des cadres de l'enseignement primaire. Vainement on voudrait imputer à la population agricole, si ignorante qu'on se plaise à la représenter, une part bien large dans le contingent des réfractaires de l'instruction. Une proportion considérable d'enfants illettrés appartient à la population des villes manufacturières. Les rapports de l'inspection du travail des enfants dans l'industrie fixent cette proportion à 35 pour 100 dans un grand nombre d'ateliers. La population des villes où les municipalités ont le plus fait étalage du développement de l'enseignement populaire ne semble pas être là mieux partagée, au point de vue du nombre des écoles et des facilités de l'instruction. Ainsi, à Paris, 67,000 enfants, d'après M. Jules Simon, ne recevaient point encore, en 1872, l'en-

----

trouve, sur 33,896,839 habitants, les proportions suivantes :
11,132,135 ou 32,84 pour 100 ne sachant ni lire ni écrire;
3,886,324 ou 11,47 pour 100 sachant lire;
18,878,380 ou 55,69 pour 100 sachant lire et écrire.

seignement primaire, à raison de l'insuffisance des écoles, de l'exiguïté des salles, de leur éloignement des quartiers populeux, ou du défaut d'appropriation des heures des classes aux heures du travail des ateliers.

A la vérité, les derniers chiffres produits par M. l'inspecteur général Gréard sur l'état de l'enseignement primaire en 1875, dans le département de la Seine, opposent aux supputations précédentes une sensible amélioration[1]. Mais cette amélioration, en y regardant de près, est plus apparente que réelle.

En effet, d'après les chiffres produits, sur une population de 292,000 enfants de 2 à 14 ans, 107,378 vivent actuellement hors de l'école ou de

[1] Voici les chiffres principaux du rapport de M. Gréard :
« A Paris, au commencement de l'année 1873, le nombre des enfants de deux à six ans s'élevait à. 105,331
Celui des enfants de six à quatorze, à 186,693
Soit au total. 292,024

« Au 1er mai 1875, le nombre des salles d'asile s'élevait à 140 — 31 libres, 109 publiques; celui des écoles à 1,329 — 1,056 libres, 273 publiques.

« Le nombre des enfants inscrits à la même date dans ces établissements était : Pour les salles d'asile, de 27,291 ; — 2,475 pour les salles d'asile libres, 24,816 pour les salles d'asile publiques. Pour les écoles, de 157,355 : — 66,490 pour les écoles libres. 90,865
pour les écoles publiques, ci. 157,355
« Soit au total. 184,646

la salle d'asile. M. l'inspecteur général de l'instruction publique s'efforce, il est vrai, d'atténuer ces résultats dont l'aveu flatte peu les espérances données depuis cinq années par le gouvernement au pays. Il déduit d'abord des chiffres présentés les non-valeurs de l'instruction, les enfants qui suivent l'enseignement secondaire, les enfants élevés dans leur famille; ceux enfin de 2 à 6 ans ne fréquentant point la salle d'asile, qui ne peuvent encore se rendre aux écoles. On arrive ainsi, avec un effort de bonne volonté, à réduire à 32,843 le nombre des enfants restant privés de toute éducation scolaire. Ce nombre restreint, par une évaluation fort empreinte d'optimisme, à sa plus faible proportion, donne encore 20 pour 100 d'illettrés dans l'ensemble de la jeunesse parisienne. La proportion est beaucoup plus forte et ne s'élève pas à moins de 30 pour 100 si on l'applique séparément aux enfants d'ouvriers.

Cependant, d'après les assurances de M. Gréard, « ni le nombre de nos établissements, ni le nombre de nos élèves, ne paraît inférieur à celui que présentent les statistiques de Genève et de Dresde, de New-York et de Washington; et une incontestable amélioration s'accuse, particulièrement depuis cinq ans, tant dans la proportion des enfants qui fréquentent les écoles que dans les facilités qui leur sont offertes pour les suivre. »

En dépit de cette comparaison, destinée, dans la pensée de son auteur, à adoucir les blessures de l'amour-propre national, il n'en reste pas moins acquis que dans la capitale même de la France, au centre du foyer lumineux dont le rayonnement s'é tend sur le monde entier, l'ignorance étale encore de larges taches, semblables à celles qui assombrissent l'éclat des astres les plus brillants.

A Lyon, la situation est analogue à celle de Paris. En 1857, on comptait 833 écoles primaires communales ou libres dans le département du Rhône. Le nombre des instituteurs des deux sexes s'élevait, à la même époque, à 1,200 ; enfin le chiffre total des enfants fréquentant ces écoles était de 75,584, sur une population de 300,000 habitants, composée pour les deux tiers d'ouvriers.

La société d'instruction primaire du Rhône a donné, par de louables entreprises, une impulsion active à la création des écoles, à l'extension du personnel enseignant, à l'accroissement de la fréquentation scolaire. Les efforts n'en sont pas moins restés de beaucoup au-dessous des besoins, puisque l'on compte encore dans la population lyonnaise 28 pour 100 d'illettrés.

Une profonde perturbation a été, il est vrai, de 1871 à 1874, jetée à Lyon, dans toutes les institutions d'enseignement, par les conflits et les difficultés sans nombre que l'esprit d'exclusivisme de la municipalité a suscités contre les écoles libres laïques et les écoles congréganistes[1].

A Bordeaux, d'après les derniers recensements, le chiffre total des illettrés au-dessus de 6 ans s'élève à 27,379[2] ; il est vrai que les classes d'adultes établies aujourd'hui dans tous les quartiers de cette ville tendent non-seulement à diminuer rapidement ce nombre, mais encore à élever le niveau général de l'instruction[3].

En résumé, dans l'ensemble de la population ouvrière des grandes villes de France, il se manifeste sans doute de sérieuses tendances à acquérir l'instruction ; partout le niveau de l'enseignement s'étend et s'élève. Mais partout aussi de profondes lacunes arrêtent, comme autant de fondrières sur le chemin à parcourir, la marche active du progrès intellectuel.

Si des écoles nous portons nos regards sur les autres moyens d'enseignement populaire, nous constatons un mouvement plus significatif : la fréquentation et le développement des bibliothèques ouvertes aux ouvriers se sont considérablement accrus ; le nombre des bibliothèques populaires a atteint au

[1] Rapport de la chambre de commerce de Lyon.
[2] Ce chiffre de 27,379 se divise ainsi : hommes, 11,191 ; femmes, 16,188. Eu égard à la population des deux sexes dans la même ville, la proportion se réduit à 10 pour 100 pour les hommes et monte à 16 pour 100 pour les femmes.
[3] Rapport de la chambre de commerce de Bordeaux.

1er avril 1874 le chiffre de 773 ; on n'y compte pas moins de 832,032 ouvrages.

La statistique relève en outre l'existence de 15,593 bibliothèques scolaires, offrant à l'instruction de la jeunesse un contingent de 1,471,000 volumes.

Les souscriptions et les cotisations personnelles, les abonnements, les subventions des conseils municipaux et des conseils généraux ont partout encouragé cette œuvre de propagande intellectuelle et morale. On ne saurait estimer à un trop haut prix les services qu'elle rend non-seulement aux progrès de l'enseignement, mais aux mœurs. L'ouvrier adulte est le plus souvent détourné des classes ou des cours par son travail, ses loisirs sont des plus bornés, à peine est-il libre le soir et le dimanche. Les bibliothèques populaires disputent ces quelques heures de liberté au cabaret, et souvent l'attrait de la lecture l'en éloigne entièrement. Partout on s'applaudit d'un résultat si profitable à la fois à l'avancement de l'instruction et à l'amélioration de la moralité publique.

On nierait donc une évidente vérité si l'on méconnaissait qu'à travers bien des exagérations intéressées et beaucoup de mécomptes, nous n'en marchons pas moins dans une voie de progrès.

L'instruction publique en France est entrée d'ailleurs dans une phase nouvelle de son existence. Elle accomplit, dans le monde intellectuel, sous l'empire des événements ou des mœurs, et indépendamment de l'action des gouvernements et des hommes, une transformation semblable à celle que subissent dans le monde matériel tous les êtres organisés suivant leurs conditions d'âge et de développement, sous l'influence des lois de la·nature. L'esprit public a quitté depuis longtemps en France les lisières du premier âge, il est dans la vigueur de la jeunesse, et arrive par l'instruction à cette période de la vie où la constitution s'achève, se complète et où tous les organes acquièrent la plénitude de leur force et de leur fonctionnement : c'est la période de la maturité.

Les espérances d'apaisement, d'ordre, de prospérité, qui naissent logiquement de ces pensées, nous font attendre avec une légitime impatience l'entier développement des lumières et les bienfaits définitifs de l'instruction publique. Des vœux unanimes se font d'ailleurs entendre dans toutes les parties de la France pour qu'il soit satisfait·à cet égard à de pressantes nécessités; de toutes parts l'opinion, dont les échos retentissent au sein des assemblées électives, incite le gouvernement, les départements et les communes, à s'imposer enfin les sacrifices indispensables pour faire face à de manifestes besoins.

L'heure des vaines promesses, des déclarations stériles, est passée. Le pays, trop longtemps égaré par

le bruit des réclames, attend impatiemment aujour-
d'hui des actes et des œuvres à la place des reten-
tissantes paroles.

Nous ne nous tiendrons point ici à une allusion,
bien qu'elle soit assez transparente. Nous dirons nettement ce que nous pensons des avantages
et des inconvénients de l'obligation scolaire. Le
principe de l'obligation imposée au père de faire
instruire ses enfants est inscrit dans l'article 203 de
notre code civil, on doit tôt ou tard arriver à son
application : il faut seulement hâter le moment où
cette application sera pratique et réalisable. Or, il
est temps de le reconnaître, le système de l'obligation de l'instruction perd chaque jour de ses avantages en devenant un instrument de parti ; chaque
jour s'éloigne ainsi l'époque d'une mise en pratique
dont les indispensables auxiliaires sont l'opinion
publique et les mœurs. Or, quelle confiance, quelle
grave autorité peuvent s'attacher dans l'esprit des
familles à une formule discréditée par les réunions
publiques et avilie dans les agissements électoraux?
Le caractère moral de l'obligation scolaire en a été
singulièrement altéré. Aussi les hommes les mieux
intentionnés, les plus désireux du progrès de l'enseignement, se détournent-ils de ces imprudentes
déclarations théoriques, irréalisables comme l'absolu,
irritantes comme la passion politique, tyranniques
comme toute contrainte, pour s'attacher exclusive-

ment au développement progressif de tous les
moyens d'enseignement et d'éducation et à toutes
les facilités de l'instruction. Au système de l'obligation de l'instruction on oppose en dernière analyse
le système plus fécond de la facilité de l'instruction.

Une raison particulière, dans ce pays saignant
encore des douleurs de l'invasion et de la guerre
civile, fait hésiter beaucoup de bons esprits. sur
l'application de l'obligation scolaire ; c'est le spectacle de ce qui se passe actuellement dans ces provinces restées chères à tous les cœurs patriotes, dans
cette Alsace-Lorraine dont la France porte encore
le deuil. Entendez l'écho des plaintes qui nous
viennent de ce côté :

Là fonctionne l'obligation de l'instruction ; une
loi absolue en a fait un instrument de servitude ; elle
impose à tous les enfants la fréquentation des écoles
de l'État. Les aspirations du patriotisme, le souffle
des croyances catholiques, la liberté de conscience,
sont étouffés et opprimés. Les intelligences et les
âmes sont également écrasées sous le pied lourd de
la domination allemande. « Communes et familles,
dit un écrivain alsacien[1], doivent se borner à subvenir aux frais d'instruction, sans intervention possible pour le plan d'études ni dans la surveillance

[1] L'instruction publique en Alsace-Lorraine. (*L'Économiste
français* du 9 septembre 1876)

des écoles. Nous sommes contraints de livrer nos
enfants à l'administration scolaire sans permission
de nous enquérir de la tenue de l'école. Une pareille
exclusion lèse la population dans ses droits, comme
elle la blesse dans ses sentiments. C'est comme si,
par le fait de la conquête, nos fils n'étaient plus à
nous pour devenir la chose du gouvernement. »

Voilà ce que peut être l'obligation de l'instruction sous l'étreinte du despotisme. A Dieu ne plaise
que la loi de l'obligation prenne possession de
nos écoles sous des gouvernements qui n'auraient
point souci de la liberté de conscience et des droits
des familles ; les enfants de toute la France seraient
alors asservis, à la façon germanique, comme le sont
ceux de l'Alsace. L'obligation scolaire, pour être
féconde, doit donc inaugurer son règne sous un régime d'apaisement des esprits, de liberté et de stabilité sociale, sinon elle traiterait en pays conquis le
domaine des intelligences, des opinions ou des
croyances ; elle deviendrait entre les mains de
l'État un instrument de domination oppressive.

L'agitation factice et superficielle soulevée autour
de la question de l'instruction obligatoire tombe
aujourd'hui dans le discrédit de l'opinion publique,
pour faire place aux œuvres pratiques d'où dépend
inévitablement la réalisation d'un progrès désirable.
C'est par des efforts soutenus, multipliés, persévérants, le bon sens public le reconnaît de plus en

plus, que l'instruction populaire peut se développer et se répandre partout; c'est surtout par l'influence même des mœurs et de l'opinion.

Un homme fort autorisé à se faire l'interprète de ces sentiments disait avec une saine appréciation de la situation : « Dans les pays les plus justement renommés pour le développement de l'instruction populaire, la force de l'éducation tient moins aux prescriptions de la loi qu'à l'empire des mœurs. Puissent nos mœurs scolaires commencer à se former, et, par le libre effort de tous, assurer dans la génération qui s'élève les progrès de l'intelligence et de la moralité [1] ! »

La même pensée a été exprimée très-pratiquement par M. Waddington, ministre de l'instruction publique, lorsque, se déclarant en principe partisan de l'obligation scolaire, il considérait que cette obligation devait être le corollaire de la facilité de l'instruction.

« Le gouvernement, disait-il [2], s'est mis à l'œuvre pour chercher le moyen de résoudre la question sans froisser les instincts et les habitudes de la population. Il veut arriver par les moyens les plus rapides à ce que, dans un délai très-rapproché, il n'y ait plus d'impossibilités matérielles à vaincre et

[1] M. GRÉARD. Rapport sur l'état de l'instruction dans le département de la Seine en 1875.

[2] *Annales parlementaires*. Séance du 29 juillet 1876.

que nous n'ayons à lutter que contre des mauvaises volontés absolues. Lorsque nous en serons arrivés là, nous aurons l'honneur de vous proposer des sanctions pénales, mais nous avons cru que jusqu'à ce moment il fallait faire tout ce qui était possible pour écarter les difficultés, très-nombreuses, très-sérieuses et en grande partie absolument matérielles, qui se trouvent sur notre chemin. Nous avons cru que c'était là la meilleure manière de résoudre cette question, en la retirant de l'arène des partis, en en faisant une question d'application pratique et non un terrain de lutte. »

L'obligation scolaire est présentée ainsi sous son véritable aspect, son but réel, celui de devenir un jour la sanction des sacrifices faits par l'État et les communes pour compléter le réseau de la circulation intellectuelle.

C'est là le côté par où l'obligation se recommande le plus au législateur. Elle sera spontanément inscrite à la porte de chaque école, le jour où des écoles s'élèveront dans chaque village. Mais commencer par des affirmations de principes inapplicables, des menaces de mesures pénales, quand les écoles sont absentes, incomplètes ou en ruine dans un grand nombre de communes, distantes ailleurs du domicile de l'enfant au point d'exposer sa santé dans une course longue et périlleuse pendant la saison hivernale, c'est se heurter à l'impossible, froisser les meilleures volontés, nuire aux véritables intérêts de la jeunesse. Ce sont là des inconséquences et des imprudences qu'il faut laisser aux agissements du radicalisme ; elles ne sauraient être accueillies avec faveur en France, ce pays de raison, par les hommes de bon sens et de bonne foi. En un mot, subordonner l'obligation de la fréquentation scolaire à la facilité de l'instruction, à l'existence de l'école, voilà la vérité présente, l'espérance de l'avenir. Ajoutons que l'obligation scolaire, pour répondre à la fois à son but et au sentiment des familles, doit respecter l'indépendance des opinions ou des croyances et leur laisser libre le choix de l'école où l'enfant sera admis.

Enfin l'enseignement pédagogique ne saurait être séparé de l'instruction morale et religieuse de la jeunesse. C'est ce que l'on a bien compris dans tous les pays où l'obligation scolaire a été inscrite dans les lois : l'Allemagne, les États-Unis, et en dernier lieu l'Angleterre. On peut même remarquer que dans ces divers pays l'obligation a été principalement instituée, à l'origine, dans une intention de propagande religieuse. C'est la lecture obligatoire de la Bible qui a été la base première de la législation de l'instruction dans les pays où règnent les cultes protestants. De même en France, ceux qui font dater de 1791 la proclamation du principe de l'obligation se trompent étrangement. S'ils prennent le soin de lire les ordonnances royales des XV⁰ et XVI⁰ siècles, ils en connaîtront mieux les origines. Là ils trouveront, en matière d'instruction religieuse, des prescriptions tombées en désuétude dans les siècles suivants, dont ils proposent en sens contraire de rééditer les formules.

On est donc mal fondé à argumenter de l'exemple des nations qui ont inscrit dans leur législation des mesures réglementaires sur l'instruction de la jeunesse; elles se sont moins préoccupées en général de la diffusion des lumières que du maintien des principes et de l'autorité de la religion d'État. On en retiendra du moins ceci, c'est que chez tous les peuples civilisés, en Europe comme en Amérique, le respect du sentiment religieux a toujours été intimement lié à la question de l'instruction. On a bien compris que, s'il était possible au législateur d'astreindre les esprits à la culture intellectuelle, il était dépourvu du droit d'asservir les âmes à l'irréligion et au matérialisme.

Telles sont les conditions dans lesquelles, à notre sens, l'obligation scolaire deviendra possible et praticable en France.

Imitons en cela l'exemple pratique de l'Angleterre. Dans ce pays de libre initiative, un mouvement individuel et spontané a successivement doté d'écoles chaque comté, chaque paroisse, chaque hameau. La liberté a été laissée à tous de fréquenter ces écoles ; mais quand l'œuvre féconde de l'initiative privée a été accomplie et achevée, quand la carte de la topographie scolaire a été complétée, alors on a tenu pour coupables les familles qui ne profitaient pas des immenses facilités qui leur étaient offertes pour faire instruire les enfants, et le Parlement, cédant au mouvement de l'opinion, a voté cette année même le Bill de l'instruction primaire obligatoire.

L'école construite, ouverte, prête pour l'enseignement, le devoir des familles commence. Ce devoir, dans les villes industrielles, s'étend du père au patron. Sur celui-ci même la responsabilité pèse davantage, aux heures où le père, la mère elle-même, l'enfant, sont occupés dans ses ateliers.

Combien ne voit-on pas cependant dans les grandes villes, à Paris surtout, d'enfants errant sur le pavé, raillant le passant, vagabondant et prenant dans les contacts de la rue et du ruisseau le mauvais langage, les mauvaises mœurs, les habitudes funestes qui les corrompent ; souillant en un mot leur esprit et leur cœur au spectacle de toutes les dépravations. Où est le père ? Où est la mère de ces abandonnés ? Nous ne parlons pas de ceux qui, par insouciance ou par des sentiments inavouables, font systématiquement dédain du soin de leurs enfants ; ceux-là ne méritent pas le nom de pères. Mais nous pensons aux parents, plus à plaindre qu'à blâmer, que le travail industriel, la nécessité du pain quotidien séparent d'êtres chers. Ne souffrent-ils pas de cette séparation, de cet abandon ? Ils sentent bien que le cœur de l'enfant, si impressionnable au mal comme au bien, se détache d'eux, s'éloigne de jour en jour des sentiments de famille ; ils ne songent pas sans appréhension à un avenir où le fils, devenu grand, indépendant et dégagé de toute obligation, laissera leur vieillesse abandonnée et insultera peut-être leurs cheveux blancs. Mais que faire? l'école manque ou est éloignée ; on ne peut y conduire l'enfant, il échappe, chemin faisant, à la surveillance, et court l'école buissonnière. C'est là que se place pour les patrons et les chefs d'industrie un grand devoir, celui de faire instruire convenablement les enfants de leurs ouvriers et tous ceux qui travaillent dans leurs ateliers.

On reconnaît l'utilité des mesures législatives adoptées à cet égard par l'Assemblée nationale. La loi a élevé l'âge d'admission des enfants dans les ateliers à douze ans, âge auquel l'instruction élémentaire est le plus souvent acquise ; elle a en outre restreint à la demi-journée le travail de l'enfant qui n'aurait point acquis cette instruction, jusqu'à l'âge de quinze ans.

D'après les rapports de M. Maurice, inspecteur divisionnaire du travail des enfants dans le département de la Seine, les bons résultats de la loi du

19 mai 1874 ont été déjà constatés pour les jeunes ouvriers de l'industrie parisienne.

Là où la question de la création des locaux scolaires est encore en discussion au sein des municipalités, beaucoup d'industriels l'ont résolue. Ils ont fondé des écoles adjointes à leurs ateliers pour assurer l'enseignement aux enfants qu'ils emploient. Ces écoles sont désignées sous le nom d'écoles de fabriques.

D'autres industriels se sont entendus avec les maîtres des écoles communales ou des écoles libres pour assurer des classes spéciales, hors des heures réglementaires, aux enfants retenus pendant ce temps dans les ateliers; afin de faciliter à ceux-ci l'accès de l'instruction.

On a fait plus : on a voulu mettre, dans l'emploi du temps, l'école en harmonie avec la manufacture, l'étude avec le travail industriel. A cet effet, on a établi des écoles de *demi-temps*. Les heures de classe, dans ces écoles, alternent avec le roulement des équipes de la fabrique. Les enfants occupés le matin vont à l'école le soir, et réciproquement. Grâce à ce système, les jeunes ouvriers ne sont assujettis qu'à une demi-journée de travail dans l'atelier, le reste du temps est réservé à l'instruction; leur intelligence et leur santé y gagnent également.

Citons un exemple à l'appui de cette observation : deux écoles de demi-temps viennent d'être ouvertes à Saint-Denis et à Ivry, à la faveur des subventions accordées par les municipalités de ces communes. L'instituteur chargé du service spécial de ces écoles a organisé ses classes en trois séries de deux heures chacune, correspondant à la sortie et au renouvellement des équipes d'enfants occupés dans les manufactures voisines.

C'est là, on le reconnaîtra, un éminent service rendu à l'instruction par la loi sur le travail des enfants dans l'industrie ; cette loi a ainsi donné une vigoureuse impulsion à la création des locaux scolaires. Les industriels, assujettis à l'obligation de faire instruire les enfants employés dans leurs ateliers ou astreints à limiter la durée de leur travail au cas où ils ne justifient pas de leur instruction, ont été ainsi poussés, par l'avantage de la contiguïté des salles de classe à l'usine, à fonder de nombreuses écoles.

On compte trente écoles de fabriques établies depuis une année environ dans la circonscription lyonnaise. On n'en signale, dans le même temps, pas moins de 22 créées à Rouen et dans la région industrielle avoisinante. Le nombre de ces écoles, dans la France entière, n'est pas dès à présent au-dessous de cent. Elles ont accru la fréquentation scolaire d'un chiffre de plus de vingt mille enfants[1].

---

[1] Rapports des inspecteurs divisionnaires du travail des enfants. Note du ministère du commerce.

Il convient d'ajouter à ce nombre d'enfants admis dans les nouvelles écoles de fabriques celui plus considérable encore des enfants fréquentant les classes récemment organisées, dans les écoles communales ou libres, sous l'influence de la loi nouvelle[1].

A Toulouse, par exemple, M. l'inspecteur divisionnaire Delaissement a, indépendamment de la fondation de plusieurs écoles privées, obtenu dans les écoles publiques de la ville la création de onze classes spéciales en faveur des jeunes ouvriers. Ces classes sont fréquentées par 700 enfants travaillant dans les ateliers ou manufactures disséminées dans différents quartiers. Les progrès de ces enfants ont été assez sensibles pour que l'on ait distribué aux plus méritants d'entre eux 110 livrets de caisse d'épargne de 10 à 20 francs et 107 accessits. De tels exemples peuvent être proposés à l'imitation de tous. C'est là tout à la fois une digne récompense du travail, un attrait pour la fréquentation des écoles, un puissant encouragement à l'ordre, à la prévoyance et à la moralité.

On a remarqué cette année, dans le département de la Seine, un mouvement plus accentué que les

---

[1] On évalue à cent mille le nombre des enfants de toute la France, ne fréquentant pas précédemment les écoles, qui ont été inscrits dans les cadres de l'enseignement primaire depuis la mise en vigueur de la loi du 19 mai 1874.

années précédentes pour l'obtention des certificats d'instruction primaire. Ces certificats sont particulièrement réclamés par les enfants d'ouvriers. Dans l'arrondissement de Sceaux, le nombre en a augmenté dans la proportion de 30 pour 100. On attribue généralement cet accroissement de la constatation des aptitudes scolaires aux exigences spéciales de la loi du 19 mai 1874 sur la justification de l'instruction.

Ces résultats montrent tout à la fois combien l'on a peu fait jusqu'à ce jour pour l'instruction des enfants d'ouvriers, combien il est facile de faire beaucoup dans cette voie. Ils attestent également ce que peuvent, pour le progrès de l'enseignement au sein des populations ouvrières, les œuvres de l'initiative privée et les bonnes intentions des industriels secondées et dirigées par l'influence des lois.

On le comprend, en général, dans notre société moderne, c'est un devoir de premier ordre de protéger l'enfant, d'élever son intelligence, d'éclairer son âme. Une grande responsabilité pèse à cet égard sur les tuteurs naturels de la jeunesse : sur le père d'abord, et, par une inévitable substitution d'autorité, sur le patron. Suivant une noble pensée de Channing, « si on laisse grandir l'enfant dans l'ignorance complète de ses devoirs, de son Créateur, de ses rapports avec la société, si on le laisse grandir dans une atmosphère d'impiété et d'intempérance, dans l'habitude du mensonge et de la fraude, que la société ne se plaigne pas du crime qu'il commettra. Elle est demeurée tranquille spectatrice et l'a vu d'année en année s'armer contre l'ordre et la paix publique : quand il frappe le dernier coup, quel est donc le coupable? Prendre soin des ignorants et de ceux qui sont exposés aux tentations, c'est l'un des premiers devoirs de la société. »

Cette pensée ne montre pas seulement d'une manière éclatante les avantages que la jeunesse d'un pays et la nation elle-même ont à retirer du développement de l'instruction publique, elle fait ressortir en même temps le caractère moral qui doit lui être imprimé, si l'on veut en recueillir tous les fruits.

Apprendre à lire et à écrire, c'est quelque chose sans doute, si l'on s'en tient aux services journaliers que peut rendre à l'ouvrier, au négociant, au chef d'atelier, la facilité de recevoir une commande, de faire lui-même sa correspondance, d'arrêter un compte ou de fixer des détails qui échapperaient à sa mémoire. Cela n'est rien-si l'on ne se borne pas à envisager le côté mécanique ou matériel de l'instruction et que l'on en recherche le côté élevé, moral, humain; celui par lequel elle exerce sur l'esprit et sur le cœur ses influences les plus salutaires.

Pour attribuer à l'instruction ce caractère, il faut que le goût de l'étude ne pénètre pas seulement dans l'intelligence, mais encore dans les habitudes quotidiennes de la vie. La plupart des enfants, en quittant les bancs de l'école, s'en réjouissent comme d'une délivrance. Ceux-là ont peu appris, ils oublieront vite, on en peut être assuré; ils se dégoûtent des livres et vivent à jamais dans l'ignorance et le mépris de la culture intellectuelle. L'école ne doit être que l'apprentissage de l'étude; il faut qu'elle sache en inspirer à l'enfant l'attachement, l'attrait, et non la répugnance; car, selon qu'elle aura provoqué en lui l'un ou l'autre de ces sentiments, c'est le goût ou la répulsion pour l'instruction qui le suivra dans toute sa carrière.

Or, de tous côtés les meilleurs esprits dénoncent le régime pédagogique de nos écoles comme peu fait pour inspirer aux enfants l'amour de l'étude. M. Michel Chevalier le fait observer avec l'autorité de sa haute expérience :

« On tient les enfants renfermés dans un endroit étroit, rendu malsain par l'encombrement; à un âge où le mouvement est une nécessité, on les contraint de rester assis sur un banc pendant je ne sais combien d'heures, ce qui leur est absolument insupportable. Cela fait regarder l'école comme un supplice et inspire contre l'instruction et l'étude une répugnance qui dure toute la vie. »

Ces mauvaises conditions du régime pédagogique en France appellent une prompte réforme. Ce n'est pas seulement un meilleur aménagement des locaux scolaires qu'elle exige. On doit mieux approprier aussi l'enseignement au tempérament de la jeunesse ; mêler au travail intellectuel des exercices et des manœuvres qui apportent à l'esprit quelque distraction et rendent au corps l'action physique comprimée par un trop long stationnement sur les bancs de la classe.

En Angleterre, une enquête a été faite, il y a peu d'années, sur les effets du régime scolaire ; on y a constaté l'avantage, même au point de vue de l'instruction, de réduire de moitié le temps que les enfants passent à l'école. A cette époque, tous les enfants du Royaume-Uni séjournaient 36 heures par semaine dans les écoles, soit 6 heures par jour. L'enquête démontra les inconvénients de ce sédentarisme excessif tant pour la santé que pour le développement de l'intelligence des enfants. Ces constatations amenèrent bientôt après une réforme. On réduisit à dix-huit heures par semaine la réclusion scolaire de la jeunesse anglaise.

A un autre point de vue, la partie matérielle de l'enseignement, l'exercice mécanique de la lecture et de l'écriture, ne doit point prendre dans les écoles une importance exagérée, sous peine d'entraver le libre développement des facultés intellectuelles de la jeunesse ; à plus forte raison ne doit-elle pas absorber le temps nécessaire à sa culture morale. Les intelligences grandissent, les caractères s'élèvent,

en se pénétrant de pensées saines et élevées, d'actes
de courage, d'héroïsme, des exemples d'humanité
et de vertus. Ce sont là les leçons où les enfants
d'ouvriers peuvent le mieux apprendre ce qu'il leur
est le plus nécessaire de connaître, c'est-à-dire :
supporter virilement les épreuves d'une vie vouée
au travail et à la peine.

Une grave critique est adressée, à ce sujet, à l'enseignement populaire en France ; si les études y
sont en général peu conformes aux véritables intérêts et aux vues d'avenir des populations ouvrières,
elles ne sont point davantage dirigées vers le goût
des saines lectures. « L'ouvrier a deux moyens d'occuper ses loisirs : le cabaret et le livre. Le cabaret,
qui épuise ses ressources, affaiblit ses forces et le
rend au travail fatigué, exténué ; le livre, qui ravive
son intelligence, repose ses forces et le renvoie à
l'ouvrage plus alerte, plus habile et plus courageux :
le triomphe de la civilisation ne sera définitif que
quand ceci aura tué cela[1]. »

En parlant, dans cet excellent langage, du livre
comme le plus efficace moyen de moralisation et de
régénération, M. Leroy-Beaulieu parle avec raison
du bon livre.

On exalterait à juste titre, à ce propos, l'exemple

---

[1] M. Leroy-Beaulieu. — *L'état moral et intellectuel des
populations ouvrières.*

de l'Angleterre, où toute une pléïade d'écrivains, que l'on pourrait appeler les éducateurs de la famille, nous offrent le modèle de petites publications saines et à bon marché, répandant les connaissances pratiques, les réflexions morales, l'exemple des hommes enrichis par le travail et l'économie. Ces publications ont ce précieux caractère d'être assez pures pour reposer constamment sur la table de travail de la famille et pour passer alternativement, dans les lectures de la veillée, des mains de la mère à celles des enfants.

En France, cette littérature bienfaisante et moralisatrice nous fait défaut ou reste dédaignée. Les sociétés formées en vue de la propagation des livres utiles, le gouvernement lui-même n'y ont point pourvu ; le goût du public n'est nullement tourné vers cette saine littérature de la famille. La générosité ministérielle s'épuise à doter les écoles et les communes de bibliothèques populaires ; mais quels livres y place-t-on ? Combien ne sont pas lus, ou parce qu'ils ne peuvent être lus en famille, ou parce qu'ils manquent de cet intérêt simple, attachant, instructif, qui sait retenir le lecteur en lui parlant un langage en rapport avec ses habitudes et sa condition.

On ne saurait trop tenir compte de la curiosité malsaine, de l'attrait naturel des esprits incomplètement formés, de la tendance pour ainsi dire maladive dû jeune âge qui portent tant d'esprits vers les mauvaises lectures, celles surtout qui éveillent les passions ou en attisent la flamme secrète. Ces lectures-là sont aussi détestables et aussi corruptrices que le cabaret, et l'on ne saurait trop faire d'efforts pour en détourner des intelligences d'autant plus malléables et impressionnables qu'elles ont été moins fortifiées par une suffisante culture.

Une enquête provoquée sur cette délicate matière par une circulaire ministérielle du 27 juillet 1866 ne peut laisser de doute sur les dangers de la contagion intellectuelle.

« On lit peu dans les campagnes, disait le rapport du préfet d'Indre-et-Loire, mais dans la classe ouvrière on lit de mauvais romans et des livres souvent immoraux, que les colporteurs trouvent moyen de faire échapper à l'estampille. »

Les préfets des Ardennes, des Deux-Sèvres, du Rhône, de la Vienne, fournissent des renseignements analogues. Ils joignent à leurs déclarations l'indication des titres des livres les plus achetés par les ouvriers de leur région. La plupart dénoncent le caractère grossier ou obscène de ces publications.

Ainsi fourvoyé, l'usage de la lecture est loin de venir en aide à la moralisation de l'ouvrier et de lui fournir des distractions utiles aux heures de loisir. L'instruction n'est ainsi qu'un vain mot; sa qualification même devient une amère ironie du langage.

On fait appel aux lois pour réprimer ces abus; on réclame énergiquement une application sévère des dispositions pénales relatives au colportage. Nous mettons en doute l'efficacité de ces moyens. C'est à l'éducation première de la jeunesse, c'est aux mœurs qu'il faut demander secours. On ne saurait trop regretter cependant, dans l'intérêt de la morale, que la fragile barrière opposée par les lois à la contagion des lectures corruptives soit aujourd'hui menacée de destruction.

Nous invitons les membres de la Chambre des députés qui élaborent en ce moment un projet de loi en vue de la suppression des mesures réglementaires et pénales sur le colportage[1], nous les invitons à parcourir les enquêtes, comme nous l'avons fait nous-même, à écouter les révélations et les plaintes qu'elles contiennent, ils trouveront là plus d'un sujet de méditation et d'hésitation. Pénétrant plus profondément dans la vie réelle, nous les engageons à prêter l'oreille aux doléances des mères, aux colères indignées des pères contre ces romans et ces contes immoraux, auxquels l'instinct et le bon sens natifs, dans la famille ouvrière, ne manquent jamais d'imputer ou la chute de la jeune fille ou les dissipations et les désordres d'un fils insoumis. Alors peut-être comprendront-ils les dangers de cette prétendue liberté

---

[1] *Annales parlementaires* de 1876.

du colportage, qui n'est après tout que l'asservissement des faiblesses de la jeunesse et de la pureté des cœurs à l'exploitation d'un odieux mercantilisme.

La police administrative la mieux faite resterait cependant impuissante contre l'attrait et la diffusion des mauvaises lectures. C'est, nous l'avons dit, aux caractères formés à l'école des bonnes mœurs à leur opposer un frein. Reportons donc nos regards en arrière et prenons l'enfant sur le banc de l'école ; c'est là qu'il convient de bien imprégner son esprit, par les leçons du maître et les exemples des parents, de l'amour des saines et fortifiantes lectures. L'utilité de l'instruction est à ce prix. De l'enfant il faut remonter à l'homme, au père, et chercher à pénétrer assez son cœur des affections de la famille, de l'attachement au foyer, du respect de lui-même, à ce point qu'il ne lise avec intérêt et n'introduise à son domicile aucun livre qui ne soit pur, moral, digne de lui et de l'autorité tutélaire dont il exerce les devoirs dans sa propre maison.

Heureuses les familles où la lecture en commun groupe tous les membres, pères et enfants, le dimanche ou le soir à la veillée, autour du foyer ; là elle devient un délassement des esprits, un apaisement des douleurs, une flamme d'énergie nouvelle pour le travail et les épreuves du lendemain !

L'influence des bonnes lectures, si salutaire à

tous, est un souverain remède au milieu des peines et des vicissitudes de la vie de l'ouvrier; elle relève par sa force morale les défaillances inévitables, dissipe les angoisses de l'avenir et les découragements quotidiens; elle possède la suprême vertu de faire, renaître dans les heures les plus sombres les espérances de joie et de bonheur; son action vivifiante apporte dans les âmes les plus troublées des consolations et des jouissances morales, dont la religion seule conserve avec elle le merveilleux talisman.

Ainsi entendue, ainsi revêtue de son caractère moral, l'instruction est un véritable bienfait; elle devient aussi nécessaire et aussi utile à la santé des âmes que l'usage de l'eau l'est à la santé du corps; on ne saurait trop, dès lors, la répandre. Ses sources fécondantes, les écoles, doivent être mises en tous lieux à la portée des populations ouvrières, comme l'on place, dans l'intérêt de l'hygiène publique, des fontaines à tous les carrefours, pour que chacun y vienne puiser au gré de ses besoins ou de sa fantaisie.

CHAPITRE II

L'éducation morale de la jeunesse ouvrière. — Ses effets comparés à ceux de l'instruction. — Le programme radical en
matière d'instruction. — Le Syndicat des instituteurs et des
institutrices laïques. — Les délégués du syndicat à l'Exposition de Vienne.

Une école nombreuse d'économistes et de publicistes considère, d'une manière absolue, l'instruction comme l'unique agent de moralisation des
masses populaires. Pour nous, d'après les principes
que nous avons précédemment développés, il s'agit
de bien déterminer le sens que l'on attache au mot
instruction. Si par ce mot l'on entend la connaissance des devoirs, l'intelligence exacte des avantages que l'homme retire des bonnes mœurs, de
l'amour de la famille, de l'attachement aux principes religieux et sociaux, on peut confier exclusivement à l'instruction le soin d'améliorer le sort et
d'assurer l'avenir des populations laborieuses.

Mais si, comme on est en droit de le supposer,
il est plusieurs points de ce programme qui n'en-
trent pas dans les vues de l'école à laquelle nous

6.

avons fait allusion; nous sommes obligés de le déclarer, on se tromperait étrangement sur les effets moralisateurs de l'instruction, si l'on ne voyait en elle que le fait brutal de savoir lire, écrire, compter, calculer au mieux des intérêts matériels.

L'instruction à ce point de vue est l'un des éléments partiels de l'éducation, mais elle ne peut suppléer à l'action de celle-ci dans la plénitude du développement qu'elle comporte des facultés et des sentiments de la nature humaine. Sur l'éducation, en effet, reposent la valeur morale de l'individu, l'observance des devoirs de la vie, la conscience, en un mot, qui dirige nos actes et nous donne le sentiment de notre responsabilité; d'elle seule dépend le bonheur présent de tout homme dans la vie, comme l'espérance de son avenir immortel. Sans l'éducation morale, l'instruction devient un avantage entièrement illusoire, une vaine apparence, un vulgaire instrument de profit matériel; elle réserve à ceux qui lui confieraient leur avenir avec une foi aveugle les plus cruels mécomptes.

L'enquête de 1872-1875 fait péremptoirement ressortir cette vérité. Ainsi les déposants du Rhône, de la Loire et de plusieurs autres départements, après avoir constaté les progrès de l'instruction et la diminution du nombre des illettrés dans leur région, avouent avec un sentiment de tristesse que le progrès moral n'a point suivi chez eux dans leur marche ascendante les progrès de l'instruction.

Le rapport de la chambre de commerce de Lyon[1] signale une amélioration sensible dans l'état de l'instruction de la population laborieuse :

« Les ouvriers savent lire et écrire, les enfants sont envoyés aux écoles primaires. Certaines écoles d'instruction secondaire sont même régulièrement suivies.

« Ainsi en est-il de l'école de la Martinière, depuis longtemps célèbre, et des cours d'adultes qui, récemment fondés, se multiplient dans tous les quartiers et comptent de nombreux élèves désireux d'acquérir l'instruction professionnelle. »

Cependant le même rapport présente une peinture affligeante de l'état moral de la population ouvrière. Nous citons : « Le caractère des ouvriers à Lyon est aigri par de longues luttes soutenues pour l'augmentation des salaires ; les théories socialistes, en ce qu'elles ont de matérialisme grossier, flattant les appétits et les passions, sont bien accueillies dans la masse et ont accru l'antagonisme entre les patrons et les ouvriers. Si du chef d'atelier on descend au compagnon ouvrier, nomade qui loue ses bras où il lui convient, on trouve encore plus de dévergondage dans le jugement et d'effervescence dans ce qu'on nomme la liberté. Le chef

[1] Rapport de la chambre de commerce de Lyon. — Enquête 1872-1875

d'atelier a un certain sentiment de conservation et admet que la sécurité du travail est liée au maintien de l'ordre. Le compagnon se laisse plus facilement entraîner au désordre. »

Ainsi, d'une part, dépression du sentiment moral; de l'autre, progrès de l'instruction publique. Ce résultat si anormal et si contraire aux légitimes espérances que l'on doit fonder sur les effets du développement des lumières, démontre manifestement la prédominance de l'éducation morale sur l'instruction.

De tels contrastes, il faut le dire, résultent le plus souvent de l'esprit qui préside à l'instruction de la jeunesse : dans beaucoup d'écoles à Lyon, on a négligé d'assurer une marche parallèle entre l'enseignement primaire de la lecture ou de l'écriture et l'instruction morale et religieuse des enfants; de là l'antinomie qui blesse nos sentiments.

Une société créée, il y a quelques années, par de libres et généreuses initiatives, pour le développement de l'enseignement populaire dans le département du Rhône, avait, il est vrai, soigneusement allié dans les programmes d'étude l'instruction intellectuelle à l'instruction religieuse. Le bénéfice des bons résultats obtenus a été perdu, nous l'avons dit, depuis qu'à la suite des événements du 4 septembre 1870 la municipalité de Lyon a pris en main la direction des écoles primaires.

Là au contraire où l'éducation morale marche de pair avec l'instruction, on en constate, d'un unanime accord, les excellents effets.

Dans le groupe industriel de la cristallerie de Baccarat, d'une part l'instruction primaire est généralement répandue, on compte peu d'illettrés ; de l'autre, la moralité des ouvriers ne laisse rien à désirer. C'est là le fruit des institutions établies dans la cristallerie : asiles, écoles de garçons, écoles de filles, écoles d'adultes, écoles de dessin, écoles de musique. A l'enseignement donné dans ces diverses écoles se joint l'instruction religieuse qui y est soigneusement distribuée[1]. L'éducation morale a suivi là une progression analogue à celle de l'instruction, et l'on se plaît à constater tout à la fois le bon esprit et les lumières de la population ouvrière attachée à cet établissement industriel.

A Anzin, où l'on ne compte pas moins de quatorze mille ouvriers, généralement honnêtes et laborieux, l'instruction est donnée dans une large mesure, et l'enseignement moral n'est pas moins répandu. La Compagnie envoie gratuitement tous les enfants d'ouvriers à l'école ; elle favorise par des subventions la création des salles d'asile, des écoles de filles, l'érection des églises ; elle entretient aussi plusieurs maisons de charité. La Compagnie fait en

[1] Rapport de la Compagnie de Baccarat. — Enquête 1872-1875.

un mot des efforts concomitants pour assurer au même degré le progrès moral et le progrès intellectuel des ouvriers de ses usines.

Dans les établissements de papeterie de Vidalon-les-Annonay, dirigés par MM. Canson et Montgolfier, « l'esprit religieux règne très-généralement et sans distinction de classe parmi toutes les familles ; elles ont en outre des sentiments d'union, de stabilité, qui contribuent puissamment à leur moralité ; aussi les rapports entre les membres du personnel et les chefs sont-ils réellement sympathiques [1]. »

Est-il nécessaire d'ajouter, en présence de dispositions de cette nature, que rien n'a été épargné à Vidalon-les-Annonay pour favoriser la bonne harmonie, faciliter à l'ouvrier l'amélioration de sa condition, protéger l'enfance, provoquer l'épargne, garantir les familles ouvrières contre les funestes conséquences de la vieillesse et de la maladie par l'organisation des secours mutuels? On ferait ainsi un rapprochement instructif entre les conditions morales et les avantages matériels que les bons principes, d'une part, le bon vouloir et l'exemple, de l'autre, peuvent réaliser. Ce sont là les fruits qui naissent spontanément de l'union des ouvriers et des patrons dans le sentiment du devoir et le lien

[1] Note imprimée des directeurs de Vidalon-les-Annonay. — Enquête 1872-1875.

qui rattache leurs intérêts réciproques dans l'éducation morale de la jeunesse.

Nous pourrions multiplier ces exemples des
grandes entreprises industrielles où les directeurs
de l'exploitation et, on peut le dire, les ouvriers
eux-mêmes ont compris la corrélation étroite, intime, qui lie la question de l'éducation morale à
celle de l'instruction.

En abordant la question de l'éducation de la jeunesse ouvrière, on se trouve, il est vrai, sur le terrain le plus ardu et le plus difficile. Il ne s'agit
point seulement de ce que l'on apprend dans l'é-
cole, ou même dans la famille, mais, problème plus
grave, des influences diverses exercées par l'éducation, dans la sphère où il est placé, sur l'intelligence, le caractère et les sentiments de l'ouvrier.

En observant de près cette puissance merveilleuse de l'éducation sur la direction des hommes,
on s'explique les luttes ardentes, les compétitions
et les convoitises de tous ceux qui veulent, pour
arriver à les dominer, tenir dans leurs mains ce
grand levier de gouvernement. On comprend ainsi
les ardeurs et l'acharnement que les partis apportent
sur toutes les questions relatives à l'instruction. Là
surtout on aperçoit avec clairvoyance le but où tendent les visées et les entreprises du radicalisme, en
voyant à l'œuvre son plus énergique instrument de

propagande et de conquête, les associations syndicales d'ouvriers.

Imprimer d'abord à l'instruction et à l'éducation des tendances qui les dégagent de plus en plus de la direction spiritualiste; détruire pour cela les influences de la famille et de la religion sur l'esprit de la jeunesse; s'emparer ensuite progressivement du domaine de l'instruction, et le posséder sans partage dans l'avenir; exercer par là sur tous les esprits, sur toutes les volontés, un empire absolu, tel est le programme dont les chambres syndicales d'ouvriers poursuivent ouvertement la réalisation à la face des gouvernements et du pays. En voici les preuves :

Dès 1867, les délégués à l'Exposition universelle de Paris réclamaient le droit, pour les diverses associations coopératives, de s'occuper de toutes les questions intéressant l'apprentissage, de créer des écoles d'enseignement primaire et des écoles professionnelles, des bibliothèques, etc.; en un mot, le droit d'organiser à leur manière toutes les institutions d'enseignement populaire.

Le préambule du rapport de la délégation des ouvriers français à l'Exposition de Vienne affirme avec plus de force encore ces revendications. Après un exposé des réformes sociales proposées à l'adhésion des délégués, le rapport ajoute ces paroles significatives [1] :

[1] Rapport d'ensemble des délégués à l'Exposition de Vienne.

« La meilleure garantie que nous puissions nous assurer de la réalisation de nos idées, c'est l'éducation et l'instruction qui doivent permettre à la génération qui nous suivra de continuer notre œuvre sans dévier du chemin déjà tracé.

« Pour atteindre ce but, il est indispensable d'organiser : l'instruction et l'éducation professionnelles, pour assurer à l'enfant arrivant à l'âge d'homme, sa liberté d'abord et ensuite les moyens de rendre à la société les services qu'il en a reçus.

« L'instruction et l'éducation générales, indispensables au développement de ses facultés morales et intellectuelles et à la connaissance de ses droits et de ses devoirs envers la société. Aidé de ces deux leviers, le prolétariat pourra bientôt, nous en avons le ferme espoir, prendre la place qui lui appartient dans l'ordre social, et, soulevant les obstacles qui s'opposent à son entier développement, s'épanouir, libre et digne, à la surface de la civilisation. »

Ainsi l'intention bien arrêtée de s'emparer de la direction de la jeunesse est on ne peut plus nettement affirmée par les chambres syndicales d'ouvriers; cent sept délégués de professions différentes ont nominativement adhéré à ce programme.

Si nous parcourons maintenant les rapports des instituteurs et des institutrices délégués par les mêmes associations à l'Exposition de Vienne, nous pouvons juger des moyens d'action et d'organisation.

Dans un premier rapport intitulé : *Rapport des délégués du syndicat des instituteurs, institutrices et professeurs libres laïques de France,* on signale que ce syndicat, comptant à peine deux années d'existence, « est parvenu, depuis sa fondation, à grouper dans son sein la plupart des instituteurs et des institutrices libres laïques, placés à la tête des principales écoles du département de la Seine ; il a en outre reçu de la province des adhésions nombreuses ».

Deux délégués ont été nommés pour représenter le syndicat des instituteurs et institutrices à Vienne[1]. Ces délégués étaient guidés dans leur enquête par un questionnaire discuté et arrêté en assemblée générale des syndicats. Ce questionnaire est divisé en quatre chefs : 1° moral et intellectuel, 2° matériel et d'hygiène, 3° personnel, 4° législation, association et publicité.

Dans leur rapport, les délégués des intituteurs laïques se livrent à des considérations historiques, qui ne sauraient passer inaperçues, sur le caractère à imprimer à l'enseignement de la jeunesse :

« En France, disent-ils, l'éducation républicaine a été résolue en principe par la Constituante de 1791 et créée par le décret de la Convention nationale du 29 frimaire an II (18 décembre 1793). Ce

---

[1] Mademoiselle Bardillon, directrice de l'école de jeunes filles de la rue Jean Lantier, et M. Ottin, professeur des arts de dessin.

décret fondamental a institué dans toutes les écoles françaises l'instruction laïque. Mais les gouvernements monarchiques qui, par force et par ruse, ont supplanté la République nationale, ont tous travaillé plus ou moins sourdement à miner et à détruire l'œuvre de la Convention. La réaction hypocrite a commencé en 1802, quoique Bonaparte ne se fût pas encore donné ou fait donner le nom d'empereur, et elle a continué sous les règnes suivants. »

Engagé dans cette voie, le rapporteur se hâte d'examiner les résultats comparatifs de l'enseignement laïque et de l'enseignement religieux. Il n'hésite point à imputer à ce dernier, par voie d'insinuation, tous les crimes qui affligent la société.

« A propos, dit-il, de l'enseignement religieux à l'école, voici un curieux tableau emprunté à la statistique de la Bavière ; il montre que la criminalité est en raison inverse du nombre des écoles et non du nombre des églises.

PROVINCES.	NOMBRE D'ÉGLISES PAR MILLE HABITANTS.	NOMBRE D'ÉCOLES PAR MILLE HABIT.	CRIMES PAR CENT MILLE HAB.
Palatinat.	3 , 9	10 , 8	425
Basse Franconie.	5 , 1	10 , 4	384
Moyenne Franconie. . .	7 , 1	8 , 3	459
Haute Franconie. . . .	4 , 8	6 , 7	444
Haut Palatinat.	11 , 1	6 , 2	690
Haute Bavière.	14 , 9	5 , 4	667
Basse Bavière.	10 , 1	4 , 5	870
Souabe.	14 , 6	3 , 1	609

» Les quatre provinces les plus chargées de crimes, Basse Bavière, Haut Palatinat, Haute Bavière, Souabe, sont celles qui ont le plus d'églises et le moins d'écoles, proportionnellement à leur population. Au contraire, le Palatinat et la Basse Franconie, qui ont les chiffres de criminalité les plus faibles, sont celles qui ont le plus d'écoles et qui sont le moins chargées d'églises. »

Voilà comment les instituteurs représentant des syndicats ouvriers savent écrire l'histoire. En face de cette statistique qui révolte le bon sens et dont on n'a pas osé, malgré une intention mal dissimulée, faire l'application à la France, le rapporteur triomphe; il conclut aussitôt à la supériorité morale de l'enseignement laïque et il réclame :

« Au nom du droit à l'existence : l'éducation gratuite ;

Au nom de la justice : l'instruction obligatoire;

Au nom de la liberté de conscience : l'école complétement laïque. »

Le rapport, fait au nom du syndicat lyonnais, est signé par une institutrice se qualifiant : *Déléguée de l'enseignement libre et laïque du Rhône.* Ce rapport présente des conclusions analogues à celui du syndicat de Paris ; on y demande :

« 1° L'instruction laïque, gratuite à tous les degrés et obligatoire au degré primaire. . . . . . .

. . . .

5° L'accès, pour la femme, à toutes les écoles spéciales ou supérieures. . . . . . .

. . . .

8° La création d'un syndicat des institutrices se rattachant aux autres syndicats ouvriers. »

D'après ces déclarations et ces programmes, les représentants des associations syndicales d'ouvriers, entendent, on le voit, prendre au plus vite en main et diriger exclusivement l'éducation de toute la jeunesse nationale. Ils affirment que l'instruction est la *seule question sociale; que, par elle, ils arriveront infailliblement à la réalisation de toutes leurs espérances.*

Nous pensons aussi que la question sociale se résume dans l'éducation de la jeunesse. C'est parce que nous le pensons qu'il nous a paru nécessaire de signaler l'imminent péril auquel sont exposées nos institutions et nos croyances assiégées par ces audacieuses entreprises.

En présence de tels assauts livrés à l'édifice social, conviendrait-il de fermer les yeux et de se boucher les oreilles pour ne rien voir et ne rien entendre? Les hommes d'ordre, au spectacle de cette guerre ouverte aux principes qui sont la gloire de notre civilisation et la foi de l'avenir, se désintéresseront-ils des questions de l'instruction? Abandonneront-ils à ces périls la jeunesse de la France? Laisseront-ils enfin, de l'aveu même des adversaires de l'enseignement spiritualiste, envahir le domaine de la conscience, livrer l'instruction au matérialisme et préparer des générations insouciantes de Dieu, des principes sociaux, de tout ce qui fait en un mot, l'honneur et la grandeur des nations chrétiennes?

Réagissons donc, par d'énergiques efforts, contre ces doctrines néfastes ; effaçons en la trace dans le sillon lumineux que laissera après elle une immense diffusion de l'instruction morale et religieuse.

Améliorons d'abord, par tous les moyens en notre pouvoir, les conditions actuelles de l'éducation populaire. Ne sont-elles pas, en effet, incomplètes et insuffisantes? Fortifient-elles l'esprit de l'ouvrier contre les égarements, les chimères, les préjugés? Lui fournissent-elles assez de connaissances pratiques pour qu'il puisse développer ses aptitudes industrielles ? Assez de lumières pour qu'il prenne sa voie dans la vie et améliore sa situation ?

Nier que des facilités nouvelles soient chaque jour ouvertes aux enfants pour acquérir cette éducation virile et éclairée, serait être injuste envers notre société. Croire que ces facilités sont suffisantes, serait se bercer d'illusions trompeuses et s'abandonner à un dangereux optimisme.

Il ne nous appartient cependant pas, tout en constatant ici les besoins, les intérêts et les aspirations des populations ouvrières, il ne nous appartient pas de tracer le programme, ni d'arrêter les bases de l'éducation la mieux appropriée à la condition de l'ouvrier.

L'éducation est un fait complexe ; elle prend sa place dans le cœur comme dans l'esprit des hommes ; elle exerce son empire au foyer, à l'école, à l'atelier même ; c'est dans les enseignements de la famille, dans les leçons du maître, dans l'exemple du patron que l'on en retrouve l'expression la plus parfaite. C'est le plus grand bonheur, dans son existence mortelle, que le cœur de l'homme ait été pénétré dès le jeune âge, des principes d'une bonne éducation. S'il n'a point été favorisé de cette chance heureuse, il sent peser sur sa vie tout entière le poids d'un mal irrémédiable. On ne saurait trop signaler la gravité de cette considération aux parents, aux patrons, aux législateurs et aux gouvernements, à tous ceux qui, par mission, doivent prendre quelque souci du progrès moral de l'enfance.

Notre pensée sur ce sujet se résume ainsi : nous estimons, comme un économiste des plus autorisés, M. Leroy-Beaulieu [1], nous estimons qu'on ne saurait trop se préoccuper d'améliorer la situation des ouvriers ; cette amélioration est aussi réalisable que désirable ; l'un des moyens les plus sûrs d'y

---

[1] M. LEROY-BEAULIEU. *L'État moral et intellectuel des populations ouvrières.*

parvenir, est de relever, par tous les efforts possibles, leur condition morale. Comme lui, nous voyons dans l'instruction l'un des plus efficaces agents du progrès matériel et intellectuel des populations ouvrières. Mais pour ne rien laisser dans l'ombre et l'incertitude, nous affirmons, avec l'autorité de l'expérience générale et la sincérité de nos propres convictions, qu'à l'influence de l'instruction il convient d'ajouter celle d'une puissance beaucoup plus effective encore du relèvement et de la dignité de la conscience humaine, nous voulons dire, l'éducation morale.

CHAPITRE III

La condition des enfants dans l'industrie. — Leur état moral et intellectuel. — La protection des jeunes ouvriers en Angleterre et en Allemagne.

La condition des enfants, dans la famille ouvrière, devient souvent un obstacle à leur instruction et à leur bonne éducation. La nécessité du travail industriel, le besoin du salaire pour soutenir les charges de l'existence commune, obligent le plus souvent le père et la mère à travailler séparément, dans des ateliers éloignés de leur domicile ; la plupart ne revoient leurs enfants qu'au moment des repas, ou le soir à la veillée, aux heures où la fatigue écrase, où le sommeil gagne après une pénible journée. A peine, dans ces courts instants de répit, les parents peuvent-ils échanger avec leurs enfants quelques paroles intimes et affectueuses.

Les mêmes nécessités contraignent souvent les pères de famille à compter sur le salaire des enfants et à les assujettir à un travail prématuré pour les faire contribuer à l'entretien de la vie commune. Un bon sentiment légitime aux yeux des parents l'impatience de voir leurs jeunes enfants rapporter au logis un gain, même le plus modique : les uns veulent leur procurer une alimentation meilleure ou quelques vêtements, d'autres sont désireux de les garder sous leur surveillance dans l'atelier. Égarés par ce sentiment, les parents sollicitent les patrons d'employer les enfants à la fabrication industrielle, sans compter avec l'insuffisance de leurs forces. Or en anticipant sur l'âge d'aptitude au travail, on viole en eux l'une des lois les plus rationnelles de la nature. Les travaux auxquels on occupe prématurément les enfants présentent sans doute quelques avantages immédiats, mais on se dissimulerait en vain les funestes influences qu'ils exercent sur le développement et la bonne constitution des jeunes générations.

Parents et patrons, voulant dégager leur responsabilité, disent d'un commun accord : il faut de bonne heure former l'enfant à un métier pour qu'il y acquière de l'adresse ; puis, ajoute-t-on, il accomplit des besognes peu pénibles : on l'emploie comme rattacheur dans une filature, il garnit les planchettes de petits clous dans les ateliers de polissage d'acier, ou bien il range les bûchettes de bois en paquets dans les fabriques d'allumettes. Ces travaux, il est vrai, ne sont ni compliqués ni fatiguants, mais a-t-on réfléchi que ce petit être, à qui la nature commande l'exercice actif et au grand air, va rester

là, dans un atelier imprégné d'une atmosphère étouf-
fante ou délétère, douze heures durant chaque jour,
quelquefois plus, dans une immobilité constante?
Ce qui est plus grave, on emploie l'enfant dans d'autres industries, à tourner des meules comme dans
l'aiguisage ou la poterie, à presser la planche dans
les fabriques de papiers peints, à rouler la voiture
à bras dans la fumisterie, en un mot on l'assujettit à
des efforts ou à des mouvements automatiques qui
dépriment son corps, déforment ses membres,
épuisent parfois sa santé.

.. On est fort porté à comparer, au point de vue de
l'hygiène, l'état matériel de l'atelier, son aménagement intérieur, avec celui du logement des ouvriers;
on met en parallèle les salles aérées des grandes
usines avec la mansarde glacée ou le sous-sol hu-
mide que la plupart habitent. On ne compte pas
avec l'exiguïté, les dispositions fort défectueuses,
les conditions malsaines d'un grand nombre de petits
ateliers, et on oublie que si l'ouvrier est généralement mal logé, du moins il ne reste chez lui que
pendant les heures du sommeil. On ne reconnaît
pas que c'est aggraver singulièrement la misère de
l'enfant que d'ajouter à la pauvreté du logis paternel
l'insalubrité de l'atelier; au mauvais air de la nuit,
l'étouffement de la journée entière.

On dit en outre que le travail porte en soi une
discipline salutaire, qu'il détourne du vagabondage

de la rue ; enfin on envisage l'avantage du salaire, et l'on fait valoir le profit matériel qu'en peut retirer, par une nourriture plus abondante, la bonne conformation physique de l'enfant. Ces considérations ne sont pas une suffisante compensation aux effets, si nuisibles à la santé, de l'immobilité constante à l'âge de l'action, ni de la fatigue mécanique et perpétuelle, produisant à la longue l'étiolement et l'atrophie de la constitution de l'homme.

Ces erreurs font sacrifier à un misérable intérêt présent l'avenir même de l'ouvrier. Pourquoi d'ailleurs perdre de vue que le gain d'un salaire ne tourne pas toujours au profit de l'enfant? Il alimente moins souvent le ménage qu'il n'encourage les dissipations du père. Le devoir du chef dans l'association fondée sur le mariage est de nourrir les faibles, la femme, les vieillards, les enfants. Cette obligation légale et morale est l'une des lois fondamentales de la famille et des sociétés. Or, en comptant sur l'enfant pour subvenir à ses propres besoins, on émousse les sentiments du père, on anéantit la notion d'une loi sociale. L'homme arrive ainsi à se déshabituer de l'accomplissement de ses devoirs les plus sacrés.

Ne convient-il pas aussi d'observer que l'air de l'atelier, là où il est sain, n'offre pas les avantages d'une salle d'école hygiéniquement construite et, considération supérieure à toutes les autres, que les heures prolongées dn travail industriel sont le plus souvent incompatibles avec les exigences de l'instruction et la possibilité de recevoir une éducation morale.

Ainsi, sans méconnaître la nécessité de former les enfants d'ouvriers à la profession paternelle, de les employer même à la production industrielle, de leur apprendre avec le travail, l'ordre, l'économie, le devoir de participer aux charges de la famille, on se convaincra facilement de la réserve qu'impose aux parents l'opportunité de cette initiation aux obligations et aux devoirs de l'homme. L'association de l'enfant aux intérêts de la communauté familiale et à ses charges doit être ajournée prudemment à un âge ou le travail peut s'accomplir sans qu'il en résulte pour sa santé et son développement intellectuel un sérieux préjudice.

Nous n'insisterons pas davantage sur les considérations morales naturellement inspirées à tout esprit généreux, en un pareil sujet, par les sentiments d'humanité. Ces sentiments sont inscrits dans tous les cœurs, et les vœux de réforme, en cette matière, sont dans toutes les espérances.

Ce sont ces considérations, ces sentiments et ces espérances qui ont formé la base de la législation sur le travail des enfants dans les manufactures.

Bornons-nous à constater des faits et à relever des chiffres ; les chiffres ont ici leur éloquence instructive :

Trois cent mille enfants environ sont occupés, en

France, au travail industriel; ils se divisent en trois catégories : les uns travaillent auprès de leurs parents dans l'atelier domestique, les autres sont employés dans les manufactures, d'autres enfin sont placés sous les ordres d'un patron par contrat d'apprentissage.

Les éléments font défaut, on le conçoit, pour déterminer nettement l'état et les conditions du travail des enfants occupés dans la famille. Les investigations de la statistique ont dû se soumettre à cet égard au respect de l'autorité paternelle, et s'arrêter au seuil du foyer domestique. Le caractère de l'éducation des enfants est d'ailleurs infiniment variable selon la position même des parents. En faire ici l'étude serait étudier dans son intimité même l'état moral et matériel de la famille ouvrière.

Nous pouvons, au contraire, relever des informations précises sur les enfants employés dans les manufactures. Aucun sujet n'a sollicité plus vivement l'attention des économistes et des législateurs. Depuis bien des années les enquêtes et les documents de tout genre ont éclairé cette question d'une vive lumière.

D'après un tableau statistique dressé sur les avis et les renseignements recueillis auprès des représentants spéciaux de l'industrie par le ministère du commerce en 1867; 125,715 enfants sont occupés dans les ateliers des grandes manufactures. Le

nombre de ceux employés dans les 7,959 établissements, soumis à la loi de 1841, s'élève à 99,212.
Il se décompose ainsi :

Enfants de 8 à 10 ans. . . .	5,005
— De 10 à 12 ans. . . .	17,471
— De 12 à 16 ans. . . .	76,736
Total. . . .	99,212

La loi de 1841 ne s'appliquait, on le sait, qu'aux
usines à moteur mécanique ou à celles occupant
plus de vingt ouvriers. 9,938 établissements industriels restaient, sous l'empire de cette loi, en dehors
des prévisions réglementaires.

26,503 enfants de 8 à 16 ans, employés dans ces
établissements, étaient, pour cette cause, privés de
toute protection légale. A ce nombre fort considérable d'enfants négligés par les précédents législateurs, il faut ajouter la catégorie beaucoup plus
étendue de ceux occupés dans les petits ateliers, soit
à un travail industriel, soit à divers métiers manuels
avec convention d'apprentissage.

En envisageant dans leur économie générale les
besoins sociaux, le travail des enfants dans l'industrie, quels qu'en puissent être les inconvénients
et les dangers reconnus, est l'une des lois fatales qui
régissent l'existence du monde moderne. On ne peut
s'y soustraire.

La prévoyance des moralistes et des législateurs,

si justement mise en éveil par la vue d'un affligeant spectacle, est ainsi limitée dans son action généreuse. Un vaste champ d'activité reste cependant ouvert à l'intervention tutélaire de la loi : protéger les jeunes ouvriers contre l'absorption dévorante de la machine, empêcher que, dans un travail sans relâche, l'insatiable concurrence n'épuise tous les instants de leur vie, préserver enfin d'une irrémédiable atteinte le développement normal de leurs forces physiques et de leurs facultés intellectuelles.

Sismondi, en 1827, ému de la condition des enfants ouvriers, jeta le premier cri d'alarme. Bourcart, filateur à Guebwiller, révélait, peu d'années après, à la société industrielle de Mulhouse les souffrances dont il avait été témoin. Villermé traçait à son tour le tableau des mêmes misères en décrivant l'*état physique et moral des ouvriers*. Il écrivit à peu de temps de là son livre sur la *Condition des ouvriers des manufactures du coton, de la laine et de la soie, etc*. Puis il dressa les tables de mortalité des enfants de l'industrie. Ces écrits, pleins de révélations douloureuses, émurent vivement l'opinion publique. Sous l'impulsion de ce mouvement, de plus en plus actif, fut ouverte une enquête de 1837 à 1838; de là sortit, en 1841, la première loi qui ait réglementé en France les conditions d'âge, de durée du travail, d'instruction des enfants employés dans les manufactures.

L'abus des forces de l'enfance, au milieu des ardeurs croissantes de la production manufacturière, ne disparut cependant pas. Aussi, l'étude des réformes réclamées par les amis de l'humanité, n'a-t-elle point cessé, depuis 1841, d'être à l'ordre du jour à la fois devant l'opinion et au sein des parlements. La Chambre des pairs les discutait en 1847, et les votait le 23 février 1848, à la veille même des jours de désordre et de troubles qui succédèrent à la paix d'un règne bienfaisant.

L'Assemblée nationale, en 1851, s'occupa, sans pouvoir les mener à bonne fin, des lois sur le travail des enfants. Sous l'Empire, le conseil d'État et le Sénat furent tour à tour saisis des mêmes projets, de 1855 à 1868. En 1867 on procéda à une enquête fort utile sur la condition des enfants employés par la grande industrie; une proposition de loi fut, à la suite de cette enquête, présentée au Sénat par le gouvernement.

Ces généreuses espérances s'évanouirent bientôt, perdues dans l'ombre, au milieu des événements douloureux qui couvrirent de deuil, à la chute du régime impérial, les destinées de la patrie.

L'Assemblée nationale, en 1871, douée plus qu'aucune de ses devancières de fécondité législative, releva de l'oubli où elle était tombée la réforme du travail des enfants dans l'industrie; elle eut l'heureuse fortune d'accomplir, en votant la loi du

19 mai 1874, l'une des réformes économiques les plus importantes de cette époque [1].

Dans cette longue période d'années où s'était lentement élaborée l'œuvre législative, les publicistes français et étrangers tenaient attentive l'opinion publique sur les misères de l'enfance. Rossi, dans ses cours au Collége de France, élevait la voix en faveur des enfants exploités par l'industrie; Dupetiaux écrivait son traité *De la condition physique et morale des jeunes ouvriers;* Louis Reybaud, ses études sur le *Régime des manufactures;* Jules Simon enfin, *l'Ouvrier de huit ans.* Nous bornons là cette incomplète nomenclature des éloquentes révendications des protecteurs de l'enfance.

A côté de cela, des sociétés de patronage et de protection se formaient et offraient aux jeunes ouvriers un généreux appui. Nous citerons : la Société industrielle de Mulhouse, illustrée par les travaux de M. Jean Dolfus, la Société industrielle de Reims, la Société de protection des apprentis de Paris, etc., etc. [2]; puis une pléiade nombreuse d'asso-

---

[1] La proposition de loi sur le travail des enfants dans les manufactures est due à la généreuse initiative de M. Ambroise Joubert. Le rapport fut confié à l'auteur de ce livre, qui compte, parmi les meilleurs souvenirs de sa carrière parlementaire, l'honneur d'avoir présenté la loi du 19 mai 1874 au vote de l'Assemblée nationale.

[2] Cette Société est présidée par M. Dumas, secrétaire perpétuel de l'Institut.

ciations d'assistance et d'enseignement qui se préoccupent, sous les formes les plus variées, du relèvement moral et intellectuel de l'enfance ouvrière.

Ce mouvement, en s'étendant dans la France
entière, a mis en lumière des faits incontestables :
l'enfant dans l'industrie est soumis à un temps de
travail qui excède ses forces; il est admis trop
jeune dans les ateliers; le travail de nuit auquel
on l'assujettit porte également atteinte à sa bonne
constitution et à sa moralisation ; son instruction reste incomplète et son avenir est souvent
compromis.

La statistique établit, à l'appui de ces griefs,
qu'une dégénérescence funeste s'est produite dans
l'état physique des jeunes ouvriers de l'industrie.
Les contingents militaires s'en ressentent : pour
10,000 conscrits valides, on compte dans dix départements agricoles une moyenne de 4,029 réformés
seulement; tandis que, pour le même nombre de
conscrits, la proportion des réformés s'élève, pour
dix départements industriels, à 9,930. Cet état de
choses ne doit-il pas être pour nos sentiments patrio-
tiques un objet de légitime préoccupation?

Tandis que ces constatations douloureuses étaient
exposées en France aux regards de l'opinion, un mouvement analogue se manifestait également, dans
les autres États de l'Europe, pour l'amélioration du
sort de l'enfance ouvrière. Partout on élevait cette

question à la hauteur d'un intérêt non-seulement économique, mais national et humanitaire.

En Angleterre, l'industrie, poussée à une puissance d'action que la France est loin encore d'atteindre, a depuis longtemps assujetti au servage de la machine un nombre immense d'enfants. Des abus criants se sont révélés au milieu de cette activité fébrile de la production à outrance. L'enfance, dans le Royaume-Uni, a été victime d'une odieuse exploitation que nos mœurs, disons-le à l'honneur de l'industrie française, n'ont jamais connue. On a vu en Angleterre, à une certaine époque, les *owersers*, procureurs de paroisse, livrer, moyennant salaire, dès le plus jeune âge, au travail des manufactures les enfants abandonnés, confiés à leurs soins par l'assistance publique. Leur état était des plus misérables, une mortalité effrayante les décimait.

En 1802, Robert Peel, le père de l'auteur des réformes économiques, et William Wilberforce, l'émancipateur des nègres, élevèrent contre ces abus une parole indignée et furent les promoteurs des premières lois protectrices de l'enfance.

Les *bills* rendus par le Parlement sur le travail des enfants dans l'industrie sont fort nombreux : on n'en compte pas moins de dix-neuf. La plupart se sont appliqués à étendre successivement la loi, de l'industrie du coton, la première atteinte, à toutes les autres. Deux d'entre eux ont été appliqués en 1869, à la métallurgie, jusque-là mise à l'écart de toute réglementation par le privilège de son importance nationale. De nouveaux bills sont élaborés actuellement au sein du Parlement anglais sur le travail des mines. Au cours de cette féconde gestation législative, des enquêtes n'ont cessé d'être ouvertes sur la condition des enfants et des femmes; de 1815 à 1819 d'abord, en 1833 ensuite, de 1862 à 1869 enfin.

A cela il faut ajouter un document considérable, la publication en six volumes des rapports faits chaque année au Conseil de la Reine, par l'inspection du travail des enfants, de 1862 à 1867. Ces importants rapports sont l'œuvre de deux inspecteurs généraux aussi distingués par leur mérite que dévoués à la cause de l'enfance ouvrière, MM. Horner et Backer.

Les lois anglaises protègent le jeune-ouvrier, l'apprenti, l'adolescent, la femme. Elles poussent aux plus scrupuleuses exigences les prescriptions sur les conditions d'âge, de durée du travail, d'interdiction du travail de nuit et du dimanche d'une part, de l'autre sur la prohibition des appareils dangereux; sur les mesures d'hygiène et de salubrité; enfin, sur les conditions de l'instruction civile et religieuse[1].

Bien des abus résistent, sans doute, en Angleterre

---

[1] Rapport de M. Freycinet, chargé en 1868, par le gouvernement impérial, de faire une enquête sur ce sujet en Angleterre.

comme ailleurs, à l'autorité des lois. Les travaux des mines, des briquetteries, des verreries, y présentent encore le plus affligeant spectacle. Mais la réforme industrielle se propage rapidement, le mouvement est activé par l'opinion, elle est acceptée et réclamée par les chefs d'industrie eux-mêmes. On constate les merveilleux effets de cette émulation bienfaisante, à ce point que la protection légale s'est ainsi étendue à deux millions d'enfants [1].

L'Allemagne, de son côté, n'a pu négliger des mesures législatives dont l'effet devait favoriser l'accroissement de ses contingents militaires. Dans tous les États de l'Empire, des lois, dont les dernières ont été votées en 1869, protègent les enfants employés dans l'industrie, en vue de leur développement physique et de leur éducation morale [2].

---

[1] En Belgique, aucune loi spéciale n'a encore été édictée; des règlements particuliers y suppléent dans quelques localités; des documents considérables ont été recueillis : 1° une enquête faite en 1859; 2° les travaux du congrès de Malines en 1864; 3° l'enquête administrative du 5 octobre 1869. Les travaux belges sont particulièrement intéressants à consulter au sujet de l'industrie des mines et houilles, qui emploient un grand nombre d'ouvriers et d'enfants. On n'en compte pas moins de 2,400 âgés de dix à douze ans.

[2] L'ouvrage de M. Frédéric Monnier sur l'instruction populaire en Allemagne, le rapport sur l'état de l'instruction publique en Allemagne, publié en 1832 par M. Cousin, les travaux de MM. Eugène Rendu, Morin et Baudoin, nous fournissent sur ce sujet de précieuses indications. Il faut y ajouter les récents rapports des inspecteurs allemands.

Les lois de protection du travail sont confondues en Prusse avec celles de l'instruction. Des inspecteurs et des comités locaux exercent une active surveillance sur les enfants. Les lois du 9 mars 1839, celle du 16 mai 1853, celles enfin de 1868, y ont pris les plus minutieuses dispositions : le progrès moral et intellectuel des jeunes ouvriers, le soin de leur santé, l'hygiène des ateliers, le repos hebdomadaire ont tour à tour été l'objet de la sollicitude des législateurs allemands.

Ces exemples venus de l'étranger, joints au souvenir de nos derniers malheurs, nous montrent quelle formidable puissance peuvent acquérir les nations qui confient à l'éducation des générations nouvelles leur grandeur et leur avenir. Par un douloureux contraste, ils nous amènent à envisager, dans la réalité des faits et sous des couleurs que nous ne chercherons pas à assombrir, la condition générale des enfants d'ouvriers en France.

L'état moral de l'enfance ouvrière, en l'absence d'une protection légale, sérieuse et efficace, présente nécessairement un tableau peu favorable. Si l'on consulte, en effet, la statistique criminelle publiée par M. le garde des sceaux, pour l'année 1872, on voit que sur 4,189 accusés de crimes, on compte 698 enfants ou adolescents de moins de 21 ans; que sur 170,184 prévenus de délits correctionnels, on compte 4,163 jeunes garçons et 749 jeunes filles de moins de 16 ans; 19,265 jeunes gens et 2,394 jeunes filles de 16 à 21 ans. Beaucoup ont été acquittés ou rendus à leur famille; mais les établissements pénitentiaires ne contiennent pas actuellement moins de 6,633 jeunes détenus.

La proportion des enfants ou jeunes gens des deux sexes appartenant à l'industrie figure dans ces annales de la criminalité pour une moyenne de 45 pour 100. Elle n'est point, on le voit, en rapport avec la différence existant entre le chiffre de la population des villes et celui de la population des campagnes.

Un autre document trouve ici sa place; nous l'empruntons à l'enquête sur l'insurrection du 18 mars[1]. Ce document porte l'indication du nombre des enfants arrêtés dans les événements de la Commune; on l'évalue à 651, dont un tiers âgés de 7 à 14 ans. 493 de ces enfants ont été remis à leurs parents et 87 ont été poursuivis. C'étaient pour la plupart ou des apprentis ou de jeunes ouvriers des ateliers parisiens.

Le rapporteur de l'enquête s'émeut de cette précoce dépravation; il attribue l'égarement de ces enfants à la fermeture des ateliers et à l'excitation de patrons criminels. On serait également dans la vérité en élevant la question et en se demandant si

---

[1] *Annales parlementaires.* Rapport sur l'insurrection du 18 mars 1871, t. Ier, p. 313.

la perversion de ces enfants ne s'est pas développée en raison inverse de leur degré d'instruction civile et religieuse?

Une remarque a été faite à l'appui : la plupart des enfants figurant sur le tableau de la criminalité sont illettrés. Parmi ceux arrêtés dans l'insurrection communaliste, 224 sur 600 étaient dépourvus de toute instruction.

L'attentive sollicitude des législateurs doit donc se porter d'autant plus vivement sur cette douloureuse situation, que l'on voit par quels liens intimes le problème de l'instruction des masses populaires se rattache aux garanties fondamentales de la sécurité sociale.

CHAPITRE IV

La loi du 19 mai 1874 sur le travail des enfants et des femmes employés dans l'industrie. — Son économie et son application. — Les auxiliaires et les adversaires de la loi.

Aujourd'hui la loi protége, en France, les enfants employés dans l'industrie. Après trois années de luttes et d'efforts persévérants, cette œuvre de progrès a été consacrée par l'Assemblée nationale. Votée le 19 mars 1874, elle est mise en pratique depuis le 1er juin 1875; il s'agit à l'heure présente d'en assurer le bon fonctionnement[1].

Les dispositions principales de la loi s'appliquent d'une part à l'âge d'admission des enfants, et à la durée de leur travail, de l'autre à leur instruction. Quant à l'âge d'admission au travail, les enfants ne peuvent être employés par des patrons, ni être admis dans les manufactures, usines, ateliers ou chantiers avant l'âge de douze ans révolus (art. 2). C'est là la règle générale; la limite d'âge d'admis-

---

[1] Tous les documents parlementaires relatifs à la loi du 19 mai 1874 ont été reproduits dans le *Recueil de législation sur le travail des enfants*, de MM. Eugène Tallon et Gustave Maurice. (Librairie Baudry.)

sion, anciennement fixée à huit ans, est ainsi élevée à douze ans.

Toutefois, une disposition additionnelle à l'article 2 autorise, en faveur de certaines industries, l'admission des enfants dans les ateliers à l'âge de dix ans révolus.

Ces industries sont énumérées dans un décret rendu le 27 mars 1875 en exécution de la loi [1].

Quant à la durée du travail :

Les enfants, jusqu'à l'âge de douze ans révolus, ne peuvent être assujettis à une durée de travail de plus de six heures par jour, divisée par un repos.

A partir de douze ans, ils ne peuvent être employés plus de douze heures par jour, divisées par des repos (art. 3).

La règle générale posée par cet article est la

---

[1] Les enfants de dix à douze ans, dit l'article 1er du décret, peuvent, dans les conditions déterminées par la loi, être employés dans les industries dont la nomenclature suit : 1° dévidage des cotons; 2° filature de bourre de soie; 3° filature de coton; 4° filature de la laine; 5° filature du lin; 6° filature de la soie; 7° impression à la main sur tissus; 8° moulinage de la soie; 9° papeterie (les enfants de dix à douze ans ne peuvent être employés au triage des chiffons); 10° retordage du coton; 11° tulles et dentelles (fabrication mécanique des); 12° verrerie.

De nombreuses industries avaient réclamé la même tolérance dans l'enquête ouverte à ce sujet par le comité consultatif des arts et manufactures, mais on a cru devoir restreindre l'exception à celles ci-dessus désignées, où le travail de l'enfant a paru être moins pénible.

faculté d'emploi des enfants à douze heures de travail, à partir de l'âge de douze ans.

Toutefois cette durée, nécessitée par les besoins industriels, est considérée comme excessive dans son absolu; elle doit être tempérée par des intervalles de repos dont la fixation est confiée aux sentiments d'humanité des chefs d'industrie.

Les dispositions de la loi relatives à l'instruction primaire peuvent être ramenées à deux conditions essentielles :

1° Admettre l'enfant de douze ans, s'il justifie d'une instruction suffisante, à la pleine liberté du travail.

2° Astreindre l'enfant jusqu'à quinze ans, s'il n'a point encore acquis l'instruction, à fréquenter les écoles; contraindre parents et patrons à l'y envoyer en limitant son travail à six heures par jour.

La nécessité si pressante de développer en France l'instruction populaire justifie pleinement la rigueur apparente de ces prescriptions. Les patrons, on est en droit de l'espérer, veilleront à leur exécution dans un sentiment élevé de raison et de patriotisme. Bientôt même ils n'en sentiront plus le poids, lorsqu'à douze ans tout enfant aura cessé d'être illettré.

L'obligation scolaire est, on le voit, inscrite dans la loi à l'égard des seuls patrons. La liberté du père de famille est entièrement respectée. Il est intéressant de lire, dans les discussions relatives à cet objet devant l'Assemblée nationale, par quels motifs le législateur a traité le patron avec plus de rigueur que le père. L'autorité du patron ne s'exerce que par voie de délégation. « Les sentiments d'affection, on l'a dit avec raison, n'imposent point dans son cœur, comme dans celui du père, leur impérieuse autorité; garantie la plus certaine de l'accomplissement d'un devoir sacré[1]. »

Les dispositions des articles 8 et 9 sont d'ailleurs empruntées, dans leur principe, à la loi de 1841 sur le travail des enfants dans les manufactures et à celle de 1851 sur l'apprentissage. La loi nouvelle innove en un seul point : elle édicte une sanction à l'obligation scolaire, en imposant l'emploi de l'enfant au demi-temps comme corollaire des prescriptions relatives à son instruction. Les lois antérieures, l'expérience l'a constaté, étaient restées impuissantes à développer le progrès de l'enseignement primaire. Une sanction nette et précise peut seule donner à la loi, en pareille matière, l'efficacité qui lui a manquée jusqu'ici[2].

On ne saurait trop appeler la sollicitude des in-

---

[1] *Annales parlementaires*, 1873-1874.

[2] Nous citons textuellement les deux articles relatifs à l'instruction primaire.

« Art. 8. Nul enfant ayant moins de douze ans révolus, ne peut être employé par un patron qu'autant que ses parents ou

dustriels et des pères de famille sur l'exécution de ces dispositions si propres à accroître la diffusion de l'instruction populaire. L'application en sera parfois difficile, nous ne le méconnaissons pas. L'interprétation des textes, dans plus d'une circonstance, deviendra fort délicate. Nous estimons, toutefois, que les difficultés seront sûrement évitées par les patrons, s'ils manifestent l'entier bon vouloir d'assurer l'instruction aux enfants placés dans leurs ateliers. L'inspection ne pourra manquer de tenir largement compte, surtout dans les premiers temps, de leurs loyales intentions.

L'exécution de la loi du 19 mai 1874 est confiée, d'une manière spéciale, à un corps de quinze

tuteurs justifient qu'il fréquente actuellement une école publique ou privée.

« Tout enfant admis avant douze ans dans un atelier devra, jusqu'à cet âge, suivre les classes d'une école, pendant le temps libre du travail.

« Il devra recevoir l'instruction pendant deux heures au moins si une école spéciale est attachée à l'établissement industriel.

« La fréquentation de l'école sera constatée au moyen d'une feuille de présence dressée par l'instituteur et remise chaque semaine au patron.

« Art. 9. Aucun enfant ne pourra, avant l'âge de quinze ans accomplis, être admis à travailler plus de six heures chaque jour, s'il ne justifie, par la production d'un certificat de l'instituteur ou de l'inspecteur primaire visé par le maire, qu'il a acquis l'instruction primaire élémentaire. Ce certificat sera délivré sur papier libre et gratuitement. »

inspecteurs divisionnaires, nommés et rétribués par le Gouvernement (art. 14).

Le législateur s'est attaché à n'appeler aux fonctions de l'inspection que des hommes éprouvés dans les études scientifiques ou justifiant de connaissances pratiques en matières industrielles. Ces justes exigences de la loi prêtent à l'action des inspecteurs une légitime autorité. Les industriels sont d'autant plus disposés à écouter leurs conseils et à accueillir avec sympathie leurs visites, qu'ils reconnaissent en eux des fonctionnaires vraiment dignes de leur mandat [1].

[1] Les circulaires ministérielles adressées aux inspecteurs divisionnaires par MM. les ministres du commerce de Meaux et Grivart, en 1874 et 1875, sont conçues dans cet esprit de bienveillance et d'encouragement.

La circulaire du 29 mai 1875, dont l'objet est de déterminer les fonctions et les attributions des inspecteurs, s'exprime ainsi :

« Ces fonctionnaires ont entrée, aux termes de la loi, dans tous les établissements, manufactures, ateliers et chantiers.

« Les visites devront être faites soit de jour, soit de nuit, soit enfin les dimanches et jours fériés. Elles seront aussi fréquentes que possible; les inspecteurs s'inspireront de cet esprit de bienveillance et de fermeté qui éclaire et conseille plutôt qu'il ne réprime; ils écouteront les plaintes et les réclamations qui leur seront adressées; ils feront comprendre à tous la pensée de la loi, qui n'est pas de gêner l'industrie, mais bien d'assurer le développement intellectuel et physique de l'enfant, en vue même de faciliter le progrès du travail national. Bien renseignés sur le mobile qui a dirigé le législateur, les industriels comprendront les avantages de la loi, et rendront ainsi, je l'espère, très-rare, la rédaction de procès-verbaux destinés à préparer la répression des contraventions. »

La loi de protection de l'enfance a été généralement bien accueillie, on doit le constater, par les populations ouvrières, malgré les préventions et les appréhensions que les intéressés ont cherché à répandre. On a dit qu'elle entravait le travail, diminuait le salaire; on a même menacé, pour l'apparence, de fermer certains ateliers. Le bon sens des ouvriers a fait justice de ces manœuvres. Reconnaissant les avantages et les bienfaits de la loi, ils en ont, dans diverses industries, réclamé spontanément l'application. Quelques parents disposés à exploiter leurs enfants, regretteront désormais de ne pouvoir le faire; quelques industriels peu scrupuleux sur les moyens de concurrence, ne pourront plus avilir les salaires en abusant du jeune âge des enfants; ces cris et ces plaintes tomberont dans le mépris public ou n'oseront se produire en face du mauvais accueil que reçoivent des doléances marquées au coin de l'intérêt personnel. L'enfant qui vagabondait dans la rue, sans souci de son instruction, sera, de son côté, obligé de prendre le chemin de l'école. On a déjà constaté ce fait, au point de vue des intérêts économiques, que la diminution du nombre des enfants employés dans les ateliers, sans être un embarras sérieux pour l'industrie, produit une augmentation corrélative dans le salaire. Les adultes sont recherchés aujourd'hui pour suppléer les enfants dans les travaux auxquels on les employait jadis. Les ouvriers en effet n'ont pas à se dissimuler, et plus d'une fois ils s'en sont plaints, le but de l'emploi abusif des enfants dans des travaux qu'autrefois ils exécutaient eux-mêmes. Ce système est souvent inspiré par la pensée de créer à côté des ouvriers adultes une concurrence d'où résulte nécessairement la dépréciation de leur travail et l'abaissement de sa rémunération. Les conditions générales du salaire reprennent donc, grâce à la loi de protection de l'enfance, leur équilibre normal, et la répartition en devient plus équitable.

Les chambres syndicales d'ouvriers sont restées, par une indifférence regrettable, entièrement en dehors du mouvement en faveur de l'enfance. Elles n'ont fait entendre aucun vœu, aucune revendication pour la préparation des lois de protection. Quelques-unes même ont été les échos et les porte-voix des préjugés et des préventions répandus dans les masses par les exploiteurs d'enfants. La question du travail des jeunes ouvriers des manufactures n'a pas davantage trouvé place dans les rapports des délégués aux Expositions; à peine y est-il dit quelques mots de l'apprentissage. Les orateurs du congrès ouvrier paraissent à leur tour ignorer les lois de protection de l'enfance ou en recommandent peu l'application[1]. Que deviendrait le thème aux décla-

---

[1] Le délégué de Lyon, au congrès de 1876, se plaignait que l'on ne protégeât pas les enfants dans les ateliers occupant moins

mations si l'on reconnaissait que l'abus disparaît ou qu'il suffit de la simple application d'une loi, banalement faite par les représentants réguliers du pays, pour qu'il puisse disparaître? Où iraient les prétentions d'être les premiers réformateurs de la société, si on laissait échapper l'aveu d'une utile réforme faite par d'autres, et la confession du bien que l'on en a pu recueillir? L'injustice d'un tel silence était pourtant facile à prévoir de la part des délégués du congrès : ils entendent confier l'avenir des générations nouvelles aux seules réformes de la République démocratique et sociale; tandis que c'est hors d'elle, si ce n'est contre elle, que les plus sûrs progrès de l'humanité ont été conquis dans le domaine des mœurs et des lois.

Les chambres syndicales de patrons, disons-le à leur honneur, sont devenues, au contraire, à Paris surtout, les plus utiles auxiliaires du législateur.

L'intelligent et dévoué inspecteur divisionnaire du département de la Seine a eu l'ingénieuse pensée de réunir séparément les chambres patronales de chaque industrie et de discuter avec elles les moyens pratiques d'appliquer la loi aux enfants occupés dans leur spécialité. Ç'a été là une œuvre d'efficace propagande et de conciliation. Les bons

de vingt ouvriers; ses connaissances économiques, en retard de trente années, lui faisaient confondre la loi de 1841 avec celle de 1874.

effets s'en sont fait promptement sentir. Ainsi la chambre des patrons du papier peint, celles. des fumistes, des passementiers, des fabricants de porte-monnaies, des cartonniers, etc., ont successivement pris des résolutions ayant pour but d'assurer l'application de la loi du 19 mai 1874 dans tous les ateliers de leur industrie. Ce mode de procéder est des meilleurs. Il est non-seulement conforme aux intérêts de la loi, dont il assure le respect, mais encore aux règles de la loyale concurrence entre fabricants d'une même industrie. Toute loi prohibitive, pour être juste et acceptable, doit peser d'un poids égal sur tous les intéressés.

La loi du 19 mai 1874 a inspiré, au début, quelques appréhensions aux patrons et aux chefs d'ateliers. Les pères de famille eux-mêmes, dans la population ouvrière, s'en sont émus et préoccupés. Les uns et les autres redoutaient que son application, en dépit des intentions généreuses du législateur, n'entraînât par voie de conséquence le trouble dans l'organisation du travail, des embarras pour la fabrication, des souffrances même par la suppression du salaire des enfants. Les uns et les autres d'ailleurs, même les plus scrupuleux dans l'accomplissement de leurs devoirs, n'envisagent pas sans crainte les pénalités inscrites dans la loi, ni l'attribution faite à un corps nouveau de fonctionnaires d'une surveillance qu'ils suspectent déjà d'excès de zèle et d'arbitraire.

Ces appréhensions vagues et exagérées ont été exploitées par les intéressés. On a voulu compromettre l'autorité de la loi par des critiques et des attaques réitérées afin de se soustraire à son exécution.

Ces manœuvres, mal dissimulées, ont reçu quelque encouragement des propositions déposées, à tout autre intention, l'une au Sénat, l'autre à la Chambre des députés, par MM. Testelin et Renault, aux mois de juin et de juillet 1876, pour suspendre l'effet de l'article 9 relatif à l'instruction des enfants.

Tel a été aussi l'effet de la proposition présentée par M. Léon Renard et divers industriels du Nord pour autoriser le travail des enfants dans les verreries et supprimer les prohibitions relatives au travail de nuit des jeunes filles.

Le violent assaut infructueusement livré devant les deux assemblées parlementaires, sur ces diverses propositions, à la loi du 19 mai 1874, a, il est vrai, péremptoirement mis en évidence sa bonne structure et sa vitalité[1]. Au Sénat, le rapport de M. Paris avait déjà fait ressortir les bons effets de la loi en faveur du développement de l'instruction populaire. Les députés à leur tour, frappés des considérations d'humanité dont ce sujet abonde, ont bien compris tout ce que la seconde Chambre perdrait d'autorité et de

---

[1] *Annales parlementaires*, 1876.

prestige si elle portait imprudemment la main sur l'une des œuvres les meilleures parmi celles édifiées par sa devancière. On a reconnu en cette circonstance la vérité d'une éloquente parole prononcée par M. le duc de Broglie dans la discussion de la loi sur l'enseignement supérieur : « Les assemblées ont le devoir de réserver à toutes les lois à faire l'épreuve du temps, et à toutes les lois faites le bénéfice de l'expérience. »

La discussion a du reste démontré que partisans et adversaires de la loi du 19 mai 1874 ignoraient à l'envi ses précédents parlementaires, l'économie de ses dispositions, son fonctionnement actuel. Ainsi M. Nadaud, défendant la loi en maladroit ami, a parlé d'une loi *bâclée* par la dernière Assemblée, et s'est plaint que l'on n'eût consulté pour sa préparation ni les chambres de commerce, ni les grands manufacturiers. Or, la nouvelle loi sur le travail des enfants dans les manufactures est en réalité en élaboration depuis près de trente années dans les assemblées parlementaires par la généreuse initiative de Charles Dupin. Elle a été, nous l'avons dit, de 1867 à 1870 laborieusement examinée par le conseil d'État ; reprise en 1871, elle a passé par trois années d'études ; enfin elle a été l'objet, avant et après sa dernière délibération, de deux enquêtes dans lesquelles non-seulement les manufacturiers, mais encore les sociétés industrielles, les chambres de commerce, les comités des arts et manufactures, les conseils généraux ont été successivement appelés à consigner leurs avis. Ce n'est donc point sans raison que M. Tirard, rétablissant la vérité des faits, a pu affirmer « qu'il n'y a pas eu de loi à l'Assemblée nationale, pendant les cinq années de son existence, qui ait été étudiée avec plus de soin, qui ait été l'objet d'une étude plus consciencieuse. »

L'honorable orateur n'était pas moins bien fondé à dire à des adversaires dont l'un parlait au nom de la verrerie, dont l'autre défendait les intérêts des fabricants de conserves alimentaires : « Sur quoi s'appuie-t-on pour demander une dérogation à la bienfaisante loi de 1874? On s'appuie sur des intérêts particuliers. »

Nous avons fait plus d'une fois cette remarque depuis que l'on discute les lois de protection de l'enfance ouvrière : il n'est pas un industriel venant proposer une mesure destinée à soustraire sa propre industrie à l'application de la loi qui ne la déclare d'abord excellente, humaine, bienfaisante dans son ensemble. Mais, à ses yeux, un point, un seul point y fait tache; c'est précisément celui qui touche ses intérêts. Réformez ce point, la loi sera parfaite. Nous avons entendu ce langage pendant tout le cours de la discussion de 1872 à 1874; tous les alinéas de la loi passaient ainsi au crible. A écouter dans leur ensemble les plaintes des industriels qui proclament le plus haut la sagesse et l'humanité de ses dispositions, il n'en eût subsisté ni un iota, ni une virgule.

Le vote d'une forte majorité dans les deux Chambres a heureusement raffermi sur leur base les lois protectrices de l'enfance. On ne saurait trop déplorer cependant que d'incessantes attaques viennent affaiblir leur autorité, paralyser leur action, faire hésiter les tribunaux dans leur application, en ouvrant aux contrevenants de permanentes espérances de réforme.

On s'est plaint, à propos de cette discussion, du silence de M. le ministre du commerce [1]. Chargé de veiller à l'application de la loi de 1874, il en connaît la véritable portée; il a assisté à sa profonde et mûre élaboration dans l'Assemblée précédente; depuis cette époque, il a vu s'organiser dans son ministère l'important service de l'inspection, et à sa tête fonctionner la commission supérieure sous la direction de son éminent président, M. Dumas. M. le ministre du commerce n'ignore pas les utiles résultats obtenus par tant d'efforts; il est donc regrettable qu'il n'ait pas cru devoir les faire connaître.

S'il nous appartenait pour notre faible part de suppléer à ce silence, nous voudrions tout d'abord bien mettre en lumière cette vérité : l'industrie na-

---

[1] M. Teisserenc de Bort.

tionale, loin d'avoir rien à craindre des lois de protection du travail des enfants et des filles mineures dans l'industrie, doit en tirer des conséquences avantageuses à sa prospérité. Ses intérêts véritables, bien compris, sont solidaires du progrès moral et matériel de la jeunesse ouvrière.

La loi nouvelle n'a pas d'ailleurs procédé par secousses brusques et soudaines dans la voie des réformes. Votée le 19 mai 1874, elle n'a été, par mesure transitoire, mise en vigueur qu'au mois de juin 1875. Les chefs d'industrie, déjà soumis à la loi de 1841, dont la loi nouvelle reproduit les principales dispositions, ont donc eu devant eux un long délai pour faire dans leurs ateliers les transformations indispensables. Ils ont en outre reçu des avertissements successifs par les enquêtes auxquelles on a procédé et par trois années de délibérations parlementaires. Ne serait-il donc pas dérisoire de crier à la surprise? L'inspection instituée par la loi a de plus, on le sait, en vertu des instructions ministérielles, procédé par de simples avis, usé de la plus grande tolérance et ménagé prudemment tous les intérêts. Un fait en fait foi: pour 12,000 contraventions constatées, il n'a été dressé que 64 procès-verbaux dans des cas de flagrant mauvais vouloir. On a généralement rendu justice à l'esprit de modération autant qu'à la compétence des inspecteurs divisionnaires.

A ces premiers tempéraments on doit ajouter les règlements d'administration publique, soigneusement préparés par le conseil des arts et manufactures, la commission supérieure et le conseil d'État. Ces règlements ont eu pour objet de mettre, par des dérogations nécessaires et multiples, les dispositions générales de la loi en harmonie avec les besoins particuliers de certaines industries. Au surplus, ils sont essentiellement révisables, remaniables et progressifs. Aussi, comme on l'a fait justement observer, les critiques bruyamment et inutilement apportées à la tribune des deux Chambres auraient pris, en s'adressant au conseil d'État, la voie d'une solution plus modeste sans doute, mais plus sérieuse et plus sûre.

Tels sont, dans leur économie générale, les conditions d'application et le fonctionnement actuel de la loi du 19 mai 1874. Nous avons dit ailleurs ce que cette loi a fait pour l'instruction; montrons, par un autre exemple, ce qu'elle fait pour les bonnes mœurs. L'article 4 de la loi interdit le travail de nuit aux filles mineures au-dessous de vingt-et un ans. Or, cette prohibition, dont on ne peut méconnaître le caractère de haute moralité, a été grandement appréciée par la population ouvrière. A ce point que, dans plusieurs villes manufacturières, notamment à Saint-Chamond où les fabriques de lacet occupent plus de 1,500 ouvrières, les pères de famille en ont spontanément réclamé la mise à exécution.

Tel est, envisagé sous un aspect saisissant, le bien que l'on peut attendre des lois protectrices de la vie morale et matérielle de la jeunesse ouvrière ; tel est l'horizon nouveau qu'ouvrent à ses regards les espérances d'un meilleur avenir.

On ne saurait trop s'en applaudir, notre pays entre enfin résolument dans la voie féconde où l'ont devancé les nations les plus soucieuses à la fois de leur puissance matérielle et de leur grandeur morale : l'Angleterre, l'Allemagne, les États-Unis.

Un député[1], chef d'industrie, disait à la Chambre, en critiquant une loi dont il eût voulu s'affranchir : « L'Allemagne est peut-être la nation qui a poussé le plus loin la règlementation en cette matière..... Elle s'est moins préoccupée de l'intérêt de ses ouvriers et de la prospérité de son industrie que de l'organisation d'une formidable puissance militaire. » Plût à Dieu que les mêmes préoccupations eussent depuis longtemps assiégé l'esprit des gouvernements en France ! Souhaitons à notre pays, instruit par ses malheurs, de partager avec nos ennemis ce souci constant des lois qui assurent par le progrès des générations nouvelles la force des nations. Puissions-nous ne jamais oublier nous-mêmes qu'en protégeant l'enfance nous abritons

---

[1] *Annales parlementaires*, 1876.

sous les plis de notre drapeau l'espérance de relever un jour la grandeur de la patrie !

Le législateur français n'a d'ailleurs nullement méconnu combien les chefs d'industrie et les patrons en général se montrent aujourd'hui plus soucieux que par le passé du sort de l'enfance ouvrière, de l'amélioration de sa condition, de ses progrès moraux et intellectuels. Toutes les prescriptions de la loi nouvelle portent l'empreinte de ces sentiments : elles doivent être envisagées par les industriels avec leur véritable caractère, celui de conseils et d'instructions formulés en vue de la protection des enfants, bien plutôt que sous un aspect de rigueur et de coërcition. Les règlements particuliers d'un grand nombre d'ateliers, les vœux des sociétés industrielles, les avis des chambres syndicales, l'entente mutuelle des patrons et des ouvriers peuvent faire autant et plus de bien en faveur de l'enfance que la loi elle-même. Là seulement où l'initiative bienveillante et éclairée des industriels, là où le bon vouloir des patrons ferait défaut, la loi devra se montrer, nous ne disons pas sévère, mais ferme et inflexible dans son application.

Ainsi, bien comprise et bien connue, la loi du 19 mai 1874 deviendra un contrat de bonne entente et de mutuel accord entre le législateur et les patrons pour l'accomplissement d'une œuvre utile et morale à la fois. Mal comprise et méconnue, elle pourrait être pour ceux-ci une cause de pénibles mécomptes.

Malgré des hésitations, des négligences et des résistances partielles, la loi du travail des enfants pénètre de jour en jour dans les mœurs industrielles françaises, comme elle l'a fait en Angleterre et en Allemagne. Nous osons même dire qu'elle sera bientôt appréciée et aimée des industriels, quand, la jugeant à ses œuvres, ils en reconnaîtront tout à la fois les avantages pour eux-mêmes et les bienfaits pour la société.

Elles seraient bien vaines d'ailleurs les attaques que l'on voudrait diriger aujourd'hui contre une loi de progrès social, en présence du mouvement non-seulement européen, mais universel, on peut le dire, qui se manifeste chez toutes les nations civilisées, en faveur de la protection de l'enfance. Sans doute les lois doivent, avec le temps, subir des modifications et des perfectionnements successifs pour se tenir en constante harmonie avec les intérêts de la société qu'elles protègent. Moins que toutes autres les lois de création récente, destinées à satisfaire à des besoins nouveaux dans la vie des peuples, ne sauraient échapper à cette nécessité. A ce titre, les lois sur le travail des enfants dans les manufactures ne peuvent être condamnées à l'immobilité.

Mais ce serait un irréparable malheur d'en paralyser l'application en bouleversant leur organisme.

L'autorité des lois, leur influence croissante sur les mœurs ne sont bien assurées qu'en développant en elles tous les éléments d'activité, de vitalité et de durée. Ne serait-ce point une tentative impie et sacrilége, sous prétexte de réviser des lois utiles au bien de l'humanité, d'y porter la main pour les anéantir ?

CHAPITRE V

L'apprentissage. — L'enseignement professionnel. — La division du travail et ses effets. — Plaintes des ouvriers sur l'état de l'apprentissage. — La juridiction des prud'hommes. — Réformes législatives. — Les inspecteurs des apprentis.

L'apprentissage, dans la véritable acception du mot et dans sa portée générale, constitue l'éducation professionnelle de l'ouvrier. Ses conditions bonnes ou mauvaises influent profondément sur l'avenir de celui-ci. Incomplète ou mal dirigée, l'éducation de l'apprenti laisse peser, pour la vie entière, sur tout homme dont le travail manuel soutient l'existence, le poids de l'ignorance de son état; elle le rejette dans les rangs inférieurs des salariés, rend sa position précaire, et ferme à jamais à ses yeux l'espoir de l'améliorer. Bien dirigé et perfectionné, l'apprentissage professionnel place au contraire l'ouvrier au premier rang des producteurs de son état, fait rechercher et rémunérer avantageusement son travail, donne par suite à sa famille et à lui-même la sécurité de l'avenir et le légitime désir d'élever sa condition.

De ce contraste dans les résultats comparés du défaut ou du profit d'une bonne éducation professionnelle naît la gravité de la question de l'apprentissage.

Les mœurs des ouvriers reçoivent de l'instruction professionnelle une influence favorable aux bonnes habitudes. Après l'éducation morale, l'éducation du travail est pour l'ouvrier la meilleure école des devoirs. Son enseignement, joint à sa nécessité pratique, offre l'incontestable avantage de ramener l'esprit aux pensées sérieuses, au sentiment du rôle utile que l'homme doit remplir dans la société.

A quelque condition que nous appartenions, le travail est la loi de notre destinée. De ce devoir plus encore que d'aucun autre, Lamennais eût pu dire : « il s'assied au berceau de l'homme et l'accompagne jusqu'à sa tombe. »

Le travail se présente sous deux formes dans l'éducation des ouvriers : le travail industriel et le travail professionnel. Nous avons déjà vu combien est défectueuse, pour les intérêts de l'enfant, l'organisation des travaux de l'industrie dans les manufactures et les ateliers, combien est dure sa condition et combien peu elle se prête à ménager aux jeunes ouvriers la chance d'un avenir heureux et sûr.

Le travail professionnel ou l'enseignement du métier manuel, plus généralement désigné sous le nom d'apprentissage, paraît, au premier abord, plus favorable à l'amélioration de la condition de l'ouvrier : il développe mieux ses facultés, ses aptitudes, sa capacité. De fait, il en est ainsi quand l'apprentissage du métier n'est pas détourné de sa voie naturelle et de son but logique. Mais, dans le travail de l'atelier comme dans celui des manufactures, les exigences de la fabrication moderne et la concurrence ont apporté un trouble et des transformations qui en ont singulièrement altéré le caractère primitif. L'apprentissage a été sensiblement modifié par la substitution, dans les habitudes générales de l'industrie, du travail aux pièces au travail à la journée, et par l'extrême division du travail en diverses mains.

Trois avantages essentiels manquent au plus grand nombre d'enfants des familles ouvrières; ce sont : l'instruction, l'éducation morale, l'instruction professionnelle.

Nous avons dit notre sentiment, au cours de ces études, sur la nécessité impérieuse de répandre dans l'esprit et dans le cœur des jeunes ouvriers les bienfaits, tout à la fois, de l'instruction et de l'éducation morale et religieuse.

L'éducation professionnelle ne doit pas moins nous préoccuper. Elle n'est pas la source la moins féconde de salutaires influences; elle agit également sur les conditions du bien-être et sur l'état moral des ouvriers. Partout aujourd'hui les préoccupations les plus vives se tournent vers ce grave sujet; partout est formulé l'unanime vœu du développement nécessaire et progressif de l'enseignement professionnel.

Tout appelle de ce côté les plus généreux efforts : tant au nom de l'intérêt particulier des ouvriers que pour les intérêts généraux du pays.

L'organisation de l'enseignement professionnel en France est un désiratum depuis longtemps formulé par les économistes et les moralistes de toutes les écoles. C'est l'une des questions sur lesquelles les esprits éclairés sont le moins divisés. Au milieu des progrès si variés qu'opèrent les transformations successives de l'industrie, au milieu du mouvement ascensionnel de la société vers un état supérieur de civilisation, il paraît indispensable d'instruire le plus possible la jeunesse ouvrière dans toutes les connaissances professionnelles applicables à la vie sociale, à l'industrie, à l'agriculture, aux arts, au commerce. C'est à cette condition seulement que l'on peut développer dans toute sa plénitude la force productive de la nation.

L'instruction primaire, on l'a fait remarquer bien souvent, est une instruction préparatoire; elle rend seulement l'esprit accessible à des connaissances plus étendues, plus techniques. L'ouvrier, en arrivant à l'âge du travail, sent bientôt lui-même l'indispensable nécessité d'acquérir des connaissances plus complètes, plus pratiques, mieux appropriées à la profession qu'il veut embrasser.

Cette nécessité devient aujourd'hui plus pressante que jamais par suite des conditions nouvelles du travail industriel. Pour obtenir, en effet, une fabrication plus rapide, on est arrivé, dans chaque industrie, à diviser le travail de telle sorte que chaque ouvrier n'exécute qu'une très-petite partie, une seule pièce de l'objet manufacturé. Ce système a accompli des prodiges dans le développement de la production industrielle.

L'ouvrier que préoccupe exclusivement le besoin d'un salaire assez élevé, acquiert, en travaillant toujours à la même pièce, une extrême dextérité de main, une grande facilité d'exécution. De là le gain d'une rémunération fort avantageuse. Mais la contre-partie de ces avantages se rencontre immédiatement dans l'ignorance où reste l'ouvrier des autres branches de son état. Il devient ainsi inhabile, si ce n'est même impuissant, à exécuter aucune œuvre ensemble. Si bien que, pour certains produits, les diverses parties préparées par plusieurs ouvriers doivent passer en définitive entre les mains d'un *assembleur* pour prendre corps, former un tout, et recevoir le fini nécessaire à la beauté de l'ouvrage.

Ce nouveau système de travail est qualifié d'un

vocable nouveau, la *spécification*; il présente pour les ouvriers, à côté d'un avantage matériel immédiat, un danger permanent. Quand un procédé de fabrication se modifie, qu'un progrès se réalise, l'ouvrier peut être dépossédé de son métier devenu inutile. Il lui est difficile alors de transformer son travail. On sent là profondément le vide des connaissances qu'il a négligé d'acquérir.

Tel est le résultat fâcheux de la division du travail. Cette transformation de la fabrication dans les grands ateliers passe aujourd'hui pour une nécessité industrielle. On ne peut revenir en arrière, ce serait aussi injuste qu'impossible. L'abus n'en devient pas moins, pour beaucoup d'ouvriers, une cause fréquente de chômage. Les ouvriers spécialistes sont en effet beaucoup plus à la merci de l'arbitraire du patron; ils ont une situation moins indépendante que les ouvriers connaissant à fond leur état. Le prix de main-d'œuvre se règle pour eux comme celui du travail mécanique et non comme le serait l'œuvre qui, dans son ensemble, acquiert une valeur quasi artistique.

Les opticiens, par exemple, ont fait cette juste observation [1]: Lorsqu'un ouvrier faisant l'une des sept spécialités que renferme leur profession a acquis par un exercice de plusieurs années une habileté de

---

[1] Rapport des délégués à l'Exposition de Vienne.

main exceptionnelle dans sa partie, les patrons se basent sur le temps de son travail pour établir le prix de la façon, de telle sorte que, tout en produisant davantage, il ne voit pas augmenter son salaire.

Les inconvénients résultant pour l'ouvrier de la division du travail deviennent pour l'apprenti un péril réel. Le jeune ouvrier n'acquiert plus les connaissances de sa profession, il passe à l'état de machine dans la fabrication perpétuelle d'un objet dont il discerne à peine l'utilité; son goût ne se forme pas, son intelligence reste fermée. La noble ambition d'élever sa condition par le travail n'enflamme pas son cœur.

Nous verrons bientôt dans quelle mesure s'étend ce mal.

L'instruction professionnelle offre ce premier avantage de mettre l'ouvrier en état de se soustraire aux dangers de la spécification du travail, en lui faisant acquérir toutes les connaissances qui concernent son métier; il possède, grâce à elle, la faculté de s'appliquer à une branche nouvelle de travail, quand il ne peut plus compter sur celle qui l'a fait vivre jusque-là. Un grand industriel, M. Mame, citait à ce sujet, dans l'enquête de 1872-1875, un exemple démonstratif. Dans ses ateliers, on emploie comme aides-machinistes au service des forces motrices des jeunes gens ou des enfants. Ce travail n'offre aux jeunes ouvriers aucun avenir;

cependant il est le plus recherché, car les aides gagnent 85 centimes. Les pointeurs gagnent même 1 fr. 25 dès le début. « Nous en gardons, dit-il, un certain nombre qui arrivent à gagner 2 fr. 50. Ils restent jusqu'à dix-huit ans, et c'est souvent parmi eux que nous recrutons les hommes de peine. Souvent aussi ils quittent l'atelier. Alors ils deviennent à dix-sept ou dix-huit ans des jeunes gens déclassés et sans métier. Cependant la suppression de ce travail serait un malheur; nous faisons tout au monde pour en tirer quelque chose; la plupart de nos conducteurs de machines, qui gagnent 9 et 10 francs par jour, sont partis de là et ont commencé par gagner 85 centimes. »

Ainsi, selon que l'ouvrier acquiert des connaissances supérieures ou qu'il reste à l'état de manœuvre dans l'ignorance de son métier, il élève sa condition ou il végète.

Au point de vue des intérêts et de l'avenir de l'industrie, l'instruction professionnelle offre encore les plus grands avantages. L'ouvrier, en s'instruisant dans son état, devient plus apte à juger les procédés en usage, à les améliorer, à les perfectionner. La plupart des inventions industrielles les plus répandues, le métier Jacquart par exemple, ont été conçues par des hommes du métier, ayant appliqué l'esprit d'observation et la réflexion à la connaissance des lois de la mécanique. Les progrès de l'industrie sont donc liés intimement à l'importante question de l'enseignement professionnel. La valeur et la supériorité de la production nationale en dépendent également.

Pour les ouvriers eux-mêmes, la demande du travail augmentant en raison de sa perfection, ils trouveront dans l'instruction professionnelle l'avantage d'une hausse de leurs salaires. Ainsi l'accroissement de la demande suit l'accroissement de la production.

Ces observations, que nous appliquons à la France, pourraient être étendues aux pays étrangers. Les lois générales qui régissent les conditions de l'industrie moderne ont produit chez toutes les nations les mêmes effets.

L'Allemagne, l'Angleterre, l'Autriche se préoccupent actuellement de développer tous les moyens d'enseignement technique et professionnel.

En Belgique, où il s'est réalisé de grands progrès en ce sens, dans ces vingt-cinq dernières années, on ne compte pas moins d'une soixantaine d'écoles de manufactures, renfermant de véritables ateliers d'apprentissage, et n'instruisant pas moins de quinze cents apprentis. Ces établissements, dirigés par des commissions locales, travaillent pour les industries de chaque province, aux besoins desquelles leurs ateliers sont appropriés. L'État et les communes patronnent les écoles d'apprentis et leur viennent en aide par des subventions.

En France, l'enseignement professionnel prend à peine depuis peu d'années un sérieux développement. Le mouvement, il est vrai, est actuellement imprimé d'une manière générale. Sous l'impulsion de ce mouvement, une enquête fut ouverte en 1863 par le gouvernement impérial, devant une commission instituée sous la présidence de M. Béhic, ministre de l'agriculture et du commerce. Trente déposants portant des noms autorisés dans l'industrie et dans la science furent entendus. Comme annexe à ces dépositions orales, on trouve dans l'enquête une statistique fournie par MM. les préfets sur l'état de l'enseignement professionnel dans chaque département. A ces documents vinrent s'ajouter les avis de quelques chambres de commerce et les vœux de plusieurs conseils généraux. Un rapport de M. le général Morin résume l'enquête dans son ensemble et fournit à l'appui la nomenclature des écoles professionnelles existantes en France.

La plupart des déposants s'accordent à reconnaître que l'apprentissage se pratique dans des conditions déplorables : « L'apprenti est détourné de l'enseignement du métier pour être employé par le patron comme commissionnaire ou domestique ; il est généralement instruit d'une façon fort incomplète dans sa profession et seulement dans une branche spéciale ; la division du travail, née des conditions actuelles de l'industrie, est la cause de ce résultat.

» La loi de 1851 sur l'apprentissage est générale- ment critiquée, dans la même enquête, comme incomplète. On lui reproche d'avoir négligé de garantir l'instruction intellectuelle et morale de l'apprenti. La loi est inexécutée ; l'intervention des commissaires de police est tombée en désuétude ; la juridiction des prud'hommes est considérée comme trop restreinte dans son état actuel, et insuffisante dans son action. »

A la suite de son rapport, le général Morin pose diverses questions, sur le meilleur mode d'appren- tissage, sur la révision de la loi de 1851, sur les moyens d'assurer son exécution, sur l'organisation intérieure des écoles avec adjonction du travail des ateliers, en les constituant en écoles d'arts et métiers.

La gravité de ces questions n'échappera point à quiconque prend souci du progrès professionnel de la jeunesse ouvrière. On s'étonnera donc qu'au- cune solution ne soit proposée par le rapporteur de l'enquête. Les systèmes opposés restent là en présence, abandonnés tout à la fois de leurs défen- seurs et de leurs adversaires : semblables à deux combattants qui, au lieu de vider leur différend par les armes, s'endormiraient en face l'un de l'autre. On laissa ainsi tomber une œuvre utile dans le silence et l'oubli. La question de l'enseignement professionnel sommeille depuis cette époque dans les archives ministérielles.

Le problème insolu n'est pas moins digne aujourd'hui que par le passé de fixer l'attention des économistes et des législateurs. L'état des apprentis révèle, à tout observateur attentif, des abus persistants et des souffrances croissantes.

Les conditions actuelles de l'apprentissage ne sont plus en effet ce qu'elles étaient quand Rossi écrivait dans son cours le chapitre : *Des apprentissages et des maîtrises;* elles se sont profondément modifiées depuis. Le mal grandit et la loi de 1851 est devenue un palliatif impuissant.

Il ne se fait plus de contrats ou les contrats ne sont plus respectés ; l'apprenti travaille, sans surveillance et sans direction du patron, à une besogne mécanique ou monotone ; il ne reçoit pas les premières notions de son art, n'éclaire pas son intelligence et reste en un mot assimilé à la machine. A côté de cela, l'instruction religieuse est fort négligée et parfois la moralité compromise. Cet état de choses est peint sous les couleurs les plus attristantes dans un document officiel, le rapport de M. l'inspecteur général de l'instruction publique Gréard, adressé à M. le préfet de la Seine.

Ce rapport établit que l'apprentissage diminue et tend à disparaître. Ainsi, à Paris, on comptait en 1860, pour 342,530 ouvriers, 25,540 apprentis; aujourd'hui on ne compte que 4,523 enfants engagés chez des patrons avec contrat d'apprentissage et 15,129

engagés sans contrat. Les enfants, dans cette dernière condition, sont beaucoup plus exposés encore
à l'ignorance, à l'inconduite, à une perversion précoce. Qualifiant par une parole sévère l'état actuel
de l'apprentissage, M. Gréard s'écrie : « Déplorable
école de mœurs publiques, autant que de mœurs
privées, il déprave l'homme dans l'enfant, l'ouvrier dans l'apprenti, le citoyen dans l'ouvrier et
ne forme même pas l'ouvrier. » Ce jugement d'un
fonctionnaire autorisé par sa situation et son expérience n'est nullement contredit par les enquêtes.
« Le véritable apprentissage, disent les déposants
de Paris[1], tend à disparaître ; nous avons peine à
trouver des ouvriers habiles ; la division du travail
et l'emploi des machines ont eu pour effet de diminuer notablement la capacité professionnelle des
ouvriers. » Ce n'est point seulement dans l'indus
trie parisienne que ces plaintes sont formulées.
Dans la plupart des villes industrielles, un état analogue est constaté : « A Lyon, le contrat de l'apprentissage a lieu entre les parents de l'enfant et le
maître-ouvrier. Or, beaucoup d'ouvriers qui ne
remplissent pas leurs devoirs de père à l'égard de
leurs propres enfants ne les observent pas mieux
à l'égard des apprentis, qui sont témoins des mauvaises conversations, des habitudes d'intempérance

[1] Enquête de 1872-1875.

et de dissipation. Le maître-ouvrier ne consent même pas pendant l'hiver à accorder une heure le soir pour l'école d'adultes ou d'autres réunions morales. »

Les déposants n'ont malheureusement point assombri ce triste tableau. Les représentants mêmes des ouvriers peignent en traits saisissants la nécessité de réformer l'apprentissage : « La question de former des apprentis, disait, le 9 mai 1874, le président du syndicat général de Paris, est une question de vie ou de mort pour l'industrie parisienne.

» Le temps presse ; si nous ne formons pas des ouvriers, nous perdrons notre rang dans le monde industriel. »

Dans une lettre adressée au jury international de Vienne, un grand fabricant de meubles du faubourg Saint-Antoine [1] exprimait les mêmes appréhensions et ajoutait ces révélations douloureuses : « A Paris, il ne se fait presque plus d'élèves dans les professions industrielles sérieuses ; nous tirons nos ouvriers de la province ou de l'étranger.

» Les parents mettent de préférence les enfants dans les professions où les patrons, tirant un revenu immédiat des apprentis, peuvent les rémunérer ; les enfants, moins surveillés, deviennent alors marchands de contremarques, ouvreurs de voitures ; ils

[1] M. Mazaroz.

exercent tous les métiers interlopes qui fourmillent à Paris, et ils arrivent à vingt ans n'ayant aucun métier sérieux entre les mains. Ne pouvant se donner alors les jouissances de la vie qu'ils ont constamment devant les yeux chez les autres, ils deviennent pour la plupart jaloux de ceux qu'ils nomment leur exploiteurs; arrivés là, ils sont devenus les véritables ennemis de la société. »

A la spéculation des parents sur le profit qu'ils retirent du travail des enfants, il faut joindre celle de certains industriels qui font de l'emploi des apprentis un moyen de concurrence contre les ouvriers. Ceux-là ne dédaignent pas d'appeler à leur aide un grand nombre de jeunes auxiliaires; ils les emploient aux gros ouvrages de leur industrie, aux travaux les plus simples de l'atelier; ils ne font avec eux aucun engagement, restant libres de se quitter réciproquement. Si l'emploi de ces jeunes ouvriers, inexpérimentés et peu habiles, ne donne pas une production perfectionnée, elle allége considérablement la charge des salaires pour les industriels qui y ont recours. On exploite ainsi les forces et les aptitudes des apprentis en renfermant leur travail dans une spécialité, pour avilir sa rémunération. On diminue par là, il est vrai, le prix de revient, mais il en résulte une concurrence désastreuse entre les différents membres des familles ouvrières. Le travail des chefs de famille est déprécié par celui de leurs enfants et, conséquence plus funeste encore, on ne forme que de mauvais ouvriers. Les délégués à l'Exposition de Vienne se sont plaints avec amertume de cette déloyale concurrence faite à des ouvriers qui ne peuvent lutter à prix égaux. Ils y voient, non sans raison, la cause d'un antagonisme qui tourne au détriment des uns et des autres. Ces délégués ajoutent à l'expression de leur opinion sur l'état général de l'apprentissage cette sinistre prédiction : « Ce qui ressort le plus clairement de l'étude des produits industriels faite à l'Exposition de Vienne, c'est la défectuosité, pour ne pas dire la nullité des apprentissages... C'est la pente fatale sur laquelle glisse rapidement notre industrie nationale et qui amènera forcément, si on ne se hâte de prendre des mesures en conséquence, la décadence de cette industrie [1]. »

Tels sont les périls imminents qu'il s'agit de conjurer. Autrefois l'apprentissage avait sa sévérité et ses rigueurs, mais il s'y mêlait un sentiment paternel qui en effaçait les aspérités. L'apprenti était membre de la famille ; ni son instruction, ni son éducation n'étaient indifférentes au patron. Celui-ci prenait également soin de sa capacité, de sa conduite et de sa moralité. On ne cherchait point à

---

[1] Rapport des délégués à l'Exposition de Vienne.

faire seulement de l'apprenti un bon ouvrier, habile dans sa profession, le patron s'efforçait encore d'en faire un fils respectueux envers ses parents et un honnête citoyen.

Le patronage, avec son antique caractère, a aujourd'hui entièrement disparu. L'esprit d'indépendance et d'insubordination rend l'apprenti rebelle à toute autorité; il a hâte de s'émanciper et de se dégager au plus tôt d'une tutelle qui lui pèse. On le voit courir la camaraderie, découcher de la maison du maître, changer d'atelier, et promener d'un quartier à l'autre son humeur instable et vagabonde.

Sans doute il serait bon de revenir, si cela était possible, à la pratique du patronage ancien, c'est-à-dire à cet état de choses si bien défini par M. Le Play [1] : « à ce mélange intime de devoirs et de droits que le patronage impose et accorde au patron comme à l'ouvrier ». « Partout, ajoute-t-il, où cette notion est méconnue, l'antagonisme désole la société; partout au contraire où elle est en honneur, la paix sociale répand ses bienfaits sur les maîtres comme sur les ouvriers. » Mais remonte-t-on l'irrésistible courant des mœurs? Tenter, en présence de l'indifférence des familles et de l'indiscipline des

---

[1] Dans son livre intitulé : *La Turquie et l'état actuel de la France.*

enfants, de rétablir dans ses conditions anciennes l'apprentissage, émanation directe et attribut essentiel du patronage, c'est se briser à un inévitable écueil. Une pareille tentative, on peut en être assuré, échouerait pitoyablement. Il convient donc de procéder par des moyens mieux en harmonie avec les habitudes et les mœurs actuelles de la population ouvrière.

Les plaintes des ouvriers sur l'état déplorable de l'apprentissage sont vives; elles sont légitimes assurément. On manquerait cependant à l'impartialité en imputant uniquement cet état aux patrons. On ne peut rejeter sur ceux-ci toute la responsabilité des vices de l'apprentissage; les ouvriers en ont leur large part. En premier lieu, les chefs de famille ne se montrent pas assez soucieux de donner à leurs enfants une éducation qui leur inspire le respect de l'autorité soit paternelle, soit patronale; ils ne les pénètrent point suffisamment du sentiment du devoir, de l'esprit d'obéissance et de fidélité aux engagements. De plus, ils mettent le plus souvent leurs enfants en apprentissage sans contrat, dans les conditions les plus défectueuses, sans aucune garantie de bonne direction. En second lieu, dans beaucoup d'industries, les ouvriers embauchent eux-mêmes les apprentis.

Dans le tissage de la laine ou de la soie, dans le papier peint, dans la verrerie, l'aide ou *gamin* est placé sous l'autorité de l'ouvrier et dépend de lui directement. Les leçons, les enseignements, les exemples du maître-ouvrier sont alors la loi de l'enfant. Suivant qu'ils sont bons ou mauvais, ils perfectionnent ou entravent son éducation professionnelle, améliorent ou pervertissent sa nature. Dans ce cas, on ne peut évidemment rendre les patrons responsables des fautes commises envers la jeunesse ouvrière.

Quoi qu'il en soit, la condition générale de l'apprentissage appelle d'urgence une réforme. Quels moyens propose-t-on pour y parvenir ?

On est d'accord sur l'insuffisance et l'inefficacité de la loi de 1851. La nécessité de sa révision s'impose. La loi distingue, on le sait, dans les apprentissages, les engagements pris verbalement des engagements passés sous forme de contrats; elle leur trace des règles différentes. Or, l'expérience a démontré par maintes constatations que les vices de l'apprentissage se rencontrent surtout dans les engagements verbaux libres. Les parties contractantes ne se croient point astreintes dans ce cas à des règles déterminées; il y a là une source permanente d'abus. Il conviendrait donc d'assujettir d'une manière uniforme l'embauchage des apprentis à la forme contractuelle, en assurant toutefois la gratuité des contrats. Les conventions ainsi arrêtées étant toutes soumises aux diverses prescriptions de la loi, il deviendrait plus facile d'en affermir l'exécution.

Le législateur peut donc prévenir les abus les plus fréquents, en matière d'apprentissage. Ils consistent, on le sait, dans le défaut d'instruction des apprentis, dans leur emploi à des occupations serviles, enfin dans l'absence d'enseignement du métier. Déjà une réforme, trop ignorée à la vérité, a été accomplie par la loi du 19 mai 1874 à l'égard de l'instruction des apprentis. L'obligation scolaire a été imposée à ceux-ci jusqu'à l'âge de quinze ans, comme à tous les enfants employés dans les manufactures[1]. Il suffit de veiller sur ce point à l'exécution de la loi. Quant aux violations du contrat d'apprentissage par les patrons, résultant de l'emploi des apprentis à des services domestiques et à l'absence d'enseignement professionnel, il nous paraît indispensable d'en réprimer l'accroissement déplorable en inscrivant dans la loi des sanctions pénales plus énergiques.

Les novateurs du congrès ouvrier de Paris estiment avoir trouvé la solution des questions relatives à l'apprentissage, dans l'extension des attributions des conseils de prud'hommes à la surveillance des apprentis et la création de ces conseils dans

---

[1] Voyez au *Bulletin des lois* la loi du 19 mai 1874 (art. 8, 9 et 30 combinés).

tous les cantons de France. Nous ne croyons pas,
avouons-le franchement, à l'efficacité de cette mesure. L'expérience autorise le doute sur son utilité ;
de plus, elle ne nous paraît pas réalisable.

On entend, en effet, établir dans chaque canton un
conseil de prud'hommes, par opposition à la compétence actuelle des juges de paix dont les ouvriers
se méfient. Pour plus de sûreté dans la défense de
leurs intérêts, on composera ces conseils d'ouvriers
de divers états. Théoriquement, ce système peut
avoir une apparence de raison ; en fait, il tombe
inévitablement devant l'impossibilité matérielle de
constituer la juridiction des prud'hommes dans les
trois quarts des cantons de France entièrement dépourvus d'industrie. Les premiers éléments de vitalité du système lui font défaut.

Où puise-t-on d'ailleurs l'assurance que les
prud'hommes auront la force d'action et la fermeté
nécessaires pour exercer une surveillance vigilante
et rigoureuse sur la pratique des apprentissages ?
A-t-on beaucoup à se louer de la manière dont ils
ont garanti l'application de la loi de 1851 ? N'ont-
ils pas quelque peu contribué à la déchéance de
son autorité morale par la mollesse de leurs déci-
sions ?

La juridiction des prud'hommes est excellente,
sans doute, en matière de conciliation, d'apaisement
des conflits entre ouvriers et patrons, de règlement

des salaires. En faire au contraire un instrument de
police et de répression, c'est méconnaître le but
de l'institution, en altérer gravement le caractère.
Attribuer aux prud'hommes la surveillance des
apprentis dans la localité où ils habitent, au milieu
des ménagements à garder vis-à-vis de maîtres-
ouvriers ou de petits patrons qui sont des voisins
ou d'anciens camarades d'atelier, c'est énerver
l'action de la loi, la condamner à l'impuissance.
Peut-on raisonnablement demander aux prud'hommes, même ouvriers, d'user de rigueur et de poursuivre énergiquement les abus vis-à-vis de ceux avec
qui ils se trouvent en constante communauté de
rapports et en pleine solidarité d'intérêts? Il importe
donc, pour préparer sûrement la réforme de l'apprentissage, de ne point fonder sur la juridiction
des prud'hommes des espérances illusoires.

Nous aurions plus de confiance pour le succès
de cette réforme, dans l'extension à la surveillance
des apprentis des attributions des inspecteurs du
travail des enfants employés aux manufactures.
L'action de ces fonctionnaires, dégagée de toutes
les influences locales, de toutes les considérations
de personnes, raffermie par la force propre aux
corps administratifs bien constitués, nous semble-
rait plus efficace, plus ferme et plus éclairée que
toute autre. Déjà la loi du 19 mai 1874 est entrée
dans cette voie. L'article 30 de cette loi étend

aux apprentis ses diverses prescriptions relatives à la durée du travail, à l'instruction, au repos du dimanche, etc. Si cette disposition tutélaire de la loi n'est point encore entrée dans la pratique générale, cela tient à ce que l'insuffisance du nombre des inspecteurs du travail ne l'a pas permis. En bonne équité d'ailleurs, on a dû assujettir d'abord à la surveillance réglementaire les grands ateliers occupant le plus d'enfants.

Le moment est venu de généraliser l'application des lois de protection de l'enfance. On obtiendrait facilement ce résultat par l'augmentation du nombre des inspecteurs du travail. On instituerait des inspecteurs locaux dans chaque arrondissement et dans tous les groupes industriels de quelque importance. On pourrait même diviser les nouveaux fonctionnaires en deux groupes distincts : *les inspecteurs du travail industriel et les inspecteurs de l'apprentissage,* ayant chacun une mission spéciale et bien définie. Ces derniers seraient particulièrement chargés de visiter les ateliers où l'on occupe un ou plusieurs apprentis; de se faire présenter les contrats d'apprentissage et de contrôler leur exécution: En cas d'infraction aux dispositions réglementaires, ces inspecteurs dresseraient procès-verbal et exerceraient des poursuites dans les conditions prévues par la loi de 1874. La révision, devenue indispensable, de la loi de 1851 permettra, nous l'espérons, de mettre ses dispositions en harmonie avec l'organisation nouvelle dont nous esquissons ici les principaux traits.

Nous livrons ces idées, dont l'unique ambition est d'être pratiques, aux réflexions des réformateurs ; estimant qu'il serait funeste d'aspirer à de nouvelles créations législatives en face d'institutions existantes. Il est plus rationnel de les féconder et de les développer.

C'est une erreur fréquente en France : dès que l'on aperçoit l'abus, on crie à la réforme, sans plus songer aux lois déjà faites pour l'accomplir et que l'ignorance nous cache. L'inanité de nos entreprises de rénovation et de régénération tient ainsi le plus souvent à la mobilité des lois, au peu de respect qu'elles inspirent, au peu de sollicitude des gouvernements pour leur exécution.

CHAPITRE VI

L'instruction professionnelle. — Les écoles d'apprentissage. — Les écoles d'arts et métiers. — L'enseignement des arts industriels. — Sèvres et les Gobelins. — L'éducation professionnelle des femmes.

Beaucoup de bons esprits voient aujourd'hui dans l'institution des écoles professionnelles le plus sûr moyen de relever l'apprentissage de ses désordres et de ses ruines. Nous ne sommes pas de ceux qui portent en moindre estime cette institution, nous en proclamons hautement les avantages. Nous ne pouvons cependant accorder une confiance trop absolue aux résultats que l'on en attend. Il faut bien en convenir, en effet, de longtemps encore la fréquentation des écoles professionnelles restera limitée à un nombre restreint d'enfants. D'un autre côté, l'école, même avec le caractère pratique et professionnel, ne peut façonner l'ouvrier autant que l'apprentissage aux épreuves et aux exigences de la vie réelle.

Ces motifs ne nous ont point permis d'attribuer aux écoles professionnelles le premier rang parmi les moyens de réforme de l'apprentissage. Ce n'est certes pas dans l'intention d'en amoindrir l'importance. Élargissant au contraire l'aspect sous lequel nous envisageons l'enseignement professionnel, nous ne limitons pas son utilité à la possession des connaissances techniques du métier. Nous apprécions à sa juste valeur le rôle considérable que l'avenir lui réserve dans la vie morale et l'avancement intellectuel des nouvelles générations ouvrières.

L'opinion publique, en France et dans l'Europe entière, ne s'y trompe pas. Partout on réclame, comme un des plus sûrs moyens de direction et de progrès des jeunes ouvriers, l'organisation de l'enseignement professionnel. Les chambres de commerce dans les départements, à Paris les syndicats de patrons et d'ouvriers, les conseils électifs à tous les degrés sont unanimes dans l'expression de ce vœu.

Quelle forme cet enseignement doit-il prendre ? Son insuffisance et ses vices dans l'apprentissage ont mis en grande faveur la pensée de le donner aux enfants dans des écoles spéciales. Dès lors une vive impulsion a été imprimée à la fondation des institutions professionnelles. L'initiative privée a déployé dans ce mouvement une activité féconde. Toutefois son action livrée à elle-même paraît insuffisante pour l'immensité de la tâche. On a donc fait appel, dans le but d'arriver à la réalisation d'un vaste programme d'enseignement technique, au concours plus efficace des communes, des départements et de l'État. Cela dit, faisons la part de tous les efforts et de toutes les bonnes volontés dans l'œuvre collective de l'instruction professionnelle.

A Paris, plusieurs écoles d'arts et métiers ont été créées et fonctionnent d'une manière satisfaisante. Au premier rang se trouvent placées les écoles dont l'enseignement ne descend point à la pratique manuelle, mais dirige vers les arts professionnels les études et les aptitudes des jeunes gens. Le collége Chaptal, qui ne compte pas moins de 1,200 élèves se destinant à l'industrie et au commerce; l'école Turgot, dont l'enseignement technique est recueilli par 945 élèves; l'école Colbert, fondée en 1868; l'école Lavoisier, ouverte en 1872, rentrent dans cette première catégorie, celle que l'on pourrait appeler l'enseignement secondaire professionnel.

A côté de ces établissements d'ordre supérieur, on compte dans Paris nombre d'institutions ou d'écoles spécialement consacrées à l'enseignement professionnel; les unes fondées par l'initiative privée, les autres subventionnées par la municipalité. Leur but commun est de donner aux jeunes gens qui les fréquentent l'instruction technique d'un métier, les mettant à même de se placer dans des conditions favorables à la sortie de l'école.

On peut citer en ce genre la Société de Saint-Nicolas, quartier de Vaugirard. Cette école est spécialement ouverte aux enfants de la classe ouvrière; on les y forme à des métiers manuels. On est parvenu là à cet excellent résultat que des jeunes gens de seize à dix-huit ans gagnent en sortant de l'école un salaire de 3 francs 50 à 4 francs 75.

L'école de Saint-Nicolas est un internat. L'éloignement entre le siége de l'institution et le domicile des familles justifie cette mesure; mais, dans la plupart des écoles, on obtient par l'externat une fréquentation plus nombreuse, et l'utilité de l'enseignement professionnel s'en étend davantage.

L'école d'Auteuil, ouverte le 1er janvier 1873, donne un enseignement analogue à celui de l'école de Saint-Nicolas et jouit d'une égale prospérité. On peut appeler à juste titre ces institutions des écoles d'enseignement primaire professionnel.

La ville de Paris a créé de son côté, dans un but d'amélioration des conditions de l'apprentissage, une école préparatoire d'apprentis au boulevard de la Villette; cette école, ouverte le 8 décembre 1872, compte déjà 128 élèves. Les enfants y reçoivent l'enseignement primaire d'une part, et de l'autre un enseignement technique ayant pour objet les divers travaux du bois et du fer. Les élèves, d'après l'affirmation des personnes les plus compétentes, sortent de cette école sérieusement préparés au métier qu'ils doivent exercer.

A l'école de la rue Tournefort, des ateliers spéciaux

d'apprentissage ont été annexés aux salles de classe où l'on donne l'instruction élémentaire. Cet exemple a été imité dans plusieurs établissements d'enseignement primaire.

Un certain nombre de grands industriels ont, de leur côté, créé, soit à Paris, soit dans les départements, des écoles d'apprentissage destinées à former pour leurs industries des ouvriers spéciaux. Tous sentent la nécessité de préparer des recrues à un contingent dont la décroissance incessante menace de ruiner des industries qui sont la gloire de la France. Ainsi MM. Wolf et Pleyel, facteurs de pianos justement renommés, pour résoudre la difficulté de recruter leurs ouvriers, ont institué dans leur manufacture un apprentissage spécial. Ils occupent actuellement à cet apprentissage une trentaine de jeunes gens de treize à seize ans, pour la plupart fils de leurs ouvriers. Ces jeunes gens reçoivent d'ouvriers-maîtres, habiles dans leur art, un enseignement technique sur les différentes branches de la fabrication des instruments de musique. « On veille soigneusement à ce que ces apprentis changent de temps en temps de partie, afin de ne point rester stationnaires dans une spécialité, où ils parviendraient sans doute à gagner plus vite de gros salaires, mais où ils n'acquerraient pas les connaissances variées, indispensables pour faire un ouvrier complet[1]. »

---

[1] Enquête 1872-1875.

Dans l'école d'apprentissage de MM. Wolf et Pleyel, les enfants ne reçoivent pas seulement l'enseignement technique; on veille aussi à ce que l'instruction primaire ne soit point négligée. Pour cela, une classe spéciale leur est faite chaque jour. Le français, l'arithmétique, l'histoire, la géographie, les principaux éléments de la géométrie et du dessin linéaire sont enseignés à ces enfants. «Ce temps de travail intellectuel, font observer ces industriels, offre l'avantage de les reposer du travail manuel et d'entretenir chez eux l'habitude de la lecture et le goût de la culture intellectuelle. »

A la fin de chaque année, MM. Wolf et Pleyel, dont on ne saurait trop louer l'intelligente direction, récompensent par des prix et des livrets de caisse d'épargne les progrès de leurs jeunes apprentis dans l'instruction primaire et l'enseignement professionnel.

Nous pourrions multiplier ces exemples des efforts tentés par les grandes industries parisiennes pour la régénération de l'apprentissage professionnel. Toutes ont à conjurer le même péril.

La tendance des ouvriers à se spécialiser pour gagner plus vite un fort salaire est générale aujourd'hui. Les patrons les mieux intentionnés obtiennent fort difficilement, soit des parents, soit des jeunes gens eux-mêmes, qu'ils sachent un peu sacrifier, pour devenir des ouvriers habiles, la satisfaction du présent aux espérances de l'avenir.

Dans nos principales villes industrielles, les mêmes préoccupations provoquent les mêmes efforts pour prévenir la décadence des connaissances professionnelles. La Société Philomatique de Bordeaux ouvre ses cours à de nombreux ouvriers et commis de l'industrie et du commerce. L'excellent enseignement de cette Société est divisé en vingt-huit cours s'appliquant à trois branches d'études : élémentaire, commerciale, industrielle ou professionnelle. Dans la même ville, un riche industriel, M. Godbarge, fondait, il y a une douzaine d'années, un cours de stéréotomie pour les tailleurs de pierre et les appareilleurs ; ce cours est fréquenté pendant l'hiver par deux ou trois cents ouvriers. Comptons encore à l'actif du mouvement professionnel à Bordeaux un cours de mathématiques appliquées aux arts et à l'industrie, fondé par la municipalité ; les cours professionnels, à l'usage des ouvriers adultes, ouverts depuis deux années dans les quartiers populeux de Saint-Michel et de Saint-Nicolas ; enfin, une école supérieure de commerce et d'industrie. Cette nouvelle création couronne, par un enseignement plus élevé, l'édifice des institutions consacrées à l'esprit de travail et de progrès dans l'une des plus brillantes et des plus intelligentes villes de France.

A Lyon, il existe plusieurs écoles d'apprentis et une société d'instruction professionnelle pour les ouvriers de la soie. Les cours techniques sont suivis par un grand nombre d'enfants. A la tête de ces institutions se place l'école professionnelle de la Martinière, dont on ne saurait trop louer l'excellente direction.

Un certain nombre d'écoles professionnelles des grandes villes de France ont envoyé les travaux de leurs élèves à l'Exposition universelle de Vienne. Citons l'école municipale d'apprentissage de Nantes, l'école d'apprentissage du Havre, le cours municipal de dessin de Saint-Quentin, l'école professionnelle de Rouen. Les élèves ont exposé des dessins, des travaux en fer forgé et limé, des sculptures en bois et en marbre. A la même Exposition, l'école d'apprentissage de M. Deslande, d'Evreux, qui prépare de nombreux élèves à des métiers manuels ou mécaniques, a obtenu le diplôme de mérite. Tous les jurys européens ont rendu hommage d'une manière générale à la valeur de notre enseignement technique et aux résultats pratiques de nos méthodes.

Nous bornons là une énumération qu'on ne saurait cependant se plaindre de voir prolonger. Dans toutes les grandes villes françaises, celles que nous avons citées comme celles que nous pourrions citer encore, Marseille, Toulouse, Nancy, partout en un mot, l'impulsion est donnée, des écoles nombreuses se fondent pour le développement de l'enseignement professionnel.

Les plus utiles parmi ces écoles sont, à notre sens, celles où l'enseignement s'applique spécialement à une industrie ; où l'on forme les recrues des ateliers, où les maîtres-ouvriers tendent à disparaître. C'est à ces institutions, en quelque sorte d'intérêt public, que nous sommes redevables d'avoir pu conserver dans tout leur éclat quelques-uns des plus beaux fleurons de notre industrie nationale.

Nous avons dit ce qu'avaient fait les facteurs d'instruments de musique pour conserver des ouvriers à l'une des industries parisiennes où la supériorité française est le mieux acquise ; à Lyon, on forme des tisseurs de soie et l'on répare ainsi les brèches faites, sur ce point, à la suprématie nationale par la concurrence étrangère.

On aime à voir les mêmes préoccupations se manifester partout dans nos plus brillantes industries [1] :

A Baccarat (Meurthe-et-Moselle), l'apprentissage des enfants est fortement constitué ; c'est la condition vitale de l'industrie si délicate et si spéciale de la cristallerie.

A Aubusson, on a établi une école de dessin appliqué à la tapisserie.

---

[1] Les grandes industries de la houille, du fer et de la construction ne se laissent pas distancer dans cette voie par les industries de luxe ; la compagnie d'Anzin, par exemple, possède une école de maîtres mineurs où l'on enseigne des éléments de géologie, de minéralogie, de mécanique, le dessin et l'exploitation des mines.

A Limoges, des cours professionnels de dessin et de peinture à l'aquarelle, pour la décoration de la porcelaine, ont été organisés sous le patronage de la municipalité et du conseil général. Les manufacturiers espèrent ainsi, non-seulement pouvoir recruter d'habiles ouvriers pour seconder les efforts de leur industrie, mais encore former des artistes pour en élever le niveau.

On avait souvent exprimé le vœu que la manufacture de Sèvres fût pourvue d'une école spéciale, dont les études maintiendraient, par le goût et la distinction des modèles, le haut degré de perfection atteint dans l'art si éminemment français de la peinture décorative de la porcelaine. Le directeur de notre plus belle manufacture nationale, M. Duc, adressait à ce sujet au gouvernement, en 1874, ces judicieuses observations :

« Ce ne sont pas les écoles Turgot et Chaptal qui peuvent préparer l'éducation des artistes. Comment se forment-ils ? C'est un problème. Ceux qui parviennent à se mettre en évidence le doivent surtout à leurs heureuses prédispositions pour l'art ; mais souvent aussi ils arrivent sans culture. De là des inventions dues au hasard, souvent bizarres, ou des imitations rebattues de l'art passé.

» Les artistes n'obéissent pas à un enseignement commun et à une direction supérieure, ils sont livrés à leur propre individualité ; ils jouent le rôle de brillants solistes, et chacun exécute isolément son morceau sans chef d'orchestre. Cela revient à dire qu'il faut un enseignement organisé pour y puiser les principes de l'art décoratif et s'y exercer par la pratique.

» La manufacture de Sèvres devrait avoir d'abord chez elle une véritable école, où de tout jeunes gens recevraient continuellement un enseignement spécial, dans le but de conserver ou de développer ces qualités naturelles de goût, de grâce et de délicatesse qui sont l'apanage de notre génie national. »

Grâce à l'initiative et aux efforts de l'honorable directeur, l'école professionnelle de Sèvres est en voie d'organisation. Le vœu de l'opinion publique, soutenu par des amis éclairés de l'art, est aujourd'hui réalisé.

La manufacture des Gobelins possède la plus ancienne école spéciale de dessin et de tapisserie. Ce n'est point là une des moindres causes de sa supériorité, dès longtemps acquise et fermement soutenue. Le programme de cette école pourrait, à la vérité, être élargi; elle devrait ouvrir ses portes à un plus grand nombre d'élèves dans l'art de la décoration. On ne peut oublier que Colbert, en acquérant les Gobelins, avait conçu la généreuse pensée d'y fonder une école des arts du dessin dans toutes ses transformations relatives à l'ameublement. L'établissement, dans son ensemble, prenait le titre de *Manufactures royales des tapisseries et meubles de la couronne*. De jeunes artisans de tout genre : tisseurs, peintres, graveurs, orfèvres, ébénistes, fondeurs même et horlogers, recevaient là, sous la direction de Charles Lebrun, un enseignement dont le caractère élevé était bien de nature à prêter à toutes les créations de l'art décoratif la noblesse et la grandeur qui sont la marque distinctive de cette époque privilégiée.

Il y aurait quelque honneur, ce nous semble, à reprendre aux Gobelins, en faveur de l'enseignement professionnel, l'œuvre, si injustement délaissée, entreprise jadis par Colbert.

La tradition de l'enseignement professionnel des arts décoratifs est d'ailleurs fort ancienne. Si l'on remonte, en effet, le cours de l'histoire, on voit qu'au quinzième et au seizième siècle l'Italie disputait à la France les meilleurs maîtres dans le tissage de la laine et de la soie, et développait toutes les industries qui s'y rattachent. Les villes italiennes dont la renommée s'élevait le plus haut dans les arts faisaient venir à grands frais des maîtres tapissiers des Flandres, pour implanter sur leur sol une industrie qui jetait alors le plus grand éclat. L'enseignement professionnel était un indispensable élément de succès. Aussi, en 1442, la municipalité de la ville de Sienne accordait-elle à Jacquet Benoît, d'Arras, pour une période de dix années, un traitement annuel de quarante-cinq florins d'or « pour installer et faire travailler deux grands métiers, et enseigner gratuitement son art, ainsi que la teinture, à tous les jeunes ouvriers qui voudraient l'apprendre ».

Florence, à la même époque, avait attiré chez elle un artiste distingué, maître Louis de Bruges. Milan, Ferrare, Pérouse suivirent cet exemple. Les papes, amis des arts, appelaient de leur côté et faisaient installer à Rome les métiers des maîtres tisseurs flamands. Raphaël lui-même ne dédaignait pas de tracer les cartons de leurs vastes compositions [1].

Si l'on parcourait les anciennes ordonnances royales, on verrait que la création ou l'entretien des grandes industries nationales du tissage de la soie, de la tapisserie, de la verrerie, étaient la constante préoccupation des ministres du commerce sous la monarchie française. Pour perpétuer en France la culture des arts industriels, des écoles spéciales étaient fondées à Lyon, à Lille, à Paris; on en conservait avec un soin jaloux la pratique et la tradition. Le même zèle, le même culte de l'éducation professionnelle s'entretenait, par l'esprit de corps, au sein des corporations et des unions de métiers.

Ce sont là les origines, les précédents, les titres

---

[1] *Bulletin de l'Union centrale des beaux arts appliqués à l'industrie,* étude de M. E. Muntz.

de noblesse de l'enseignement professionnel. Il serait mal avisé au génie moderne d'en répudier l'éclat et la grandeur. Ne convient-il pas, au contraire, de s'en inspirer pour faire revivre l'esprit de métier, l'attachement de l'ouvrier à son art, en les maintenant en harmonie avec les conditions nouvelles de l'industrie?

Renouant aujourd'hui la chaîne interrompue de la tradition, partout l'initiative individuelle, les industriels, les municipalités, l'État travaillent à résoudre le grave problème de l'enseignement professionnel. S'il se produit en sa faveur un immense mouvement, ce mouvement n'est point localisé à la France. L'Allemagne, la Belgique, la Suisse, l'Autriche, la Hollande se préoccupent au même titre du développement de leurs institutions d'enseignement technique. A Amsterdam, une école professionnelle, fondée par les sociétés ouvrières, prépare les jeunes gens aux divers métiers qui se rattachent à la construction des navires.

En Italie, on compte cinquante-trois écoles industrielles ou professionnelles, dont trente-sept sont placées sous la direction du gouvernement. L'école professionnelle de typographie de Milan a formé des élèves nombreux et habiles.

Ainsi, dans tous les États européens, les mêmes besoins se font sentir et amènent la création d'institutions d'éducation pratique; partout aussi l'étude des arts industriels est en honneur chez les nations amies du beau et du bien.

La France, disons-le avec un légitime orgueil, conserve dans cette lutte pacifique son rang et sa supériorité. Dans aucun autre État, le mouvement progressif de l'enseignement technique n'est plus accusé ni le niveau de l'habileté professionnelle plus élevé. Cela tient aux aptitudes et au goût de nos ouvriers qui, dans chaque branche d'industrie, acquièrent, par la variété et la perfection de leurs œuvres, le rang de véritables artistes. C'est là l'un des plus brillants côtés du génie national, l'un de ceux qu'on ne saurait trop ménager avec une patriotique sollicitude.

En se plaçant au point de vue purement industriel, à côté des écoles qui s'attachent plus spécialement à l'éducation de l'ouvrier, il convient de ne pas négliger les écoles d'arts et métiers qui servent à former les contre-maîtres.

Ce n'est ni le moment ni le lieu de défendre ici ces écoles contre les critiques dont elles ont été l'objet; bornons-nous à en constater l'utilité, nous pourrions dire la nécessité.

On ne pourrait, en effet, espérer d'amélioration progressive dans la condition des ouvriers, si l'enseignement technique ne leur donnait les aptitudes nécessaires pour s'élever au rang de contre-maîtres d'abord, de patrons ensuite. L'instruction spéciale du contre-maître contribue d'ailleurs à développer l'industrie, à vulgariser ses meilleurs procédés; en un mot, elle concourt, par l'action d'un travail intelligent et perfectionné, à relever l'état matériel et moral de la population ouvrière.

On ne doit pas envisager, dans l'enseignement professionnel, les seuls avantages purement matériels tant pour l'ouvrier qu'au point de vue même des intérêts de l'industrie. Cet enseignement présente un aspect plus élevé; il n'en est point de plus moralisateur. En donnant à l'homme connaissance de sa force, en mettant dans sa main les moyens de soutenir la vie des êtres confiés à son affection, en le rendant en un mot indépendant par le travail, l'enseignement professionnel lui inspire les mâles vertus du père de famille, du citoyen.

L'éducation professionnelle des femmes produit, de son côté, une heureuse influence sur la vie morale de la famille ouvrière.

Le nombre des écoles professionnelles de jeunes filles est considérable en France. Il n'est point d'ailleurs de maison d'éducation, communauté religieuse ou école communale, qui n'ait son ouvroir, où l'on enseigne les travaux de la couture. On en estime le nombre approximatif à deux mille environ. Ces ouvroirs occupent plus de cent soixante mille jeunes filles. On se plaint même de ce que ces établissements, par leur nombre et l'importance des travaux qu'ils exécutent, font baisser le prix de la main d'œuvre dans la lingerie, la broderie, la confection, en se livrant presque exclusivement à ces travaux et en acceptant, soit des particuliers, soit même des magasins de Paris, des commandes au rabais.

Nous aurons occasion plus tard de démontrer, au point de vue économique, l'inanité de ces plaintes dont on a entendu les échos dans les derniers congrès ouvriers. Les effets de la modeste concurrence des ateliers d'apprentissage et des ouvroirs, où le travail est confié à des mains inexpérimentées et inhabiles, sont loin de produire une perturbation dans les conditions générales de la production et des salaires. Ces conditions sont soumises à des fluctuations et à des influences qui émanent de causes plus étendues et plus élevées.

Telles sont : la substitution de l'emploi des machines à celui de la main dans la plupart des travaux de la filature, du tissage, de la confection, de la broderie et de la dentelle, autrefois réservés aux femmes ; l'accroissement considérable du nombre des ouvrières à l'aiguille, correspondant à la diminution corrélative des ouvrières de l'agriculture ; enfin et par-dessus tout, la situation morale des ouvrières. On grossit, il est vrai, intentionnellement et d'une manière outrée l'importance du travail des ouvroirs pour exagérer la valeur du grief. Ce travail n'est point en réalité en rapport avec le nombre des ateliers d'instruction professionnelle. Ce sont là d'ailleurs des inconvénients auxquels les soi-disant défenseurs de la libre concurrence nous permettront de nous montrer peu sensibles en regard des immenses résultats obtenus par l'éducation tout à la fois pratique et morale donnée à toute une génération de jeunes filles, préparées ainsi à devenir un jour, par une vie laborieuse et digne, d'honorables mères de famille.

Le grief, du reste, est dirigé contre les couvents plutôt que contre les ouvroirs. Les magasins du Louvre font travailler, dit-on, cent cinquante couvents, et l'on s'en indigne : on se hâte de proposer comme remède d'établir des ouvroirs laïques dans toutes les communes [1], sans autre souci d'accroître la concurrence faite au travail des femmes. Nous dirons plus loin sur cette question ce que valent ces reproches chimériques et ce que pèse le travail des ouvroirs dans le mouvement général de la production. Pour le moment, nous parlons de l'enseignement professionnel : il serait vraiment étrange que l'on condamnât à ce point de vue un mode d'éducation qui donne un gagne-pain à tant de jeunes filles et de mères de famille. Combien sans cela seraient plongées dans la

---

[1] Proposition de la citoyenne André au congrès ouvrier.

plus extrême misère? Former des ouvrières capables n'a jamais été une cause de dépréciation du travail. Ce sont l'ignorance, le déclassement et l'immoralité qui avilissent le prix de la main-d'œuvre. Rien ne peut mieux tourner à l'honneur de l'enseignement professionnel que les déclamations illogiques et passionnées dont la salle de la rue d'Arras a été le théâtre.

Nous aimons à rappeler ici, à l'honneur de la France, le nom des cités populeuses où l'on a montré une vive sollicitude pour l'éducation professionnelle des jeunes ouvrières. Ainsi, à Bordeaux, il existe six ouvroirs spéciaux fréquentés par plus de mille jeunes filles, où elles apprennent la couture, le repassage, la confection. Les dépenses de ces établissements sont couvertes par des souscriptions particulières et des subventions départementales. Un atelier de couture est attaché, dans la même ville, à chacune des écoles communales de filles, au nombre de onze. Enfin, les Dames de la Foi ont ouvert récemment une école supérieure professionnelle où les jeunes filles apprennent, non-seulement la couture, mais encore le dessin et les éléments des diverses professions auxquelles les portent leurs aptitudes.

Le nombre des orphelinats de jeunes filles, à Bordeaux, est de dix-neuf. Mille enfants environ y sont aujourd'hui placées. La ville accorde des subventions à plusieurs de ces établissements, et le surplus des dépenses est couvert par des dons ou par le travail des pensionnaires. Certes, en parlant de ces orphelinats où tant de bien se fait, non-seulement en faveur des déshérités de la fortune, mais, ce qui est plus touchant encore, en faveur des déshérités des affections saintes de la famille, quelles paroles amères ne nous viendraient pas aux lèvres contre les apocryphes défenseurs du prolétariat, qui n'ont pas craint de proposer la suppression de ces précieux asiles du malheur le plus digne de pitié, le malheur de l'enfance!

Les utiles institutions dont Bordeaux a doté sa population ouvrière se retrouvent aujourd'hui dans la plupart de nos grandes villes manufacturières. C'est là, on peut s'en applaudir, le côté de l'enseignement professionnel qui a reçu le plus large développement, au souffle généreux de la charité chrétienne et sous l'impulsion des sentiments d'humanité si profondément enracinés dans notre pays.

Les institutions d'internat industriel, peu nombreuses jusqu'ici et médiocrement appréciées en France, sont également favorables à l'éducation professionnelle des jeunes filles.

On peut citer comme un modèle en ce genre l'établissement de M. Groult, fabricant de pâtes alimentaires dans l'arrondissement de Sceaux; les jeunes ouvrières y sont traitées en pensionnaires, logées et entretenues dans l'établissement, ayant des sorties réglées pour voir leurs familles.

Le travail est organisé là de manière à s'associer à l'enseignement pratique. Un salaire est accordé aux jeunes ouvrières et sert à leur constituer, par l'épargne, un pécule dont elles font l'emploi à leur majorité. Ce pécule constitue, pour la plupart de ces jeunes filles, une dot qui leur permet de se marier convenablement; elles sont recherchées pour leur esprit d'ordre et leur bonne éducation.

Parmi les institutions du même ordre figurent les manufactures de M. Bonnet, à Jujurieux, dans l'Ain; celles de M. Colcombet, dans l'Isère. Un grand nombre de jeunes filles y sont employées et se forment là d'une manière assurée, par leurs épargnes, une petite position.

On comprend les conséquences morales qui résultent de la direction ainsi donnée à l'éducation des jeunes ouvrières dans les internats industriels. Ce système tend à se propager, et son progrès démontre qu'il ne répugne ni aux exigences du travail, ni aux habitudes industrielles, ni aux mœurs des populations.

Notre pays n'a pas seul le privilége d'offrir l'exemple de cette sage sollicitude de la moralité des jeunes ouvrières. Aux États-Unis, les recommandables institutions de Lowel, dans l'État de Massachussets, protégent et moralisent les nombreuses jeunes filles employées dans les filatures de coton de cette cité populeuse. On peut se souvenir aussi qu'à l'Exposition universelle de 1867, le rapport du jury signalait la manufacture de Pacific-Mills, établie à Lawrence, dans le même État, et celle de Vincland, dans l'État de New-Jersey, comme dignes d'imitation. Ces intitutions ont en vue la préservation des bonnes mœurs et l'avantage d'assurer aux ouvrières un avenir honnête.

Dans un certain nombre d'écoles professionnelles, ce ne sont plus seulement les travaux de couture que l'on enseigne aux jeunes filles, mais on leur apprend la comptabilité commerciale, les arts du dessin, de la gravure, de la musique, de manière à varier l'enseignement en tenant compte de la variété des aptitudes.

L'initiative de quelques femmes inspirées par une bienfaisance éclairée a fondé, en 1862, à Paris, l'école professionnelle de la rue de la Perle. Elle compte aujourd'hui près de deux cents élèves, et s'est agrandie par des succursales. Outre l'enseignement général, on trouve dans cette institution un cours de commerce, un cours de dessin, un atelier de gravure. Les bases de l'enseignement sont ainsi élargies et appropriées aux différentes directions professionnelles. Dans le même genre, l'école de la rue de Bruxelles, tenue par madame Paulin, enseigne aux jeunes filles la gravure sur bois pour les ouvrages d'art et de science.

Ces maisons d'éducation établissent des relations avec les industriels et les patrons, et assurent ainsi l'emploi ou le placement des jeunes filles qui ont terminé leur cours. Il est à souhaiter que de semblables exemples trouvent des imitateurs. Il est à désirer surtout que l'État et les départements viennent plus largement en aide à ces utiles institutions. L'initiative individuelle en s'exerçant librement obtient des résultats féconds et efficaces; mais l'État ne peut pas plus se désintéresser de l'éducation professionnelle de l'enfance qu'il ne pourrait se soustraire au devoir de venir en aide à la vieillesse indigente. Les deux points extrêmes de la vie se confondent dans une égale impuissance, une égale faiblesse; il convient de leur assurer une égale et généreuse assistance.

Quelle ne sera pas l'influence exercée sur la condition morale de la femme par l'effet de son instruction professionnelle! Désormais cette éducation peut affranchir l'ouvrière du joug que lui ont imposé les nécessités de la vie, jointes aux exigences de la fabrication industrielle, en l'assujettissant à s'éloigner de son domicile, à se séparer de ses enfants pour gagner un salaire dans les ateliers des manufactures. L'instruction professionnelle permet à l'ouvrière d'occuper son temps lucrativement à son foyer même. Elle peut reconstituer ainsi la vie intime de la famille et rétablir au profit de la femme, de la mère, une des plus douloureuses inégalités de la fortune. Tout salaire gagné au domicile, si minime qu'il soit, prend une double importance en n'éloignant point la femme des occupations du ménage et en ne la détournant pas de l'esprit de prévoyance et d'économie. De tels avantages sont refusés aux ouvrières des manufactures, occupées loin du foyer, plus souvent tentées par la dépense, moins heureuses et moins aisées en un mot, quoique gagnant des rétributions plus élevées. Tout effort réalisé en faveur de l'instruction professionnelle des femmes contribue donc fort utilement à l'amélioration du sort des familles ouvrières.

L'instruction professionnelle, en ouvrant aux femmes une plus large carrière par la variété des occupations commerciales, industrielles, artistiques, ferait travailler un plus grand nombre d'entre elles et leur prêtera un utile secours.

Ainsi l'atelier domestique, cet honneur de la famille antique, détruit dans la société moderne par les conditions de la production industrielle, peut, dans les transformations successives du travail, se reconstituer un jour au plus grand avantage, non-seulement de la morale, mais encore de la situation matérielle de la famille ouvrière.

CHAPITRE VII

La question sociale. — Les opinions des ouvriers. — L'influence de la politique sur leurs aspirations. — Les socialistes anciens et le néo-socialisme. — Le programme des syndicats ouvriers.

Le propre d'une bonne éducation, réellement appropriée aux conditions pratiques de la vie, telle au surplus que nous en avons esquissé les caractères, est de donner à chaque homme l'esprit de conduite qui dirige ses actes et de lui inspirer la saine compréhension de ses véritables intérêts.

Les privilégiés de la fortune, placés au sein d'une famille généralement soucieuse de tout ce qui touche à l'éducation de l'enfant, bénéficient le plus souvent de cet avantage. S'ils n'en tirent point profit au cours de leur existence, ils n'ont à imputer qu'à eux-mêmes leurs fautes et leurs défaillances. L'ouvrier est généralement placé dans des conditions moins favorables; son éducation dépend de chances diverses; elle est sujette à de nombreuses vicissitudes.

Les familles ouvrières sont la plupart du temps fort soucieuses de l'éducation des enfants ; un grand progrès s'est accompli dans cette voie, il serait injuste de ne pas l'affirmer hautement. Mais dépend-il, dans les embarras d'une vie précaire, de la sollicitude maternelle, dépend-il même de la fidélité du père à son devoir de donner le temps, l'attention nécessaires, d'exposer les dépenses inévitables que comportent les soins quotidiens de l'éducation des enfants ? N'est-on pas distrait de ces devoirs par les préoccupations incessantes de l'existence matérielle, les charges de famille, le travail absorbant ou la crainte plus absorbante encore du manque de travail ? Puis, avant l'âge d'adulte, le jeune ouvrier, voulant gagner sa vie d'une manière indépendante, échappe à toute tutelle, contracte des goûts de liberté, d'émancipation, quitte la mansarde étroite, que l'on ne saurait appeler sans une triste ironie le toit paternel, et va loger dans les garnis plus à portée de son travail ou des fréquentations de la camaraderie. Aussi, peu d'ouvriers reçoivent-ils une éducation complète ; bien peu assujettissent leur jeunesse à une direction réfléchie.

Le plus souvent les ouvriers, n'ayant point reçu une culture morale suffisante, adoptent comme idées justes et pratiques tout ce qu'ils entendent dire par les camarades d'atelier les plus anciens et les plus écoutés. Ils tiennent pour vraies, sans les

discuter, les opinions répandues par la presse soi-
disant dévouée aux intérêts démocratiques. De là
bien des périls, bien des erreurs, bien des fautes
parfois irréparables. L'éducation des ouvriers, on
peut le dire d'eux plus encore que des autres
hommes, ne s'achève réellement qu'à la rude épreuve
de la vie, le plus souvent par l'expérience acquise à
leurs dépens et chèrement payée.

S'étonnera-t-on dès lors que certaines opinions,
certains préjugés se propagent, s'acclimatent, s'en-
racinent profondément dans l'esprit de la population
ouvrière, à tel point qu'on ne puisse les en arracher
par aucun effort? Parmi ceux-là, les opinions politiques ou sociales occupent le premier rang.

C'est une erreur assez généralement répandue
chez les ouvriers, mais plus particulière aux
ouvriers français, de croire que le progrès social
dépend uniquement dans un pays de la forme de son
gouvernement. Cette erreur fait attacher une idée
politique à la réalisation de tous les progrès, même
les plus simples et les plus étrangers à cet ordre de
considérations. La même erreur suscite l'esprit de
parti dans toutes les questions du domaine social,
inspire la méfiance contre les œuvres les plus utiles
accomplies par les gouvernements, provoque parfois entre les ouvriers les plus sincères et les patrons
les mieux intentionnés un antagonisme que rien ne
justifie.

L'un des torts les plus graves des associations syndicales d'ouvriers à Paris est d'entretenir systématiquement cette erreur. C'est par là qu'elles exercent dans la masse ouvrière une action dominante et vraiment funeste. Les membres des associations syndicales ont transporté toutes les questions de salaire, d'assistance, d'instruction, de vie matérielle sur le terrain de la politique. Par là ces associations sont devenues de véritables agences électorales, et leurs unions forment en réalité dans l'État une organisation, un gouvernement occultes. D'après leur programme, hors de la République démocratique et sociale il n'est point de progrès acceptable ni possible. Toutes les propositions faites, toutes les réformes réclamées dans les congrès ouvriers sont placées sous cette enseigne. L'intolérance et la haine des sectaires de cette nouvelle église éclate dans leurs paroles et leurs actes contre tout ce qui, parmi les ouvriers ou leurs représentants, n'en accepte pas les doctrines et n'en subit pas le joug. Pour eux, hors de leur programme, point de salut.

Ouvre-t-on des écoles, distribue-t-on des secours ou des récompenses, offre-t-on même aux ouvriers des subventions pour se rendre aux expositions; venant de la main d'un ministre, rien de tout cela n'est bon. La prudence troyenne des syndicats va jusqu'à refuser les présents qu'offrent aux ouvriers les assemblées et les gouvernements dont les tendances

et les vues devraient leur être le moins suspectes [1].
Bien plus, ils ne reconnaissent póur mandataires
de leurs intérêts que ceux qui adhèrent par un engagement contractuel au programme radical.

L'esprit des ouvriers flotte ainsi incertain et sans
cesse égaré; il s'aventure, entraîné par un mirage
trompeur, dans le domaine des chimères. De là
l'organisation, dans les faubourgs des cités populeuses, d'une armée permanente de sectaires ignorants et exaltés, toujours prêts à soulever les pavés
des rues pour atteindre la réalisation d'un rêve qui
fuit sans cesse et que chaque émeute refoule dans
un plus lointain horizon.

L'expérience est concluante : les révolutions successives qui ont ébranlé notre pays jusque dans ses
plus profondes assises ont eu pour unique résultat
de retarder, sinon de faire reculer en arrière, le progrès des populations laborieuses, soit en entraînant
après elles des crises douloureuses, soit en inspirant,
par des revendications exagérées ou intempestives,
des craintes pour la paix publique.

Il en est de l'ordre social comme de l'ordre
économique; ses vicissitudes, ses progrès, sa stabilité tiennent à des causes plus élevées que celles
qui s'agitent autour d'une forme de gouvernement.

---

[1] Refus du crédit de 200,000 francs voté par la Chambre
des députés, en juin 1876, pour l'envoi de délégués à Philadelphie.

Elles obéissent, comme les phénomènes hégémoniques du globe, à des lois naturelles, générales et puissantes, dont les étroites entraves d'un État ou d'une forme politique ne sauraient maîtriser l'influence.

Les populations laborieuses, celles surtout des campagnes, cèdent aujourd'hui encore à cette erreur qui leur a fait pendant de longues années attribuer la prospérité matérielle du pays au régime impérial. Le parti républicain exploite, à son tour, cette arme dangereuse qui, à la première crise, peut tourner contre lui.

Or, on a vu successivement sous la monarchie de Juillet, sous la République en 1848, sous l'Empire de 1851 à 1870; on a revu depuis, sous la présidence de M. Thiers, sous le septennat du maréchal Mac-Mahon, comme nous le voyons encore, l'abondance de la production, par une étrange ironie de la fortune, se mettre au service de tous les gouvernements pour les légitimer, les affermir, les consolider. On ne s'est pas demandé si ce n'était point là un miracle accompli par les progrès de la civilisation moderne, l'agriculture perfectionnée, les moyens de communication multipliés, l'exportation largement développée. Il paraît plus simple d'attribuer le miracle au gouvernement lui-même. Or, de bonne foi, faut-il une longue réflexion pour expliquer de tels phénomènes? Quand en rapportera-t-on le mérite au travail, à l'épargne, à la richesse de la nation, à l'immense développement de notre production agricole et industrielle? Eux seuls ont permis, dans les plus néfastes années de notre histoire, de payer la rançon de la France, de relever la patrie se survivant à elle-même, d'offrir en un mot aux regards étonnés de l'univers le spectacle du crédit le plus florissant succédant aux plus cruels désastres.

· Les ouvriers d'Angleterre ont bien su, dans leur sens pratique, discerner cette vérité; aussi n'ont-ils cessé de poursuivre, hors des voies de la politique, le grand but du relèvement de leur condition. C'est à l'ombre de la légalité que se sont formées ces puissantes associations qui enserrent dans le même réseau de défense tous les groupes ouvriers du Royaume-Uni. C'est hors de la violence et sous l'abri des lois que les *trades-unions* se sont constituées et développées, que les salaires se sont élevés, que l'épargne et le crédit ont offert aux ouvriers anglais de puissants moyens d'action, de production et de bien-être.

Ne craignons donc pas de démasquer aux yeux des ouvriers français le mal que leur fait la politique et de parler sur ce sujet, peu abordé jusqu'ici ou assez mal compris, le langage d'une entière franchise.

La politique, dans un pays de suffrage universel, envahit l'atelier, passionne l'ouvrier, irrite ses désirs et le pousse un jour ou l'autre à revendiquer par la violence ses droits méconnus. De là les sanglantes journées de juin 1848 et la sauvage insurrection du 18 mars 1871. De là, dans des temps moins troublés, ces grèves où le sang des ouvriers a été répandu, comme au Creuzot, à la Ricamarie. De là enfin ces choix irréfléchis ou burlesques qui ont si souvent donné pour représentants aux populations ouvrières des hommes dont les opinions excentriques ou les doctrines dangereuses deviennent un sujet d'inquiétudes pour les gouvernements.

Il est résulté de ces excès et de ces fautes successives les plus funestes conséquences. Les idées des ouvriers, leurs revendications les plus légitimes se présentent alors dans leurs manifestations extérieures comme n'étant point en harmonie avec les principes de stabilité et de sécurité qui sont la base de toute société bien organisée. Ainsi naissent la suspicion ou l'ostracisme dont les représentants des masses ouvrières ont été si souvent l'objet dans le concert gouvernemental. Ainsi croissent les épouvantes qu'inspirent les revendications, même les plus sérieuses, des hommes vivant du travail à ceux qui possèdent la propriété et le capital. Pour en finir d'un mot, de là vient l'enrayement du progrès social.

Indiquer le mal, n'est-ce pas déjà se mettre à la recherche du remède ?

Dans l'enquête de 1872-1875, les mêmes dépo-

sants qui rendent le mieux justice au caractère de
l'ouvrier des grandes villes, à ses instincts généreux, à ses sentiments de bienfaisance, à son légitime désir d'élever sa condition par l'instruction, à
son respect de ceux qui ont acquis par leurs œuvres
une position honorable, ces mêmes déposants, après
avoir rendu hommage à tant de nobles qualités, ajoutent cette observation empreinte d'amertume :

« Les ouvriers des villes sont mauvais en masse ;
pris isolément, ils sont bons, à de rares exceptions
près ; ce sont les préjugés, les excitations politiques
qui les poussent entre eux à l'irritation, à l'envie,
parfois à la révolte [1]. »

Un grand nombre d'ouvriers, dans les centres
industriels, lisent habituellement les journaux politiques. Leur choix ne se porte pas sur ceux qui
cherchent à faire prévaloir les idées de modération,
de bonne harmonie et d'apaisement ; les plus violents
ont leur préférence.

Les tentatives faites pour répandre parmi les ouvriers les journaux conservateurs (et nous parlons
des organes les plus attachés aux institutions consti-
tutionnelles du pays), toutes ces tentatives ont été
vaines et ont misérablement échoué. « La presse
démagogique, c'est l'avis de tous les chefs d'industrie, fait dans l'esprit d'un très-grand nombre d'ou-

[1] Archives de l'Assemblée nationale, 1872-1875.

vriers un mal irréparable. » Non-seulement les
ouvriers lisent hors de l'atelier, mais dans l'atelier
même, les journaux qui flattent leurs préférences
politiques. Ainsi, dans beaucoup d'ateliers où le travail n'est pas bruyant, comme dans la peinture sur
porcelaine, les ouvriers payent un lecteur au moyen
d'une retenue sur leur salaire, pour être quotidien-
nement tenus au courànt de la politique démagogique.

Ce goût pour la pâture quotidienne des doctrines
socialistes n'est point particulier aux ouvriers français, on le retrouve en Allemagne. A Stuttgard, les
ouvriers tailleurs ont menacé de se mettre en grève
parce que les patrons voulaient interdire dans les
ateliers la lecture à haute voix des journaux socialistes. Les patrons ont cédé et l'usage de ces lectures
persiste de plus belle [1].

L'esprit des ouvriers, au lieu de puiser ainsi dans
le travail de salutaires influences, s'imprègne pendant les heures passées à l'atelier de doctrines fausses
et irritantes; les réunions du soir en enflamment
ensuite l'exaltation. A Commentry, Rive-de-Gier,
Saint-Étienne, les ouvriers des hauts-fourneaux se
réunissent à la sortie de l'usine en chambrées de
trois ou quatre et font la lecture en commun du
Rappel, de la *Tribune*, des *Droits de l'Homme*.

[1] TISSOT : *Voyage au pays des milliards.*

Une observation dont on ne peut méconnaître la justesse a été ainsi relevée par un éminent publiciste : « La politique conduit inévitablement les ouvriers à mal. Ils en sont tourmentés, les partis se les disputent en vue des élections, c'est là une source permanente de désordre et de trouble moral. Si les ouvriers ne s'occupaient pas de politique, ils seraient tranquilles et heureux. Ils seraient peut-être à un niveau moins élevé dans l'ordre social ou politique, mais cette cause de troubles et d'agitations disparaîtrait ; cela les pousse aux grèves, à la lutte contre les patrons ; ce danger disparaîtrait le jour où ils seraient détournés de la politique. Ils savent bien qu'ils ne peuvent arriver à des conditions inespérées, aux emplois publics ; il faudra toujours dans le monde des classes laborieuses, et il y aura toujours à côté des hommes qui travaillent d'autres qui jouissent de la fortune acquise par le travail ou l'héritage. Il faut donc bien comprendre que l'oisiveté, le plaisir ne peuvent être le bonheur pour l'ouvrier non plus que pour aucun homme, et que des satisfactions meilleures sont réservées à ceux qui marchent dans la vie avec le sentiment du devoir et l'esprit de sacrifice. »

Ce langage de raison et de sagesse serait-il entendu quand tout conspire autour des ouvriers pour égarer leur esprit ou pervertir leur cœur ? Tous les empoisonnent de mauvaises doctrines, les patrons par ambition ou par peur, les associations syndicales par système, la presse démagogique par intérêt.

On doit du reste le constater, il s'est produit depuis quelque temps une grande détente dans l'esprit des ouvriers pour les ardeurs de la politique. Les mécomptes inséparables des promesses vaines et fausses, la désillusion des espérances fondées sur le triomphe des théories républicaines, en sont sans doute la cause. Le certain, c'est que les meneurs du parti radical se plaignent amèrement de ce refroidissement; ils accusent et incitent les indifférents [1]. Cette amélioration dans l'état des esprits inspirera aux conservateurs d'autant plus de satisfaction qu'elle est l'objet des plaintes de ceux qui tirent avantage de l'exaltation des opinions et des fureurs de la politique.

A Dieu ne plaise que nous voulions détourner les ouvriers de l'exercice de leurs droits civiques. C'est là un devoir qui s'impose à tous les citoyens. Nous avons d'ailleurs confiance dans le bon sens et la raison des ouvriers pris isolément, laissés à leurs libres préférences, affranchis de la pression des meneurs et des agitateurs qui les abusent.

Les ouvriers ont réclamé au congrès de Paris la représentation directe du prolétariat au parlement. S'ils y voient un moyen de lier davantage leurs aspirations à la politique radicale, ce sera une nou-

---

[1] Journal *le Rappel*. Bulletin du travail, octobre 1876.

velle faute commise. S'ils entendent au contraire
prendre dans leurs rangs les défenseurs de leurs
intérêts matériels et économiques, ils ont raison de
réclamer cette représentation. Trahis et bafoués par
les opportunistes, dont ils faisaient jadis leurs idoles,
les ouvriers ont le droit de se montrer défiants.
Peut-être comprendront-ils enfin que les programmes politiques confondus avec les questions économiques ne sont que des marchepieds fabriqués par
l'ambition. Les ouvriers seront-ils mieux servis par
les leurs? Nous le croirons sans peine le jour où
ils consentiront à séparer la politique de leur cause.

L'intrusion que nous combattons de la politique
dans les intérêts ouvriers n'est pas l'opinion honnête
et indépendante qui attache tout homme à une
forme de gouvernement préférée. Toute conviction est respectable. Nous condamnons ici les agissements des partis à qui les questions sociales servent
de drapeau pour enrégimenter les bataillons des travailleurs, égarer des majorités sous l'action occulte
d'une minorité agissante et dominatrice, pousser les
masses aveugles à la révolte et au crime. Cette politique est celle dont la légende est inscrite sur les
monuments incendiés de Paris. C'est celle qui, dans
les rapports des délégations ouvrières, revendique
avec apparat « le triomphe de la justice, de la liberté, le mieux-être de l'humanité et la prospérité de
la République, *non-seulement en France*, mais *dans*

l'univers entier. » Revendication soi-disant humanitaire, mais dont le caractère international et cosmopolite tend surtout à effacer jusqu'au sentiment
sacré de la patrie.

En réponse à ces appels d'une politique de passion et de système, nous disons, nous, aux ouvriers :
On vous trompe, on vous égare, on fausse la saine
notion de vos intérêts; affranchissez-vous du joug
d'une minorité oppressive, qui vous humilie et vous
asservit !

L'esprit des ouvriers sous de telles influences se
laisse, on le conçoit facilement, entraîner au rêve
des solutions sociales qui présentent le mirage d'une
transformation prochaine et soudaine de leur condition.

Ce n'est pas qu'aujourd'hui le bon sens et les lumières de l'ouvrier ne fassent justice de certaines
utopies socialistes qui l'ont pu jadis égarer; mais il
subit lui-même, sans y croire, l'influence de théories
perfidement imaginées pour flatter ses idées d'égalité,
parfois même des sentiments d'envie et des appétits
toujours prêts à s'éveiller au milieu des privations
d'une vie difficile. A toute époque, dans toute société civilisée, le socialisme, sous des formes diverses,
a eu ses adeptes et fait des victimes. Il a habilement
approprié ses systèmes aux aspirations, aux intérêts
auxquels il s'est adressé. Cet insaisissable Protée est,
sous ses formes multiples, l'éternelle revendication

de ceux qui souffrent et peinent contre ceux qui jouissent et se reposent. C'est la révolte éternelle contre les décrets de la Providence, qui ont placé les uns au bas de l'échelle sociale, tandis que les autres en occupent les degrés supérieurs.

Ce n'est point ici le lieu de remonter aux origines des doctrines socialistes.

Les divers systèmes de division agraire et le rude communisme de Thomas Morus, de Campanella, de Morèli, ne sont point faits aujourd'hui pour séduire des hommes que ne portent pas en général au socialisme l'amour du travail ni l'austérité de la vertu.

La théorie sociale préconisée sous le Directoire par Babœuf, en forme de protestation contre les mœurs de l'époque, ne s'accommoderait pas davantage aux goûts et aux habitudes actuelles de l'ouvrier parisien. *L'organisation du travail commun et égalitaire,* base de cette doctrine, ne semble pas promettre à ses adeptes une somme suffisante de jouissances matérielles. Qui voudrait d'ailleurs mettre en pratique aujourd'hui des prescriptions égalitaires dont les premiers effets seraient de façonner les mœurs des matérialistes contemporains, à l'imitation de celles des chrétiens de la primitive Église, en les assujettissant à de fraternelles agapes et à une vie en commun assez semblable à la vie conventuelle ou cénobitique? A quel prix voudraient-ils de

cette application fondamentale du babouvisme :
« *Tous les produits sont donnés à chacun dans la
mesure de ses besoins, tous mangent à la même
table, et une rude discipline doit maintenir les citoyens sous le niveau égalitaire ?* »

Les doctrines philosophiques de Robert Owen, de
Saint-Simon et de Fourrier, faites tout au plus pour
séduire quelques ouvriers rêveurs de la nébuleuse
Allemagne, ne pourraient aujourd'hui avoir la moindre prise sur l'esprit des ouvriers français. Ces
systèmes de réorganisation sociale sont basés sur
des idées trop sentimentales et trop abstraites pour
qu'elles soient fort accessibles aux masses populaires. Elles portent d'ailleurs l'empreinte ineffaçable
des railleries que leur ont attirées leurs étranges
conceptions et la forme bizarre de leurs manifestations extérieures. Elles ne se relèveront point du
ridicule qui, en tuant tout en France, fait si souvent
de justes exécutions. Les applications de ces doctrines, tentées par l'école phalanstérienne, n'ont jamais constitué un danger sérieux; elles ont été condamnées par les arrêts du bon sens et de la gaieté
française. Tel fut le sort du système communiste de
Cabet. Après avoir fait, dans la génération ouvrière de 1830 à 1848, de nombreux prosélytes, il
subit une rude et retentissante chute à l'épreuve de
la pratique, et laissa à sa suite peu d'esprits disposés
à croire aux merveilles du *Voyage en Icarie*, ni

tentés de recommencer les aventures lamentables de l'établissement du Texas.

Proudhon lui-même, si implacable dans sa haine des écoles rivales, ne put jamais trouver une formule accessible aux masses dans son système de la *Gratuité du crédit*. Ses doctrines ont marqué avec éclat leur place dans les études spéculatives, elles n'ont point pénétré dans l'esprit des populations ouvrières.

Un péril plus grave menaçait, en 1848, la société française. Un immense engouement portait le peuple de Paris vers l'application du système de l'*Organisation du travail* de M. Louis Blanc. Le gouvernement dut faire la part de cette faveur de l'opinion, les ateliers nationaux furent constitués. .

Bientôt ces ateliers donnèrent le spectacle de l'impuissance et du désordre; leur dispersion, devenue nécessaire, entraîna à sa suite l'émeute de juin 1848. Combien d'égarés payèrent alors de leur sang l'expérience de ces rêves dont les propagateurs prudents ne tombent jamais sur les barricades !

Le bilan des utopies socialistes s'est ainsi toujours soldé, quand elles ont voulu aborder l'épreuve de la vie réelle, par de cruels mécomptes ou de tragiques dénouements.

Les ouvriers de nos jours ne l'ont pas oublié. Les habiles qui veulent surprendre leur esprit et les dominer ne l'ignorent pas. Tous ont un égal dédain de ces moyens surannés. « L'effort est épuisé, observe spirituellement M. Louis Reybaud, la veine tarie! Si l'esprit de vertige reprend encore le dessus, ce sera sous une autre forme et avec d'autres illuminés; le vide est déjà fait autour de ceux qui naguère occupaient la scène. On a vu les idées à l'essai et les hommes à l'œuvre; la même foule qui battait des mains à ces régénérateurs de l'humanité ne les accueillerait aujourd'hui qu'avec des sifflets et procéderait au besoin à leur exécution. »

Mais, hélas! si les ouvriers sont corrigés de certaines utopies, les dispositions naturelles à leur esprit, sont accessible à toutes les chimères, subsistent; elles vivront aussi longtemps que la faiblesse humaine ou les passions qui l'égarent. Le rêve dissipé, l'erreur condamnée, les exploiteurs de popularité s'adressent à la réalité vraie; ils vont au cœur d'indestructibles souffrances, font appel aux appétits mal satisfaits, à l'envie opiniâtre et haineuse. A ceux-là les études spéculatives paraissent trop lentes pour accomplir leur œuvre, l'impatience les gagne, ils ont hâte de jouir. Voyez-les agir.

Toutes les manifestations publiques du parti socialiste, dans les congrès de Genève et de Bruxelles, dans les menées de l'Internationale, dans les décrets de son règne éphémère sous la Commune, démontrent l'inanité, l'incertitude, l'indifférence même de tout système en regard d'un objectif fixe et nettement déterminé. Cet objectif du néo-socialisme contemporain est la dépossession de la richesse ; ses moyens, la guerre au capital.

Cette doctrine, brutale comme un fait, frappe directement l'esprit de la masse ouvrière en s'adressant à des besoins et à des appétits. Sa théorie ne se raisonne pas, elle sollicite les instincts d'un matérialisme grossier, elle tente et corrompt les consciences.

C'est là le mot d'ordre, le battement du rappel de l'ancien socialisme, jetant son cri de ralliement aux doctrines nouvelles. Écoutez-en les échos dans les rapports des délégations ouvrières à l'Exposition de Vienne : le capital y est dénoncé comme l'ennemi du bien-être de l'ouvrier, l'entrave du progrès.

Le rapport des menuisiers en meubles sculptés de Paris contient cette déclaration significative :

« Tant que la répartition des richesses sociales sera faite par des intermédiaires prélevant à leur profit exclusif un excédant que la loi commerciale reconnaît leur appartenir, le salaire, quel qu'il soit, sera insuffisant pour couvrir les dépenses nécessaires ; et le prolétariat sera seul à supporter le double fardeau de l'exploitation, qui, comme une lèpre, s'étend et ronge sans cesse producteurs et consommateurs, en s'appropriant chaque année un capital de six milliards au moins, dont la plus grande partie devrait constituer le bien-être des travailleurs. »

Ainsi dans ces rapports se reproduit avec persistance l'idée d'une spoliation, faite par le capital, des droits, on pourrait dire du patrimoine de l'ouvrier. Le préambule du *Rapport d'ensemble* déclare solennellement : « Qu'en s'occupant eux-mêmes de leur affranchissement, les travailleurs veulent avant tout réaliser l'idée de justice. » Or, cette réalisation consiste simplement à leurs yeux à faire prendre aux uns la place des autres dans le domaine de la richesse.

Pour atteindre ce but, il faut agir avec énergie, s'affranchir du joug du salariat et marcher d'un commun accord à la destruction du *parasitisme* bourgeois. Les efforts isolés seraient impuissants à accomplir cette glorieuse tâche. Les néo-socialistes devront donc grouper toutes les forces ouvrières, serrer les rangs dans le bataillon de *l'association coopérative*, et s'avancer ensemble à la conquête du capital.

Voici le plan de campagne tracé sous une forme nette et claire, par les conclusions du Rapport d'ensemble[1] : « Il faut dégager de la situation toutes les conséquences qu'elle comporte et entrer dans la voie pratique de l'association coopérative ; car non-seulement il n'est pas possible de marcher en arrière, mais il est tout aussi impossible de ne pas marcher

[1] Rapport d'ensemble de la délégation ouvrière à l'Exposition de Vienne.

en avant, et, disons-le hautement, le prolétariat n'est pas recevable dans ses plaintes lorsqu'il ne fait aucun effort pour sortir de l'impasse du salariat où il se trouve acculé. Il reconnaît que les salaires sont complétement insuffisants, que l'apprentissage est illusoire, que la propagation des machines, excellente en soi, est une des causes de l'inégalité d la lutte qu'il soutient, tant qu'il n'aura pas su s'en approprier les bienfaits; il sait que les abus de toute s sortes peuvent disparaître par la coopération, qu'elle doit en outre élever le niveau moral et intellectuel, régénérer l'industrie, détruire le parasitisme, paralyser toutes les spéculations immorales, etc., etc.; il ne lui reste donc qu'à sortir de son apathie, à agir rapidement et énergiquement, avec tous les moyens d'action dont il dispose, en vue de réaliser toutes ses aspirations et de prendre la place qui lui appartient dans l'ordre social. »

Sous une forme plus modérée en apparence, le congrès de Paris, en octobre 1876, a formulé le même programme. Il se résume dans ces deux mots : *association* et *coopération*. La question de l'association ne saurait être traitée d'une manière incidente; nous aurons à y revenir et à montrer comment l'on peut, dans l'application de son principe, séparer l'ivraie du bon grain. Quant à la coopération, les ouvriers la réclament et en parlent beaucoup sans avoir grande confiance, ni dans ses avantages, ni dans son succès définitif. Les expériences de sociétés coopératives tentées en France n'ont pas été assez heureuses, ni assez concluantes pour que l'on confie à leur fortune incertaine tout l'espoir de l'avenir. L'insistance des délégués et des orateurs du congrès sur les bienfaits de la coopération tient surtout à ce qu'elle offre un thème facile de déclamation contre le capital, sur lequel ils aiment à revenir. Le capital est, en effet, le grand objectif, la citadelle dont il faut faire le siége et s'emparer à tout prix. Au fond, les moyens économiques paraissent trop lents et trop incertains pour parvenir au but. L'heure venue, des mesures plus radicales, violentes peut-être, y pourvoiraient. Les impatients en ont laissé échapper l'aveu dans un mot acclamé par tout l'auditoire du congrès. Ce mot, nous le redisons dans son âpre franchise : *mort au capital.*

Industriels et rentiers, vous voilà bien avertis ; l'armée des travailleurs marche en avant, et vainement vous tenteriez aujourd'hui d'arrêter ses pas rapides. Qu'avez-vous fait pour éclairer ces esprits égarés ? qu'avez-vous fait depuis quatre-vingts ans pour moraliser ces consciences ?

Nous reconnaîtrons, si vous le voulez, que les congrès, les délégations, les *chambres syndicales* ne comptent encore qu'une faible minorité d'adhérents dans les populations ouvrières. Leur action est peut-être même plus bruyante qu'effective ; mais, on ne peut se le dissimuler, il existe un trait d'union entre cette minorité et le plus grand nombre des ouvriers sur le terrain de la politique démocratique et sociale. On ne saurait céler davantage qu'une presse nombreuse, ardente, pleine de sève et de talent, s'est mise au service des vues de l'union syndicale des corporations ouvrières. Les échos en retentissent, pourquoi le nier, dans les plus petits ateliers de Paris et de la province ; et si jamais, ce qu'à Dieu ne plaise, un souffle d'impatience et de colère passait sur ces masses abusées par les excitations démagogiques, au premier cri de ralliement une immense armée pourrait déployer son sinistre étendard.

Que faire ? diront les timides, les intéressés, les politiques, ceux surtout qui flattent bassement la foule ; ceux qui se plaisent à caresser de la main la rude crinière du lion populaire.

Que faire ? le voici : aller ouvertement au devant des besoins, des aspirations, des revendications de la masse ouvrière. Faire discerner aux hommes de bonne foi le vrai du faux. Pour cela : éclairer, moraliser, défendre les pieux respects et les saintes croyances ; ouvrir à la liberté et à la lumière les portes de l'association fermées sur les conciliabules occultes ; ne point faire de la liberté du travail individuel le champ clos des luttes du monopole ; reconnaître que l'union des faibles est le premier, le

13.

plus nécessaire des besoins; favoriser la famille par d'utiles institutions; aimer la jeunesse, la faire bonne par l'éducation, pour rendre un jour la nation meilleure.

CHAPITRE VIII

Erreurs économiques des ouvriers sur la rémunération du travail. — L'association coopérative et la participation aux
bénéfices. — Le caractère moral et légal du salaire. — L'enseignement populaire de l'économie politique.

Les orateurs du congrès de Paris se sont beaucoup recommandés de la science économique. Nous
verrions assurément avec joie les ouvriers tourner
leurs vues vers cette étude : l'économie politique
étant l'ennemie née des doctrines socialistes. Les
prétentions doctorales des délégués ne peuvent cependant être considérées que comme l'expression
du désir d'apprendre, si l'on en juge par les connaissances qui leur manquent.

Les ouvriers assurément retireraient grand profit
des saines notions économiques. Si leurs illusions
et leurs égarements sur les questions sociales deviennent parfois une source de désordres dans un
État bien organisé, leurs préjugés et leurs erreurs
en matière économique portent surtout atteinte à
leurs propres intérêts. C'est là, pour des hommes

de bonne foi, une cause de douloureux mécomptes et de souffrances imméritées.

La question du salaire est plus particulièrement celle qui préoccupe aujourd'hui l'esprit des populations ouvrières. Rien de plus naturel, sans doute, que leurs efforts pour favoriser l'accroissement du salaire, de plus juste que leur désir de le mettre en harmonie avec les conditions nouvelles de la vie moderne et la progression constante du prix des objets de consommation. Tant que ces efforts se produisent dans la sphère de la liberté individuelle et sous une forme respectueuse de la légalité, on ne peut qu'applaudir au légitime exercice d'un droit.

Ce n'est point le lieu de traiter ici des grèves, des coalitions et des unions de résistance. On aurait à faire, dans ces revendications des corps d'état, la part respective du droit et de l'abus; cette étude nous entraînerait hors du cadre de notre sujet.

Mais nous ne pouvons, au point de vue moral où nous sommes placés, négliger d'étudier les influences du salaire, son caractère, sa légitimité, l'utilité de ses effets. Là, nous nous trouvons sur le terrain économique, en face de doctrines qui tendent à détruire le salaire pour le remplacer par un autre moyen de rémunération du travail, mieux en harmonie avec les aspirations nouvelles.

Les ouvriers, nous l'avons vu, prétendent arriver par l'association coopérative à l'affranchissement du salariat. Ils se placent sur ce terrain en antagonisme déclaré contre le capital, dans sa représentation directe, le patronat. Cette doctrine chimérique ne trouve, il est vrai, crédit qu'auprès d'esprits déjà prévenus. Peut-être est-elle moins dangereuse que le système, fort séduisant, de la substitution au salaire d'une rétribution proportionnelle aux produits. Ce système est accrédité par un certain nombre de publicistes, d'économistes et d'industriels philanthropes.

Le nouvel équivalent du travail, proposé par les économistes de cette école, est *la participation aux bénéfices,* c'est-à-dire la coopération de l'ouvrier et du patron en vue de la répartition des résultats de la production commune. C'est, on le voit, un système mixte entre le régime actuel du salaire et celui de l'association coopérative, formée entre ouvriers seulement à l'exclusion des patrons.

Or, l'un et l'autre de ces systèmes présentent l'indéniable danger de discréditer le salaire, en le faisant considérer comme blessant pour la dignité humaine. On porte ainsi l'ouvrier à tourner ses efforts, au préjudice de ses intérêts, vers des moyens d'utilisation de son travail moins avantageux et moins en rapport avec ses aptitudes, en les lui présentant comme mieux conformes au respect de la liberté individuelle. On favorise ainsi la tendance de plus en plus accentuée, de plus en plus persistante, des ouvriers, à rechercher la conversion du salaire en un moyen plus rapide d'élever leur condition actuelle du salariat au patronat. De là un plus vif engouement pour les théories creuses de l'association coopérative.

Beaucoup de déposants, dans les dernières enquêtes, sont tombés dans une confusion très-fâcheuse entre le système des primes et celui de la participation aux bénéfices. Souvent même la confusion est intentionnelle de la part de patrons qui veulent flatter l'opinion de leurs ouvriers. Or, dans l'intérêt moral, le seul dont nous nous préoccupions ici, le système des primes paraît pratique et utile; il est à la fois la récompense de la capacité et de la bonne conduite; il attache l'ouvrier à son travail, à son atelier, à son patron. Dans les nombreuses industries où ce système est appliqué : l'industrie des mines, comme à Anzin et à la Grand'-Combe; celle de la cristallerie, comme à Baccarat; celle de la papeterie, comme à Vidalon-les-Annonay ou chez M. Laroche-Joubert; l'imprimerie, chez M. Mame à Tours et M. Chaix à Paris; partout on en apprécie les bons effets. Nous ne pouvions passer sous silence une institution de la grande industrie qui fait à la fois tant d'honneur aux sentiments généreux de ses chefs et rend de signalés services aux intérêts moraux des populations ouvrières.

La participation aux bénéfices, que l'on présente

au contraire comme la revendication d'un droit, rend l'ouvrier soupçonneux et méfiant à l'égard du patron, l'abuse sur sa propre situation, l'égare. Elle lui donne les illusions de la fortune dans les jours de prospérité, et l'exposerait, en cas de revers, à des pertes et à la misère.

Ce système, pour être préconisé, a-t-il d'ailleurs fait ses preuves?

La plupart des industriels, M. Laroche-Joubert tout le premier[1], qui prétendent avoir expérimenté la participation aux bénéfices se méprennent sur sa dénomination; ils se payent de mots et ne sont point sérieusement entrés dans l'exercice pratique de ce système. Il ne peut y avoir en effet d'association véritable, de participation aux bénéfices, sans la réciprocité des chances de gain ou de perte; sans le contrôle des ouvriers sur les livres et le chiffre des affaires du patron; sans la direction commune de l'outillage et des procédés de la fabrication. Or, si quelques industriels ont admis, pour la forme, la présence d'un délégué des ouvriers dans les conseils de l'entreprise, aucun jusqu'ici n'a accepté d'eux la discussion de sa direction, la coopération ou la résistance au développement de ses affaires. La participation aux bénéfices, avec son véritable caractère

[1] Déposition de M. Laroche-Joubert dans l'enquête de 1872-1875.

économique et juridique, constituerait l'industriel en gérant de ses ouvriers, lui imposerait les responsabilités de cette fonction et donnerait à ceux-ci droit à une liquidation en cas de difficultés. A ce prix, qui en veut? Où l'a-t-on pratiquée, dans ces conditions, les seules légales?

Le système, tel que le présentent certains industriels, est donc un leurre et une chimère : il pourrait de plus devenir une dangereuse illusion en faisant croire aux ouvriers qu'il donne satisfaction aux théories de la coopération et de l'exploitation collective du capital. De la participation aux bénéfices, pour celui dont le travail matériel fait marcher l'usine, à l'exclusion de celui qui y apporte uniquement le capital et l'esprit de direction, il n'y a qu'un pas; c'est le rôle des agitateurs et des utopistes de le faire franchir aux ouvriers égarés.

Les observations présentées par MM. Wolf et Pleyel, dans l'enquête de 1872-1875, apprécient sainement le système de la participation aux bénéfices. Voici comment ces industriels en dénoncent l'inanité :

« Tout droit suppose un contrôle. Si l'on accorde aux ouvriers un tant pour cent sur les bénéfices, il faut qu'ils puissent vérifier les inventaires, inspecter les écritures. Quel est le chef de fabrique qui accepterait une pareille surveillance de la part d'un personnel qu'aucune responsabilité fixe n'enchaîne

à l'entreprise, qui est absolument indépendant vis-
à-vis de la société pour le compte de laquelle il
travaille? Si l'on écarte le droit aux bénéfices et le
droit de contrôle, on se trouve en face d'une simple
combinaison qu'il vaudrait mieux ne pas qualifier
d'un nom nouveau et qui rentre tantôt dans un acte
de pure générosité, tantôt dans un calcul bien entendu de la part du capital. Que les chefs d'industrie
abandonnent, dans les années heureuses, une partie
de leurs bénéfices, soulagent des souffrances, contribuent par de généreuses subventions à l'amélioration
physique et morale de la condition de ceux qui les
entourent, c'est ce que nous approuvons fort et ce
que nous pratiquons sous diverses formes, tels que
secours aux maladies, pensions de retraite, écoles,
cours d'apprentissage, etc. Mais il n'est pas là
question d'une obligation qui supprimerait la spon-
tanéité et la liberté du donateur, ni d'un droit qui
exclurait la gratitude envers ceux qui ont fait le
sacrifice. »

La participation aux bénéfices, si elle devenait
praticable, resterait d'ailleurs restreinte aux industries où l'habileté de la main de l'ouvrier et le bon
emploi des matières jouent un rôle prépondérant
sur l'esprit de direction. Ainsi un grand entrepreneur de peinture, M. Leclair, déclare que, pour lui,
la participation est le moyen le moins coûteux et le
plus sûr de contrôler ses ouvriers dispersés dans la

ville et à la campagne ; ce moyen les encourage à l'économie des matières qui leur sont confiées.

Comment appliquer le même système à des industries où le développement de l'outillage, le prix des matières premières, la capacité personnelle des chefs exercent la plus grande influence sur les bénéfices ? Dans celles-là, comme dans les papeteries de M. Laroche-Joubert ou celles de M. Abadie au Theil, on reconnaît bien aux ouvriers le droit d'applaudir aux bons résultats que produit l'entreprise et d'en bénéficier; mais on ne les admet pas à critiquer les opérations, à les régler eux-mêmes, à intervenir dans la direction des affaires.

La participation aux bénéfices a été également tentée dans les manufactures de tapis de M. Sallandrouze à Aubusson, avec ce caractère de bienfaisance et d'encouragement qui la différencie profondément d'une association commerciale. « Le but, selon l'expression même du déposant[1], était avant tout de faire une œuvre morale. »

Même dans ces limites et avec ces réserves, on a pu observer, de la part des ouvriers, un sentiment de méfiance envers une œuvre émanée de l'initiative des patrons. « Ils n'ont pu, ajoute le même déposant, cacher leur étonnement de voir une chose si étrange, qu'un patron puisse se préoccuper d'eux et de leur

---

[1] Enquête 1872-1875

avenir. » Aussi ce sont les faibles salaires qui accueillent ces organisations avec le plus d'empressement et de gratitude, tandis que les ouvriers les plus rétribués se tiennent en défiance et en quelque sorte sur la défensive. Tant il est vrai que la participation aux bénéfices ne peut se départir de son véritable rôle, celui d'assistance ou de récompense, celui par où elle est assimilable à l'institution des primes d'encouragement.

C'est dans les ateliers d'imprimerie principalement que le système de la participation aux bénéfices a paru prendre le plus de faveur. MM. Godchaux, imprimeurs à Paris, ont formé pour leurs ouvriers une caisse spéciale où ils versent chaque année 5 0/0 des bénéfices réalisés par leur maison. Une moitié de cette somme est immédiatement partagée entre les employés et les ouvriers, au prorata de leur salaire; l'autre moitié est destinée à former un fonds de réserve affecté au service de pensions viagères dont le maximum peut atteindre mille francs, soit pour ancienneté de services, soit pour infirmités ou blessures.

Dans l'imprimerie Chaix, tout un système particulier de prévoyance a été organisé : une caisse de participation aux bénéfices y est alimentée au moyen d'un prélèvement de 15 pour 100 par an sur les bénéfices généraux de l'entreprise; un tiers est remis chaque année aux ouvriers participants;

un tiers est porté au compte de chaque ouvrier pour lui constituer une retraite ; le dernier tiers est versé dans un fonds de réserve au partage duquel prennent part les participants ayant soixante ans d'âge ou comptant vingt ans de services.

M. Lavollée, rendant compte de ces organisations diverses, critique en principe le système de la participation aux bénéfices, et ajoute cette observation judicieuse : « Ce qui nous frappe le plus, c'est que le système n'est applicable qu'à un nombre restreint d'ateliers ; il exige une abondance de ressources, des résultats et des conditions de durée qui ne se rencontrent que rarement et auxquels, en ce qui concerne la durée des engagements, nos lois civiles feraient obstacle autant et même plus que la loi naturelle. »

Si l'on veut bien se rendre compte, en effet, du régime général des ateliers grands et petits, si l'on prend en considération les vicissitudes diverses et les conditions si variées du travail, il est permis de mettre en doute que la plupart des patrons puissent jamais organiser sur des bases de sécurité et de stabilité une participation sérieuse aux bénéfices, alors que la pratique en semble si difficile dans les plus grandes industries elles-mêmes. Il convient donc de prémunir l'opinion contre des entreprises exposées à tant de mécomptes ; il convient surtout de prémunir les ouvriers eux-mêmes contre les espérances

chimériques que feraient naître dans leurs esprits
des tentatives non encore éprouvées à l'expérience.
Espérances ou illusions, une confiance imprudente
serait de nature à jeter le trouble dans des existences
laborieuses et à les détourner tout à la fois du travail et de l'épargne. « Cette déclaration est utile à
répéter, parce que, autrement, les ouvriers seraient
portés à croire que si tous les patrons ne procèdent
pas de même, c'est qu'ils ne le veulent pas. L'ani-
mosité si regrettable qui existe et qui est excitée
chaque jour contre les patrons ne pourrait que s'accroître, et l'on invoquerait contre tous les chefs
d'industrie les combinaisons bienveillantes et in-
génieuses qui ont pu être adoptées par quelques-
uns d'entre eux. Il convient d'accepter, d'approuver
toutes ces combinaisons, mais en rappelant que,
quoi que l'on fasse, le salaire, dénoncé constamment
comme un signe de servitude, est et demeurera toujours le meilleur mode de rémunération, le plus
sûr, le plus libre.[1] »

Le salaire est en effet l'équivalent le plus digne
du travail. C'est le résultat d'un contrat intervenu
entre celui qui emploie et celui qui est employé.
Ce contrat, avec son caractère synallagmatique, laisse
à chacune des parties sa liberté ; il dégage l'ouvrier,
sa tâche accomplie, de toute obligation. Ainsi, le

[1] M. Lavollée : *Rapport à la société d'encouragement à
l'industrie.*

salaire n'implique aucune sujétion, aucun sacrifice de la volonté, et il serait difficile de trouver un mode de rémunération qui dégageât mieux les intérêts de la liberté du travail.

L'homme est sans doute forcé, dans le fonctionnement actuel de la société comme dans tous les âges de l'humanité, de gagner sa vie à la sueur de son front; c'est là la loi providentielle de son origine. Mais aujourd'hui, du moins, ce que les salariés gagnent par le travail, ils le reçoivent sans aucune condition humiliante et ils sont assurés de le conserver.

Les inégalités artificielles, les priviléges abusifs, l'exploitation industrielle tendent de plus en plus à disparaître devant l'esprit de justice, dans les rapports entre ouvriers et patrons. L'amélioration de sa condition, que l'ouvrier est en droit d'attendre du progrès général dans l'ordre économique et social, n'a pas besoin d'être demandée à des moyens chimériques, ni à des procédés empiriques; elle s'accomplit sans efforts violents et dans une progression constante. Le développement des facultés physiques et intellectuelles, le perfectionnement moral et professionnel, l'instrument de l'épargne suffisent pour atteindre un résultat si désirable.

Tout homme formé à l'expérience de la vie, maître de sa volonté, indépendant et responsable, comprendra qu'il sert ses intérêts les plus chers en ne

portant pas le trouble dans les relations normales, et acceptées par tous, du travail et de la production. La raison lui commande de ne point s'écarter d'une voie de patience et de modération qui lui est à la fois indiquée par le bon sens et l'honnêteté, d'accord en cela avec la connaissance des vérités économiques. Le bon sens, il est à l'état natif dans l'esprit de l'ouvrier français; il suffit d'y faire un sérieux et énergique appel pour être entendu. L'honnêteté, elle est dans son cœur. Il trouvera donc là un abri assuré contre de funestes erreurs.

Aux lumières naturelles de la raison et de la conscience, l'ouvrier, désireux de s'éclairer sur ses véritables intérêts, doit en ajouter de nouvelles, non plus seulement par l'instruction élémentaire qui s'acquiert sur les bancs de l'école, mais encore par l'étude de connaissances plus élevées, plus générales, répondant plus complétement aux besoins de toute existence humaine.

La science économique offre les principaux éléments de ces études que l'on a pu, à juste titre, appeler l'enseignement secondaire du travail.

L'étude de l'économie politique relève le caractère et l'indépendance de l'homme en lui apprenant à compter sur ses propres forces, à développer dans toute leur liberté d'action ses facultés physiques, morales et intellectuelles; elle confie à chacun le moyen d'assurer, par sa conduite et ses actes, son propre bonheur, au lieu de l'attendre de chimériques conceptions et de transformations soudaines de la société ; elle fait aimer et apprécier la vie réelle en montrant, à tous, les avantages qu'on en peut retirer par l'effort personnel, le travail et l'épargne.

L'économie politique repousse toutes les combinaisons imaginaires qui substituent à l'action individuelle la direction collective, et tentent de fonder la prospérité générale sur l'amoindrissement et l'assujettissement des droits de chacun. Cette science proscrit tous les systèmes qui veulent absorber au profit de la communauté l'activité personnelle de l'individu ; elle dénie à l'État le pouvoir de distribuer les richesses, de répartir le travail, de pourvoir au bien-être de tous ; elle affirme pour chaque citoyen le droit de conquérir l'aisance ou la fortune en fécondant ses efforts par de saines notions d'ordre et d'économie.

L'antinomie des principes opposés, d'où ils partent, fait de la science économique le plus dangereux adversaire du socialisme ; on ne saurait donc trop multiplier les moyens de répandre ses connaissances au sein des populations laborieuses.

Déjà, par une heureuse initiative [1], cet enseignement va pénétrer dans les écoles primaires commu-

---

[1] Proposition de M. Wilson à la commission du budget de 1877.

nales. On doit le mettre surtout à la portée des ouvriers adultes. L'économie politique n'est pas moins la science utile à la jeunesse que le conseil de la maturité.

Pour cela, trois moyens de vulgarisation se présentent à nous : les bibliothèques populaires, les cours d'adultes, les conférences.

Le livre, nous l'avons déjà dit et nous pouvons le redire ici, est pour tous le plus efficace moyen de compléter l'éducation première ; le choix doit seulement en être approprié à l'âge, aux besoins et aux intérêts de ceux à qui il s'adresse. — La création des bibliothèques populaires est donc une œuvre utile, considérable.

Cette utilité est généralement comprise ; partout où existe un groupe ouvrier important, une grande usine, un patron éclairé, la bibliothèque se fonde. Veille-t-on au choix du livre, condition non moins essentielle du bien à accomplir ? Il serait à désirer que chaque bibliothèque se peuplât d'abord de tous les livres techniques se rapportant à la profession de l'ouvrier ; puis des livres de morale générale, d'éducation pratique, d'économie domestique. Là est marquée la place de ces publications utiles et morales à la fois, dont le modèle nous vient de l'étranger. Le type s'en rencontre dans les populaires écrits de Franklin. Ces petits livres, et d'autres de la même famille sont répandus par milliers en Angleterre et aux États-Unis. L'ouvrier y trouve de bons conseils de morale journalière, joints aux éléments les plus simples et les plus pratiques de l'économie politique. Le livre ainsi entendu et répandu contribue efficacement aux progrès des esprits et à la moralisation des âmes.

Les cours d'adultes présentent un terrain très-propice pour la culture de toutes les notions pratiques. Les efforts de toute initiative intelligente et progressive tendent à leur développement. Ce mouvement trouve une faveur marquée dans l'opinion des ouvriers.

On signale la création de cours d'adultes dans la plupart des grandes entreprises industrielles. Il entre également dans les vues du ministère de l'instruction publique de les organiser partout. Les cours établis, la tâche n'est pas terminée; il faut s'attacher au programme; on demande en général que les études économiques y prennent une large place; elles s'associent fort utilement avec les études techniques professionnelles.

Veut-on une preuve des avantages de l'enseignement économique et professionel combinés dans les cours d'adultes? Nous la trouvons dans un important témoignage apporté à l'enquête de 1872-1875. Après avoir constaté les bons sentiments et les bonnes mœurs des ouvriers de Bordeaux, le rapport de la chambre de commerce de cette ville ajoute : « Cet

état général des ouvriers est dû en grande partie à
l'action de la *Société philomatique* qui, depuis
l'année 1839, a ouvert tous les soirs, du mois d'octobre au mois de mai, des cours pour les ouvriers
adultes. Il est peu de familles ouvrières qui n'aient eu
au moins un des leurs élevé, instruit et couronné
par la Société philomatique. »

Le nombre des ouvriers fréquentant les cours de
la société ne s'élève pas à moins de deux mille.
On y distribue dans une intelligente combinaison
l'enseignement moral, professionnel et économique.

La Société philomatique est l'œuvre collective
de grands industriels, de magistrats, d'hommes de
science qui se font tour à tour surveillants, maîtres
d'études, professeurs.

De cette confusion des rangs sur le terrain égalitaire de l'instruction, est sorti pour les ouvriers de
Bordeaux un enseignement non moins utile que celui
des connaissances professionnelles. Ils ont appris là
à apprécier, à aimer peut-être ceux qu'ailleurs la
masse populaire est trop portée à calomnier et à
haïr sans les connaître.

Il est de mode aujourd'hui de préconiser les
avantages des conférences faites aux ouvriers comme
procédés d'enseignement populaire. La recomman-
dation peut en paraître banale, elle n'en est pas
moins juste. On voit avec raison, dans l'attrait de ces

réunions instructives, un efficace moyen de combattre l'entraînement des ouvriers vers les réunions politiques. La curiosité d'esprit, les loisirs du soir, qui poussent un auditoire nombreux vers les réunions publiques à la sortie des ateliers, peuvent être utilement employés au profit des conférences.

L'enseignement populaire de l'économie politique occupe là une place toute naturelle. Les principes de cette science et ses applications pratiques sont très-accessibles à l'esprit des ouvriers ; on en peut juger au bon accueil qu'ils font à son enseignement.

Combien de préjugés sur les questions qui touchent au capital, au travail, à l'épargne seront ainsi bannis d'esprits bien intentionnés, mais mal éclairés. Combien, à la faveur de ces lumières nouvelles, de défaillances et d'irritations peuvent s'effacer, de confiance et d'apaisement entrer dans les cœurs !

Dans une société bien organisée, à mesure que la richesse augmente, il convient de former un faisceau d'institutions, d'efforts collectifs, d'aspirations légitimes qui grandissent les intelligences, affermissent les volontés et les placent à la hauteur de leur nouvelle fortune. C'est le propre des connaissances économiques d'étouffer, d'une part, l'envie et les convoitises dans l'esprit de ceux qui vivent du travail, en leur montrant qu'ils tiennent dans leur main le premier levier de la richesse ; d'apprendre, de l'autre, aux favorisés du sort, l'emploi le plus utile des biens acquis.

Ainsi s'établit par l'harmonie du travail, de la production et de l'épargne, l'équilibre des forces matérielles, indispensable à la prospérité des nations et au bon ordre des sociétés.

CHAPITRE IX

Rapports [entre la quotité des salaires et la moralité des ouvriers. — La diminution de la durée du travail. — Ses effets sur l'utilité des salaires. — La journée de huit heures aux États-Unis. — Ses conséquences morales.

La question du salaire se lie par d'intimes relations à la condition morale des ouvriers. Si le salaire est seulement égal aux besoins et aux charges de celui qui le gagne, son devoir est tout indiqué : père de famille, il verse en entier dans le ménage, pour l'entretien et la nourriture de la femme et des enfants, le gain de sa semaine ; fils, il subvient aux besoins des parents avancés en âge. Si le salaire excède les charges auxquelles l'ouvrier doit pourvoir, soit pour lui-même, soit pour sa famille, l'excédant prend une double direction suivant le caractère, les habitudes ou les mœurs de l'ouvrier ; il devient épargne ou se perd dans la dissipation.

L'équilibre dans les rapports du salaire avec les besoins et l'emploi du superflu ne saurait d'ailleurs être rigoureusement observé. Mille causes diverses en altèrent la régularité. Malheureusement un certain nombre d'ouvriers gagnant des salaires süffisants laissent leur famille en proie aux privations, à la misère même, et se reposent sur la charité publique des devoirs qu'ils ont à accomplir.

La science économique tient, avec juste raison, grand compte, dans les rapports des salaires avec les besoins, des variations que subit leur taux suivant l'âge, les forces, l'habileté de l'ouvrier. On détermine pour cela les résultats du travail dans cinq périodes différentes de la vie :

1° Enfant, jusqu'à quinze ans l'ouvrier vit chez ses parents et pendant ce temps, si l'on n'abuse pas de ses forces et si l'on cultive son intelligence, le salaire est nul ou insuffisant;

2° De quinze à vingt-cinq ans, il se produit pour l'ouvrier, si l'infirmité des parents ou l'inconduite personnelle ne le détournent pas de l'épargne, une période de bénéfices où le salaire est supérieur aux besoins et permet les économies ;

3° L'ouvrier se marie; pendant une longue période de temps, il suffit à peine à pourvoir à l'entretien du ménage et aux charges des enfants en bas âge;

4° Puis les enfants travaillent, la position s'améliore, c'est la période de l'épargne et du relèvement de la condition;

5° Enfin les forces décroissent avec la vieillesse

et les ressources diminuent. Si l'ouvrier n'est point soutenu par ses enfants, il tombe dans la misère.

Le travail dans les usines et manufactures fait en général une condition favorable à l'ouvrier. Le plus souvent le mari, la femme, les enfants sont employés dans les mêmes ateliers et, bien que les salaires de ces derniers soient fort modiques, comme tous en reçoivent, l'ensemble du gain journalier met l'aisance au sein de la famille.

L'important pour l'ouvrier n'est point d'obtenir les plus gros salaires, mais de pouvoir compter sur des salaires fixes et stables. Cette sécurité lui offre de grands avantages, non-seulement pour faire face aux besoins de la vie quotidienne, mais encore dans l'intérêt de l'épargne.

En tenant compte des jours de repos et de chômage, on ne peut guère apprécier à plus de 262 journées utiles le salaire des ouvriers, destiné à subvenir pendant 365 jours aux dépenses de la famille. Or, le gain de l'ouvrier adulte donne en moyenne un revenu annuel de 1,273 francs. Cette évaluation, établie sur les chiffres de l'enquête de 1867, porte la journée moyenne de travail à 4 fr. 73 cent. Divisé en 365 jours, le même chiffre abaisse la faculté de dépenser à 3 fr. 49 cent. par journée de consommation.

Le salaire de la femme est en moyenne de 597 fr. par an, à raison de 2 fr. 24 cent. par journée effective de travail. La dépense possible est donc, pour elle, de 1 fr. 67 cent. par jour.

Ajoutons que les ouvriers ont à côté d'eux des enfants à élever, des vieillards à soutenir, en un mot un nombre double d'êtres chétifs ou faibles à entretenir. On jugera par là combien leur position est parfois précaire, difficile, misérable même.

L'ouvrier dont le salaire atteint un chiffre supérieur à la moyenne des besoins et celui dont la femme et les enfants gagnent eux-mêmes des journées se trouvent placés dans une position beaucoup plus favorable.

Le taux des salaires s'échelonne dans certaines industries, d'un prix minime à des chiffres relativement élevés. Prenons pour exemple l'une des plus florissantes industries parisiennes, celle des papiers peints : dans cette industrie, les salaires varient depuis 2 fr. 25 cent., prix de la journée du petit apprenti, jusqu'à 15 fr. 30 cent., prix de la journée du graveur qui fait les rouleaux en bois. Entre ces prix, les salaires varient; il y a des journées de 7, 8, 10 et 12 francs. Les ouvriers du papier peint sont donc non-seulement en mesure de suffire aux besoins de leur famille, surtout ceux dont les enfants travaillent dans la même industrie, mais ils peuvent assurément se constituer, par l'excédant des salaires sur les besoins, une épargne quotidienne. — On peut citer des conditions analogues chez les lithographes, les boulonniers, les serruriers, les fumistes, etc.; les salaires de ces ouvriers sont généralement satisfaisants, et ils sont peu exposés aux non-valeurs résultant du chômage.

Le taux des salaires ne se règle d'ailleurs sur aucune loi fixe et positive; il n'est déterminé ni par la valeur, ni par l'utilité de la production. Une infinité de causes, les unes d'ordre moral, les autres d'ordre économique influent sur ses variations. Si le taux des salaires est sujet à des fluctuations multiples, le mode de leur emploi, soumis aux diversités de caractère, d'habitudes et de mœurs des ouvriers, est plus variable encore.

Ce serait donc une erreur de croire que, d'une part, la somme du travail ou l'utilité de ses résultats soient égales à la quotité du salaire, que, de l'autre, cette quotité corresponde invariablement à celle de l'épargne.

Voici à cet égard une vérité fondée sur l'expérience : l'augmentation du salaire, si désirable en soi, ne produit d'effets utiles que dans la mesure où elle permet à l'ouvrier de se procurer une alimentation suffisante pour soutenir, développer ses forces, subvenir à l'entretien du ménage, faire face, en un mot, aux nécessités immédiates de la vie. L'excédant résultant de l'accroissement du salaire au-dessus des premiers besoins ne tourne pas le plus souvent au profit de l'épargne ; il entraîne après lui l'excès de la dépense, la dissipation, la paresse. Les faits abondent pour démontrer que l'ouvrier le mieux payé n'est ni le plus rangé, ni le plus moral, ni le plus aisé[1].

Autant il est funeste de voir l'insuffisance du salaire ne pas permettre à l'ouvrier de fournir le nécessaire à sa famille, autant il est douloureux, plus douloureux peut-être, de voir la famille manquer de tout, tandis que le chef, entraîné à la dissipation par une grosse paye, se livre à des jouissances égoïstes et brutales.

Une autre inégalité dans la répartition du salaire choquerait la raison, si l'on ne tenait compte du prix que l'industrie attache à l'habileté de main de l'ouvrier : les industries de luxe, où le travail est le moins fatiguant, offrent les plus gros salaires. Dans le même atelier, l'ouvrier qui fait l'œuvre la plus pénible, la manipulation, est le moins payé; le décorateur, celui qui donne la dernière main à l'objet fabriqué, reçoit le plus fort salaire.

Les ouvriers intermédiaires, entre l'apprenti et le maître-ouvrier, gagnent dans la plupart des industries parisiennes un salaire qui varie de 5 à 10 francs.

Or, entre les divers ouvriers occupés dans la

---

[1] *Archives parlementaires :* Enquête 1872-1875. La même opinion est exprimée par M. Villermé. *Statistique de l'industrie à Paris.*

même industrie à des conditions différentes ; si l'on examine l'emploi comparatif du salaire, on constate que ceux qui ont le plus reçu sont souvent les plus pauvres au bout de la semaine. Si bien que l'on a pu, dans l'enquête de 1872-1875[1], formuler cette proposition, en apparence paradoxale, sans qu'elle ait été démentie par les faits : « La misère de l'ouvrier est proportionnelle à l'élévation de son salaire ». Quand le salaire passe de 3 à 6 francs, sa misère augmente immédiatement; s'il passe de 6 à 8 fr., elle devient plus cruelle encore, et « j'ai la preuve, dit le déposant, que ceux qui meurent dans les hôpitaux, laissant leur femme sans draps, leurs enfants sans un morceau de pain, ceux qui encombrent les asiles, sont les ouvriers les mieux payés ».

Si on comparait le taux respectif des salaires dans des industries différentes, l'observation manquerait de fondement; mais c'est, nous l'avons fait remarquer, dans la même industrie, en prenant des hommes travaillant le même nombre d'heures, que l'on voit les ouvriers les plus malheureux être ceux dont le salaire est le plus élevé.

M. Antonin Rondelet, ajoute à l'appui de cette démonstration, la relation d'un fait dont on ne méconnaîtra point la gravité :

« Des bouchonniers dans une localité de la Pro-

---

[1] *Archives parlementaires* : Enquête 1872-1875. Déposition de M. Antonin Rondelet.

vence, trouvaient que leur salaire était insuffisant et demandaient à leurs patrons de l'élever. C'était assez difficile, les bénéfices dans cette industrie sont fort limités. Après quelques jours de délibération, voici ce que les patrons répondirent : « Nous » voulons bien élever vos salaires, mais à une con- » dition, c'est que nous les élèverons de tant et que » vous travaillerez une heure de moins. »

Les patrons avaient imaginé un système semblable à celui dont le Parlement anglais a frappé de prohibition, en 1835, la pratique abusive dans le Lancashire ; ils entendaient se rembourser du salaire des ouvriers en les payant avec des bons d'achat de divers objets sur lesquels la Compagnie faisait des bénéfices considérables.

Les patrons des bouchonniers créèrent un grand café, dont ils étaient les gérants par l'intermédiaire d'un prête-nom ; les ouvriers le fréquentèrent bientôt aux heures de désœuvrement ; si bien que, en donnant un salaire plus élevé d'un dixième, les patrons augmentèrent leurs bénéfices d'un tiers. »

Qu'importe donc que la moyenne des salaires soit de 4 ou de 5 francs, de 6 fr. 25 cent. ou de 7 fr. 15 cent., en présence de cette question dominante : quel sera, dans l'état actuel des mœurs de l'ouvrier, l'emploi de son salaire?

Les habitudes de la vie privée subissent parfois les lois de l'économie politique ; la valeur de l'aigent, dans la main des dissipateurs, s'avilit par son abondance. C'est avec raison que le philosophe américain Emmerson disait : « Dieu, qui nous a promis de ne pas nous abandonner dans la mauvaise fortune, ne nous a pas fait la même promesse pour la bonne. » Paroles profondes et bien dignes de méditation.

Quand la condition de l'homme s'élève, que l'aisance règne autour de lui, ses goûts changent, ses appétits augmentent, les tentations deviennent pour lui plus nombreuses, la corruption plus facile. Éternelle loi de l'humanité : la simplicité et la modération des désirs font la richesse; la prodigalité, la dissipation et la ruine sont au contraire le fruit de l'abondance excessive des biens !

Pour que l'ouvrier employât avec utilité des salaires élevés, il faudrait, en augmentant ses salaires, agrandir à la fois son intelligence, sa moralité; développer en même temps son attachement à sa famille et lui suggérer l'amour de l'épargne. Si les facultés morales ne progressent pas parallèlement avec les facultés matérielles, celles-ci envahissent celles-là, les amoindrissent et à la longue les anéantissent.

Un mouvement mal raisonné, mais d'une ardente intensité, s'est produit dans ces dernières années au sein des populations ouvrières en faveur de la réduction des heures de travail. Ce courant a fait, on

peut le dire, le tour du monde. Depuis plusieurs
années déjà, il a envahi les États-Unis, et la législature, dans quelques États où le parti radical exerce
sa domination, a réduit réglementairement à huit
heures, pour tous les ouvriers, la durée de la journée
de travail. Ce n'est, là du reste, qu'une forme particulière de l'universelle revendication de l'augmentation des salaires. En demandant la diminution de
la durée de leur journée, les ouvriers visent à produire la rareté de la main-d'œuvre, afin d'arriver à
étendre le travail à un plus grand nombre et à en
élever le prix. Les troubles apportés dans la fabrication industrielle aux États-Unis, par la réduction
de la journée à huit heures, ont eu pour résultat
d'augmenter les chômages, en faisant fermer un
grand nombre d'ateliers. L'extension des loisirs
a de plus répandu, dans une population ouvrière
déjà travaillée par tant de vices et de misères, de
nouveaux germes de démoralisation [1].

Les ouvriers, en réclamant la diminution des
heures de travail, aggravent ainsi la situation difficile
de l'industrie; ils commettent en outre à leur propre
préjudice, une erreur économique des plus graves.

Ce serait sans doute, s'il était réalisable sans
atteinte aux plus sérieux intérêts, un très-légitime
désir que celui de réserver à la vie intellectuelle une

[1] *Les États-Unis contemporains*, par Claudio JANET.

partie du temps que l'ouvrier consacre à satisfaire aux besoins quotidiens de la vie matérielle.
Ce serait là le progrès le plus souhaitable. Mais
est-ce bien au profit du développement de l'esprit et dans un but moral que les heures recon-
quises seraient employées? Si l'ouvrier livrait ces
heures au désœuvrement, s'il les dissipait au cabaret,
l'espérance d'un bien se transformerait en une
œuvre mauvaise. « Dans ce cas, fait observer avec
raison M. H. Passy, la conséquence économique de
la diminution des heures de travail devient infailliblement une diminution du salaire, surtout une
cause de nouvelles privations pour la famille ouvrière. »

La réalisation des aspirations, même les plus
légitimes, est soumise à des lois d'opportunité, de
possibilité pratique, d'harmonie et de conformité
avec l'état des mœurs. Il ne suffit point que le bien-
être se développe, que l'instruction se répande, il
faut que la moralité elle-même soit accrue pour que
l'amélioration du sort des ouvriers puisse s'accomplir d'une manière efficace et durable.

CHAPITRE X

L'emploi utile du salaire. — La vertu de l'épargne. — Les influences morales de la propriété chez les ouvriers. — Les maisons-dortoirs en Allemagne. — Où va l'épargne française.

La valeur du salaire, considérée dans ses rapports avec les intérêts de l'ouvrier, réside tout entière dans l'emploi qu'il en fait. L'utilisation du salaire constitue l'épargne. L'épargne est le signe caractéristique de l'esprit de prévoyance, de sagesse et de moralité dans les familles ouvrières.

Il existe, on l'a fait justement observer, une intime solidarité entre l'esprit d'épargne et l'esprit de famille; ce sont là deux sentiments de même nature et de même origine. L'ouvrier, avant le mariage, livré aux entraînements de la jeunesse, dissipe rapidement tout ce qu'il gagne; il est imprévoyant et se fait mérite de son imprévoyance. Marié, ses sentiments changent : les besoins du ménage, l'éducation des enfants, l'incertitude de l'avenir le préoccupent; sa pensée se tourne vers l'ordre et l'économie. Ce premier progrès accompli, les habitudes de dissipation disparaissent, l'homme se moralise.

« Dans cet ordre d'idées, écrit M. Michel Chevalier, les institutions qui provoquent chez l'ouvrier l'habitude de l'épargne, qui, d'une manière générale, lui apprennent à compter sur lui-même et lui inspirent ce que les Anglais et les Américains s'efforcent de répandre parmi eux au moyen d'une éducation qui dure toute la vie, ces institutions-là ne sauraient être trop propagées. Elles sont les plus propres à développer parmi les populations ouvrières un sentiment de dignité qui n'est pas la forme la moins heureuse de la moralité humaine. »

Ce serait une illusion funeste de croire que l'ouvrier puisse parvenir efficacement à l'amélioration de son sort en dehors des voies naturelles qui lui sont tracées par sa condition même : nous voulons dire le travail et l'épargne. Cette pensée était formulée par Franklin comme un axiome d'une vérité incontestable, quand il disait : « Il n'y a rien à attendre pour l'amélioration d'un peuple en dehors du travail et de l'épargne. »

Ainsi entendue, l'épargne est élevée à la hauteur d'une vertu domestique; elle s'associe à la pratique des devoirs de famille; elle devient l'un des éléments de l'éducation de l'homme et la règle de conduite de sa vie entière.

L'utilisation de l'épargne affecte des formes diverses : tantôt elle se tourne vers les placements

dans les caisses de prévoyance, tantôt; vers l'acquisition de la propriété.

On sait combien, au sein des populations agricoles, est ardent et opiniâtre le désir d'acquérir
la terre. C'est là la forme réelle et tangible que
prend chez les cultivateurs l'esprit d'ordre et d'économie. Les sentiments de famille, la fidélité au foyer,
l'amour de la conservation et de la stabilité sociale
sont les compagnons ordinaires de cet attachement
à la propriété.

Il serait injuste de prétendre que ces sentiments
soient étrangers aux ouvriers de l'industrie.

Dans un grand nombre d'entreprises industrielles,
les patrons ou les directeurs de l'exploitation se
sont efforcés de développer chez leurs ouvriers des
goûts de fixité et d'attachement au sol. L'avantage immédiat de ce calcul est de prévenir l'émigration de la population et de retenir des forces
vives autour d'établissements dont la prospérité dépend souvent du nombre de bras dont ils disposent.

Toutes les grandes compagnies minières, le Creu-
sot, Anzin, la Grand'Combe, Decazeville, Marquise,
les établissements métallurgiques du bassin de la
Loire, comme ceux du bassin de l'Escaut, facilitent
à leurs ouvriers l'acquisition de maisons d'habitations autour de leurs hauts-fourneaux.

Cette œuvre de sage prévoyance, pour être inspirée
par l'intérêt bien entendu de l'industrie, n'en tourne

pas moins au profit de l'ouvrier. Il s'attache ainsi davantage au foyer, à la famille; et le bien-être se développe dans sa maison. Nouvelle preuve de l'étroite solidarité qui lie l'un à l'autre l'intérêt de l'ouvrier et celui du patron.

Ce n'est pas seulement dans les industries minières et métallurgiques que l'on s'est efforcé d'assurer la fixité de la population ouvrière par là propriété. Partout on a reconnu l'influence moralisatrice qui résulte de l'établissement de l'ouvrier dans sa propre maison, à la campagne. L'expérience en a été faite, avec un éclatant succès, par M. Jean Dolfus, dans ses célèbres fondations de Mulhouse.

M. Mame, imprimeur-éditeur à Tours, donne à ses ouvriers la facilité d'acquérir, moyennant une faible retenue de 50 centimes par journée de travail, une maison complète pouvant loger convenablement toute une famille. Chaque maison contient, au rez-de-chaussée, une grande salle servant de salle à manger, une cuisine, une cave; au-dessus, deux étages avec deux chambres par étage. Chaque maison est placée dans un ensemble groupé autour d'un square orné de plantations; l'eau et l'air abondent partout. Les ouvriers sont ainsi logés dans d'excellentes conditions d'hygiène et de bien-être. S'étonnera-t-on, dès lors, que ces avantages soient appréciés par eux au point que l'occupation de ces maisons devienne une prime à la bonne conduite?

Aux environs de Paris, à Saint-Ouen, les ouvriers de MM. Wolf et Pleyel achètent de petits
terrains dans le voisinage de l'usine; ils y font
construire de modestes habitations; la plupart possèdent un petit jardin potager. Les nouveaux propriétaires apportent beaucoup de soin à l'entretien de ces jardins; on en a vu même renoncer aux
gros salaires de l'usine pour se consacrer entièrement à la culture maraîchère, devenue lucrative
pour eux [1].

Les patrons facilitent l'acquisition de ces propriétés, à leurs meilleurs ouvriers, par des prêts sans
intérêts et à long terme, remboursables au moyen
de prélèvements sur les salaires.

Le système d'acquisition de maisons particulières
pour chaque famille d'ouvriers paraît aux hommes
d'expérience de beaucoup préférable à celui de l'habitation dans les cités ouvrières.. « Le système
des cités ouvrières, font-ils observer judicieusement, supprime l'indépendance réciproque du patron et de l'ouvrier : de la part du patron, la
crainte de perdre ses avances ne lui permet pas de
congédier l'ouvrier quand il est mécontent de son
travail; l'ouvrier, de son côté, s'il veut quitter le
patron, répugne à faire le sacrifice des économies

---

[1] Rapport présenté à l'enquête de 1872-1875 par M. d'Eichtal,
au nom de la maison Wolf et Pleyel.

réalisées pendant plusieurs années pour devenir propriétaire de sa maison. »

Il est préférable à tous égards, soit de faciliter l'acquisition de leur maison aux ouvriers par une retenue sur leur salaire, soit d'encourager les bons travailleurs par une avance directe à titre de prêt. Les ouvriers ne sont point liés ainsi par des engagements à longue échéance, source ordinaire de difficultés; de plus, ils retirent de l'acquisition de la maison où s'élèvera et vivra leur famille tout le profit moral qui s'attache à l'influence de la propriété.

Rien ne répond mieux aux instincts natifs et aux sentiments les plus chers des populations laborieuses. Faut-il rappeler à l'appui l'exemple bien connu des émigrants de la Creuse, de l'Auvergne ou de la Savoie, qui économisent le pécule gagné, comme maçons ou commissionnaires dans les grandes villes, pour acquérir dans les plus pauvres contrées de leurs montagnes la maison et le champ où s'écoulera leur vieillesse? Les mêmes exemples, les mêmes habitudes se retrouvent dans toute la France. La vérité est que la tendance à devenir propriétaire est naturelle au caractère de l'ouvrier français; elle est profondément enracinée dans ses mœurs.

La facilité donnée aux ouvriers d'acquérir la propriété est aussi singulièrement favorisée, dans notre état social moderne, par l'extrême division parcellaire du sol. C'est là l'un des effets les plus saillants de l'égalité des partages, inscrite dans nos lois civiles. Les conséquences économiques en sont considérables. Ce n'est pas assurément le progrès le moins digne de remarque et d'encouragement que cette salutaire influence exercée sur la moralité des ouvriers par la facilité d'acquisition de quelques pouces de terre. L'avenir des familles ouvrières s'en ressent particulièrement. La propriété est la plus haute expression que puisse atteindre la vertu de l'épargne.

Si l'on accorde donc quelque efficacité morale à l'épargne, on voit qu'il n'est pas sans intérêt que nos lois aident l'ouvrier à devenir propriétaire. Nous recommandons cette observation à l'attention des légistes et des moralistes qui accusent de tous nos maux la division de la propriété terrienne, et prétendent bouleverser de fond en comble notre régime successoral.

Combien sont préférables, au point de vue de l'habitation de l'ouvrier, les idées accréditées parmi les industriels français à celles qui ont cours en Allemagne. On n'a rien trouvé de mieux dans l'empire germanique, pour combattre les tendances socialistes de plus en plus envahissantes dans les régions manufacturières, que d'offrir aux ouvriers le logement et même l'alimentation dans de vastes édifices habités en commun comme de véritables phalanstères. Les maisons-dortoirs (*schafhausser*) ont été plus particulièrement établies par les administrations minières des provinces de l'Ouest; ces maisons reçoivent de cinquante à trois cents individus; la direction en est confiée à un régisseur ou locataire principal. Le régisseur a la charge de loger à bas prix les ouvriers célibataires de l'usine ou de la mine avec faculté pour ceux-ci de préparer leurs aliments dans des cuisines organisées à cet effet. Les ouvriers paient en moyenne 50 centimes à 1 franc de rétribution quotidienne.

En Westphalie, l'administration fournit dans les maisons ouvrières, avec une faible augmentation de prix, du café et de la viande deux fois par jour. Dans d'autres provinces, les ouvriers paient une cotisation mensuelle variant de 2 fr. 50 c. à 3 fr. 75 c. par mois pour le lit, l'éclairage, le chauffage. Quelques-unes de ces habitations communes offrent des commodités et des perfectionnements dignes de remarque; on y trouve des bibliothèques, des salles de réunion, des salles de bains ouvertes gratuitement aux ouvriers. L'émulation des industriels, on pourrait dire la concurrence, aidant, on ne sait où s'arrêtera le progrès en cette matière. On comptait déjà en 1874, dans le seul district de *Dormund*, vingt-huit grandes et neuf petites maisons-dortoirs, avec cantine, recevant quatre mille huit cents ouvriers. Ces institutions d'expérimentation phalanstérienne prennent un développement inouï de l'autre côté du Rhin.

Or, rien ne peut, à notre sens, mieux entretenir l'esprit d'imprévoyance chez l'ouvrier, l'éloigner plus du mariage et de la vie de famille, émousser plus en lui le ressort de l'initiative et le désir d'améliorer sa condition, qu'un système d'entretien commun, dont l'effet immédiat est de dégager de la préoccupation des charges de l'existence et de déplacer la responsabilité humaine. Rien n'est plus dangereux pour l'avenir de l'ouvrier qu'un mode d'existence qui lui rend plus difficile, et, ce qui est plus grave, indifférente, l'accession du salariat à la propriété. Rien ne peut développer davantage les idées socialites, que, par une étrange prétention de la science économique professée dans les universités allemandes, on a prétendu ainsi combattre.

S'étonnera-t-on dès lors du progrès croissant du socialisme en Allemagne? Un seul fait en peut donner un aperçu. On ne compte pas moins de trente-neuf journaux socialistes dans les diverses villes de l'empire. Plusieurs sont fort répandus. Les organes officiels du parti sont le *Neue social Demokrat*, de Berlin, et le *Volkstaat*, de Leipzig. Le communisme agraire, qui ne compte plus d'adhérents en France, rencontre encore des sectaires parmi les lecteurs de ces organes. Voilà les premiers fruits recueillis par une philantropie inconsciente et intéressée.

Puissent les ouvriers français repousser à jamais

de pareils présents; puissent-ils s'attacher de plus en plus à cette conviction que la véritable utilité de l'épargne, son but à la fois le plus moral et le plus pratique, est d'assurer à chacun le foyer, la vie de famille, la propriété!

Tous les ouvriers, il est vrai, ne peuvent devenir propriétaires fonciers; tous n'y auraient point avantage. Beaucoup demandent à l'épargne, à raison de leurs besoins ou dans des vues de commerce et d'affaires, un revenu que le sol ou la maison ne peut point rendre. Pour ceux-là, divers placements offrent un accès facile.

Quelques statisticiens, en chiffrant les versements des caisses d'épargne et en supputant leur développement, ont prétendu trouver, en cette matière, notre pays en état d'infériorité vis-à-vis des autres nations européennes. Hâtons-nous, sans crainte d'être taxé de chauvinisme, de relever cette critique injuste. Si l'ouvrier français verse moins à la caisse d'épargne que les ouvriers d'Angleterre, cela ne veut nullement dire qu'il épargne moins.

L'épargne prend en France les formes les plus variées. Elle trouve sur notre marché des facilités ailleurs inconnues. Les fonds d'État, les valeurs de chemin de fer, les valeurs industrielles en absorbent la plus grande partie. N'avons-nous pas vu nos grands emprunts nationaux se subdiviser en milliers de coupures entre les mains des ouvriers des

villes et des cultivateurs des campagnes? A l'heure douloureuse où il fallut payer la rançon de la France, l'épargne de la population laborieuse se précipita avec une ardeur frénétique sur l'emprunt de la délivrance, non-seulement comme une haute manifestation du relèvement de la prospérité nationale, mais encore comme un témoignage de foi patriotique et de confiance suprême dans l'avenir du pays!

Ajoutez à cela l'immense développement pris en France par les placements hypothécaires, singulièrement favorisés dans les régions agricoles par le morcellement du sol; dans les régions industrielles, l'incitation à l'épargne organisée vis-à-vis de leurs ouvriers par les grandes compagnies minières ou manufacturières, par l'ouverture de caisses spéciales de dépôt.

La compagnie d'Anzin, par exemple, dans le but d'encourager, dans la nombreuse population ouvrière attachée à ses exploitations, l'esprit de prévoyance, a mis à la portée de ses ouvriers une caisse spéciale donnant 5 pour 100 d'intérêts des fonds versés. Les déposants étaient, en 1873, au nombre de huit cents et le chiffre total des dépôts ne s'élevait pas à moins de 900 mille francs.

Une institution du même genre a été créée à Vidalon-les-Annonay pour les ouvriers de la papeterie. Dans la maison Pleyel et Wolf, un compte courant à 5 pour 100 est également ouvert aux ouvriers, et les fonds versés, en 1874, ne représentaient pas moins de 300 mille francs.

On pourrait multiplier ces exemples. Dans ces divers établissements, il ne tiendrait même qu'aux patrons d'augmenter le fonds des dépôts; mais un sentiment de prudence leur impose une sage limite. La nécessité d'un remboursement inopiné pourrait en effet, dans les temps de crise, mettre leurs affaires en péril.

On a cependant constaté que, dans le cours des difficiles époques de 1848 et de 1870, tandis que les caisses d'épargne étaient assaillies par les réclamants, les ouvriers laissaient leurs économies dans les caisses industrielles; ils appréhendaient le chômage et ne retiraient que les sommes indispensables à leurs besoins.

La caisse de prévoyance, dans la société métallurgique de l'Ariége, a donné lieu à une observation non moins digne de remarque. Cette caisse est régie, d'un commun accord, par voie d'association entre les patrons et les ouvriers. Les ouvriers ont consenti pour sa formation une cession ou abandon de 3 pour 100 sur leur salaire quotidien. 216 mille francs ont été ainsi versés en trois années. La caisse ayant prospéré, les inventaires successifs ont été suivis d'une distribution de bénéfices. Or, les ouvriers, au lieu de dissiper ces bénéfices, se sont hâtés de les réintégrer à la caisse. Ainsi, les

ouvriers de Pamiers, qui avaient reçu, en 1869, 7,000 francs de gratification, ont immédiatement versé 9,000 francs.

Ce sont là des résultats d'autant plus précieux à constater, qu'il germe une semence féconde dans ce sentiment de confiance des ouvriers pour l'industrie à laquelle ils sont attachés. Cette confiance est telle parfois que, dans une grande entreprise industrielle, le total de l'épargne ouvrière dépasse aujourd'hui 4 millions.

Les ouvriers, réduits à leurs propres forces, forment difficilement entre eux des associations de prévoyance lucratives et prospères. Celles formées directement par les patrons leur portent ombrage, ils les tiennent en suspicion. Pour assurer le bon fonctionnement des caisses de dépôt, il faut donc le double concours de l'initiative et de la participation des patrons d'une part, de l'autre l'adhésion des ouvriers. C'est là un contrat de bonne harmonie et de commun accord entre ouvriers et patrons, fondé sur l'intérêt, fortifié et fécondé par le succès. C'est une œuvre méritoire de resserrer les nœuds de ces associations.

CHAPITRE XI

Les Caisses d'épargne. — Les bureaux d'épargne. — Les Penny-Bancks. — Les Caisses d'épargne scolaires.

En 1873, à l'Exposition de Vienne, les caisses d'épargne occupaient une place d'honneur comme l'une des plus belles et des plus utiles institutions sociales que l'on pût signaler à l'admiration des hommes.

Dans le parc de l'Exposition avait été élevé un élégant édifice aux frais de la première caisse d'épargne d'Autriche, qui compte à elle seule plus de 200 millions de dépôts. Sur les murs s'étalaient des cartes géographiques figurant, par des nuances plus ou moins foncées, le progrès de chaque pays dans l'épargne ; d'autres tableaux montraient le mouvement de richesse des caisses d'épargne depuis un demi-siècle ; enfin, sur des tables et dans des cartons, on avait rassemblé les lois, statuts, comptes rendus, statistiques et autres documents relatifs aux caisses d'épargne de tous les pays du monde.

« C'était, dit un écrivain fort autorisé à parler des

institutions de prévoyance, M. de Malarce, à qui nous empruntons en partie ces détails[1], c'était une collection unique en son genre pour l'étude comparée des caisses d'épargne chez les divers peuples civilisés. »

D'après l'étude de ces tableaux, les diverses nations d'Europe (non comprises la Russie et la Turquie) possèdent en ce moment 5 milliards de francs de dépôt, soit 24 francs par habitant.

Dans ce chiffre considérable, l'Angleterre et l'Autriche figurent pour plus de 3 milliards; la France n'a jamais dépassé 720 millions de francs, avant la guerre, au plus haut point de sa prospérité matérielle; elle compte aujourd'hui moins de 540 millions.

Nous avons dit les causes qui font prendre à l'épargne française une autre direction. On ne saurait cependant rester indifférent au développement des caisses d'épargne, non-seulement à raison des garanties qu'elles offrent au placement des petits capitaux, mais surtout à raison de l'influence morale et salutaire qu'elles exercent au sein des populations laborieuses en y répandant les habitudes d'ordre et d'économie.

La facilité du dépôt, la minime importance des sommes versées, l'intérêt produit, la faculté de re-

[1] DE MALARCE : *Notices sur les Caisses d'épargne scolaires et Bulletin des institutions de prévoyance.*

trait à bref délai sont autant de causes qui incitent à l'épargne les familles ouvrières. Etant donc
reconnus les effets moralisateurs de l'épargne, l'économiste et le législateur ont à prendre un égal souci
de développer et d'améliorer les moyens d'en accroître l'usage. Rendre plus facile l'accès des caisses
aux petits déposants, donner plus d'extension aux
dépôts soit en abaissant le chiffre du versement, soit
en augmentant la faculté de placement, élever l'intérêt en diminuant les frais généraux, tels sont les
moyens indiqués par l'expérience, ceux dont on a
constaté les résultats favorables, soit en France, soit
à l'étranger.

C'est dans cet esprit et dans ce but que la législation peut exercer une utile influence sur le développement de l'épargne. L'exemple du passé l'affirme : nous voyons en effet, de 1835, date de la
première loi sur les caisses d'épargne, à 1845, un
progrès rapide se produire dans la somme des dépôts. Ce chiffre s'éleva, de 35,639,722 en 1835,
à 393,054,092 francs en 1845. Ce grand mouvement de progrès a été avec raison attribué à la
latitude accordée par la loi de porter à 3,000 francs
le fond des dépôts et à l'augmentation du nombre
des bureaux d'épargne. Les restrictions apportées
depuis à la législation ont paralysé cet essor.

En 1874, un projet de réforme fut présenté à
l'Assemblée nationale ; on demandait : la diminution

du chiffre des versements, l'élévation de 1,000 à 3,000 francs du maximum des dépôts, l'extension du nombre des succursales, la création d'intermédiaires nouveaux, tels que les percepteurs et les receveurs des postes·pour favoriser les rapports des ouvriers et des cultivateurs avec les caisses ; en un mot une série de mesures propres à rendre ces institutions de prévoyance plus accessibles et plus familières aux populations laborieuses [1].

L'enquête ouverte sur ce projet témoigne, par un assentiment général et en dépit des résistances mesquines de quelques conseils d'administration, combien il répondait aux aspirations et aux besoins des familles ouvrières.

Malheureusement dans la discussion, le parti bonapartiste, par l'organe de ses orateurs, vint disputer aux économistes l'honneur de défendre le projet, en y cherchant un moyen de faveur populaire. Dès lors il répugna à une Assemblée fort jalouse de sa dignité de couvrir de ses suffrages une manœuvre qui rappelait trop directement les agissements plébiscitaires.

On s'effraya aussi à la pensée de grossir la dette flottante de·l'État, en constituant un fonds de dépôt trop considérable aux caisses d'épargne, au milieu

---

[1] Ce projet fut présenté à l'Assemblée nationale sur la proposition de MM. Henri Fournier, Eugène Tallon, A. Chabaud-Latour. M. Denormandie en était le rapporteur.

des appréhensions d'un temps de crise et d'incertitude.

Le projet de loi fut retiré par ses auteurs.

Toutefois, l'article 1er, déjà adopté par l'Assemblée, autorisait le concours des percepteurs et des receveurs des postes pour recueillir les dépôts de la petite épargne. Cet article contenait une excellente mesure, il resta debout à côté de la loi qui sombrait. Ce fut là la base du décret du 25 octobre 1875, par lequel l'administration des contributions directes et celle des postes ont été autorisées à mettre leur personnel à la disposition des caisses pour servir d'agents à l'action de l'épargne et d'intermédiaires à sa diffusion.

Cela dit sur le rôle de la législation dans l'institution des caisses d'épargne, revenons à leur véritable caractère, celui d'œuvres indépendantes et de libre initiative. C'est par ce côté qu'elles se recommandent le plus à l'attention et répondent le mieux aux sentiments des ouvriers; c'est par là qu'elles sont le plus dignes de gagner la confiance publique.

Les administrateurs de caisses d'épargne, les chefs d'industrie sont en général pénétrés de cette vérité. Beaucoup la font entrer en pratique en s'efforçant de mettre les moyens d'épargne à la portée des ouvriers, sous ces trois formes : caisses d'épargne, bureaux d'épargne, caisses d'épargne scolaires.

Le rôle et l'organisation des caisses d'épargne sont les plus connus ; il est inutile d'y insister.

L'institution des bureaux d'épargne, organisés à la manière des Penny-Banks d'Angleterre, n'a été au contraire introduite en France que depuis peu d'années ; elle y est à peine acclimatée. Cette institution présente l'un des procédés les plus tangibles et les plus sûrs pour placer l'accès de l'épargne à la portée des ouvriers et des apprentis.

Établis dans les quartiers populeux ou dans l'usine même, les bureaux d'épargne constituent de faciles intermédiaires entre le déposant et la caisse centrale. Le fonctionnement en est simple : les ouvriers ont la faculté de verser les plus petites sommes, des fractions de franc, des décimes au bureau d'épargne. Les plus jeunes des apprentis peuvent ainsi de bonne heure contracter des habitudes d'économie. Le bureau étant placé à côté de l'atelier, dans l'usine même, le versement s'effectue sans déplacement et sans frais, le jour même de la paye, quand les tentations de dissipation n'ont point encore été produites par les entraînements extérieurs.

Les nations étrangères nous offrent sur cette organisation une expérience toute faite ; l'imitation en est sans périls. Le bureau d'épargne n'est, en réalité, que l'adaptation à la France, en harmonie avec ses lois et ses mœurs, des *Penny-Bancks* déjà si répandues en Angleterre et en Écosse. C'est là une application nouvelle de ce principe érigé, chez nos voisins d'outre-Manche, en maxime de gouvernement : que tout ouvrier doit jouir d'un service d'épargne mis à sa portée et adapté à ses facultés.

Les dépenses inutiles se font le plus souvent, chez les ouvriers, par sous ou par *pence;* c'est au débit de tabac et sur le comptoir du marchand de vin que s'égrènent les premières pièces de monnaie reçues un jour de paye. Il s'agit donc d'offrir à l'épargne des facilités analogues à celles que l'usage du tabac et celui des liqueurs prêtent à la dissipation. L'ouvrier, l'apprenti surtout, ne peut économiser par grosses sommes, d'autres besoins sont là qui le pressent; mais il laissera facilement tomber dans la caisse, prête à les recueillir, les gros sous de l'argent employé aux plaisirs. Cette observation a frappé un économiste anglais, M. Scott; de là est sortie la première formation des *Penny-Banks.* Le but patent de l'institution est de viser à la collecte de la menue monnaie jetée avec insouciance à la distraction et aux mauvaises habitudes. Les bureaux d'épargne sont créés dans les mêmes vues : leur forme populaire, modeste, familière, en quelque sorte, est de nature à convertir, mieux que des institutions de plus haute apparence, les ouvriers et les apprentis à la religion de l'épargne.

En Allemagne, les banques du peuple, dont on a fait grand bruit, remplissent un rôle analogue à celui des bureaux d'épargne : elles sont répandues aujourd'hui sur toute la surface de l'empire. On n'en comptait pas moins de douze cents dès 1867. Ces banques constituent, on le sait, un remarquable progrès sur les caisses d'épargne : elles reçoivent les fonds des particuliers et en servent l'intérêt; mais les dépôts, au lieu d'être versés dans les caisses de l'État, sont employés, sous de bonnes garanties, à faire à des hommes industrieux les avances de capital qui leur manquent. Les déposants sont considérés comme des actionnaires et de plus, à ce titre, ils sont responsables. Cette responsabilité, facilement acceptée en Allemagne, ne trouverait peut-être pas le même assentiment dans nos mœurs. L'exemple des banques du peuple n'en mérite pas moins de tenter l'imitation, tout en s'attachant à mettre leur organisation en harmonie avec nos habitudes et notre état social.

Ce ne sont là toutefois que des prévisions et des espérances; l'expérience incomplète de ces entreprises ne nous autorise pas à en proclamer l'infaillibilité. A chaque pays ses usages et ses institutions, quelle qu'en soit la diversité de caractère. Nous estimons que les populations de la France ne sont en retard sur celles d'aucun autre pays dans le développement de l'épargne.

L'institution des caisses d'épargne scolaires s'appuie au contraire chez nous sur des faits acquis.

On a compris que, pour fortement constituer les mœurs de l'épargne, il fallait les former par l'éducation de la jeunesse. Les meilleures institutions doivent, en effet, pénétrer profondément dans les entrailles mêmes des générations nouvelles pour réaliser tous les bienfaits que l'on en peut attendre.

L'Angleterre a formé depuis longtemps des caisses d'épargne scolaires, pour faciliter l'épargne aux jeunes déposants et faire leur éducation d'économie domestique. Le succès de ces institutions ne s'est pas fait longtemps attendre. Grâce à elles, le nombre des déposants aux caisses de l'État s'élève aujourd'hui à un million soixante-dix-sept mille, sans compter les inscrits aux caisses privées. De l'Angleterre l'exemple a bientôt franchi la Manche et gagné le continent. Un récent rapport du post-office anglais, constate que plusieurs gouvernements d'Europe et d'Amérique s'occupent de donner, sous la forme de l'épargne scolaire, un nouvel essor à leurs institutions de prévoyance.

L'importation en France des caisses d'épargne scolaires s'est spontanément produite. L'institution n'a fait, en réalité, que revenir à son berceau. L'idée en avait été jetée, il y a plus de trente ans, dans une école de Grenoble où une fondation de ce genre fut faite, en 1834, par un instituteur dévoué à la jeunesse, M. Dulac. Ce premier essai a précédé de peu d'années la création des Penny-Bancks anglaises. La première de ces institutions, celle de Greenock, remonte à peine à 1837. Combien d'œuvres fécondes ont ainsi germé sur la terre de France et nous ont rapporté de l'étranger des fruits améliorés et perfectionnés.

Les premières caisses d'épargne scolaires de la Belgique, qui en compte actuellement un très-grand nombre, ne datent que de 1866. Elles ont obtenu dans ce pays, ouvert à tous les progrès nés de la libre initiative, une abondante et remarquable floraison.

En 1873, dans les écoles communales gratuites de Gand, sur 7,980 élèves, 7,583 versaient à la caisse scolaire; dans les écoles primaires payantes, sur 1,079 élèves, on en comptait 640; dans les salles d'asile, parmi les enfants de 2 à 7 ans, sur 3,039 élèves, 1,920; dans les écoles d'adultes, fréquentées le soir et le dimanche par 3,285 ouvriers et ouvrières, 2,889. Au total, à la fin de l'année 1873, sur 15,393 élèves, 13,032 avaient versé leurs sous à la caisse scolaire. Ils avaient ainsi formé un avoir total de 463,064 francs.

L'exemple est à proposer à l'imitation des écoles françaises. Reprenons donc aujourd'hui avec un jaloux orgueil à nos voisins, muries par l'expérience, des institutions dont le sol généreux de la France a porté les premières semences.

Nombre de conseils généraux ont voté des allocations[1] pour favoriser dans nos écoles communales l'organisation des caisses d'épargne scolaires. 40 départements sont entrés déjà dans cette voie féconde. Aujourd'hui on compte, en France, plus de 3,000 écoles dotées de caisses scolaires; elles fournissent comme clients à la caisse d'épargne 120,000 écoliers environ.

Les industriels, de leur côté, ouvrent des caisses scolaires dans les écoles spéciales attachées à leurs fabriques. L'enseignement libre, les communes, l'État ne restent point en arrière dans cette marche progressive. Il y a quelques mois à peine, le directeur général des tabacs, M. Rolland, prescrivait l'institution de bureaux d'épargne à l'usage des ouvrières employées dans les manufactures de l'État, dont le nombre est considérable.

A Bordeaux, le 31 août 1875, on comptait, dans 46 écoles, 3,549 écoliers ayant acquis par leurs petites épargnes un livret à la grande caisse. Les économies de l'école ne représentaient pas moins de 21,144 francs, amassés en six mois. Ce chiffre four-

---

[1] Le conseil général du Puy-de-Dôme a voté l'année dernière, sur notre initiative personnelle, une allocation de 1,000 francs pour encourager la création des caisses scolaires. Soixante caisses ont été ouvertes en moins d'une année. Les résultats obtenus dans l'Aisne sont plus remarquables; 494 écoles communales de ce département possèdent leur caisse scolaire. Les instituteurs ont recueilli 5,217 livrets.

nit une moyenne d'épargne de 6 francs par écolier.

La faveur dont jouissent les caisses scolaires dans l'opinion publique, jointe aux effets du décret du 25 octobre 1875, qui donne dans la personne des percepteurs et des receveurs des postes d'utiles auxiliaires à la collecte de l'épargne, est de nature à étendre l'action et l'influence des caisses centrales dans les localités les plus déshéritées jusqu'à ce jour de leurs services.

Jugeons à cela quelle force morale l'usage de l'épargne peut prêter à l'éducation de la jeunesse; l'effet ne s'en fera point sentir dans la régularité de la vie seulement. L'attachement à la famille, le soin des parents avancés en âge, la pratique des vertus domestiques, la piété filiale et l'amour paternel, ces sentiments si altérés dans les mœurs populaires, peuvent être restaurés par l'éducation de l'épargne. « On ne saurait s'imaginer, dit M. Jules Simon dans l'*Ouvrière,* l'influence que peut avoir un premier dépôt; cette somme mise à l'abri constitue enfin une propriété, l'ouvrier s'y attache avec passion et ne songe plus qu'à l'augmenter. Par ce premier dépôt, le cabaret est déjà à demi vaincu, **service** immense. Un autre bienfait de la caisse d'épargne, c'est de faire concevoir à l'ouvrier la possibilité de laisser quelque chose à ses enfants. Quand on désespère de faire des économies, on se laisse aller à la dépense, on s'étourdit sur ses devoirs. En général, il ne faut pas que le devoir soit difficile au point de paraître impossible. La caisse d'épargne dit à tout ouvrier : « Tu peux avoir les vertus et la sollicitude d'un père, si tu le veux. »

Telle est, tracée avec une haute rectitude de vue, la voie morale que l'avenir ouvre à l'homme, le jour où, enfant, il a laissé tomber sa première épargne dans la caisse de l'école.

La caisse d'épargne scolaire, ne l'oublions pas, est une œuvre de liberté ; elle se fonde par l'initiative éclairée et spontanée des instituteurs. Pour réaliser cette œuvre, il doit s'établir un concert de bonne volonté entre la caisse centrale la plus voisine et l'instituteur qui veut doter son école de ce moyen d'éducation morale.

L'instituteur évitera toute erreur sur la portée de cet enseignement [1]. L'épargne ne doit être considérée, dans aucun cas, par l'enfant comme un acte d'égoïsme ou d'amour prématuré du lucre. Elle doit s'associer à la pensée généreuse de soulager les charges de la famille, d'assurer l'établissement à la majorité, de venir enfin en aide, dans les

---

[1] Le but de l'œuvre est bien nettement précisé dans une notice de M. de Malarce, l'économiste distingué qui a consacré son talent et sa vie à l'apostolat de l'épargne.

« La caisse d'épargne scolaire, dit-il, a pour but de mettre la caisse d'épargne à la portée des enfants ; elle leur procure, en effet, le moyen de déposer leurs petites épargnes, infé-

éventualités de l'avenir, aux parents malades ou accablés par la vieillesse et les infirmités.

La caisse d'épargne scolaire devient ainsi l'un des instruments les plus favorables de la diffusion des principes d'ordre, de prévoyance, d'assistance mutuelle, dans les familles ouvrières comme dans la société.

C'est au nombre des habitués de la caisse d'épargne, et non dans les rangs des dissipateurs, que l'on trouve d'ordinaire les bons fils, les bons citoyens, les honnêtes ouvriers. La caisse d'épargne scolaire est l'agent le plus propre à faire contracter les habitudes morales; elle est, en un mot, l'école d'apprentissage de l'honnêteté dans le travail et des vertus fondamentales de la famille.

rieures au franc admis par la caisse d'épargne ordinaire, et la faculté de les déposer sans déplacement, dans l'école même, par les soins de l'instituteur.

« L'écolier peut ainsi sauver de dépenses futiles quelques-uns des sous de poche que ses parents laissent à sa libre disposition.

« Aussitôt que les sous épargnés atteignent un franc, ce franc est versé à la grande caisse d'épargne par les soins de l'instituteur; il est inscrit sur un livret ordinaire au nom de l'écolier, qui devient alors un véritable déposant de la grande caisse d'épargne.

« Ainsi, un écolier se formera, s'il le veut, un précieux pécule, et, à l'occasion, ce pécule, comme on l'a plusieurs fois constaté chez les écoliers d'Angleterre et de Belgique, pourrait ne pas être inutile aux besoins de la famille, dans un de ces moments de gêne qu'il faut toujours prévoir, et qu'un enfant économe sera heureux de pouvoir soulager. »

Une observation caractéristique a été faite sur les influences moralisatrices de l'épargne par un savant criminaliste suisse, le docteur Guillaume, directeur du pénitencier de Neufchâtel : il a constaté que l'on trouve à peine, parmi 100 criminels, 6 individus possédant un livret de caisse d'épargne. L'état moral est par contre très-favorable, dans l'ensemble de la population de ce pays, où l'on ne compte pas moins d'un déposant par quatre habitants, sans distinction d'âge ni de condition.

Partout, la fréquentation de la caisse d'épargne est considérée à juste titre comme une présomption de probité, de bonne conduite, de régularité des mœurs. Elle atteste à la fois l'attachement à la famille et le respect des principes d'ordre et de stabilité sur lesquels reposent les sociétés.

CHAPITRE XII

Causes de dissipation des salaires. — L'intempérance. — L'alcoolisme. — Le nombre des cabarets. — La loi sur l'ivresse. — La ligue des femmes aux États-Unis. — Les sociétés de tempérance en France et à l'étranger.

Les nécessités de notre sujet, les règles même d'impartialité et de franchise qui s'imposent à tout écrivain consciencieux, nous amènent à étudier les causes de dissipation du salaire de l'ouvrier. Nous touchons ici aux questions qui se lient le plus intimement à la moralité de l'ouvrier ; la gravité en est indéniable. Les conséquences de la conduite de chacun se dressent là dans toute leur rigueur : du bon emploi du salaire naissent le bien-être et l'aisance de la famille ouvrière ; sa dissipation produit des désordres et des privations qui, le plus souvent, jettent leurs victimes dans la plus profonde détresse.

Cela est si vrai que, pour faire une enquête approfondie sur les causes de la misère, c'est dans un lieu de réflexions amères, au chevet du malade, près d'un lit d'hôpital qu'il faudrait se transporter. L'esprit d'investigation trouverait là, pour étudier le mal moral dont les tristes effets se montrent au regard dans une entière nudité, des ressources que ne saurait lui fournir l'observation des existences actives et prospères des ouvriers, aux heures où le gain d'un fort salaire leur offre les plaisirs ou les avantages d'une vie facile.

Les pauvres malades racontent volontiers quelle a été leur condition, par quelles épreuves ils ont passé avant de venir échouer dans le dernier asile de l'indigent; ils disent quel était leur genre de travail, les habitudes de leur vie, la condition de leur famille.

« C'est une enquête à laquelle je me suis livré, dit un observateur attentif[1]; j'ai suivi un certain nombre de lits, j'ai fait causer les malades, je leur ai demandé dans quelles conditions ils se trouvaient. Je dois dire que j'ai été navré en constatant que ces malheureux, étendus là, se tourmentaient de leur famille sans pain, de leurs enfants qu'ils n'avaient pas les moyens de faire élever, de l'avenir qui se présentait à eux sous de sombres couleurs. J'ai constaté que ces malheureux avaient presque tous joui d'une grande aisance. J'ai pu apercevoir que ces gens étaient des hommes qui avaient fait des dépenses de luxe, s'étaient livrés à des habitudes dis-

[1] M. A. Rondelet : Déposition à l'enquête de 1872-1875.

pendieuses, avaient pris toutes sortes de divertissements. »

C'est là malheureusement une vérité devenue
banale par l'expérience, que l'hôpital est le terme
final de toute existence dissipée ou abandonnée aux
influences désordonnées des passions.

De ces passions, la plus terrible, la plus dominante
c'est l'intempérance. Elle est la principale, la plus
habituelle cause de dissipation des salaires, l'impi-
toyable pourvoyeuse de la misère. Les orateurs des
congrès ouvriers accusent les classes dirigeantes,
les lois, l'État, la société, du malaise de l'ouvrier;
tout, excepté lui-même. Ils dénoncent surtout à son
animadversion le capital comme un ennemi. Eh
bien! l'ouvrier a un ennemi plus terrible, on cher-
cherait en vain à le dissimuler, il s'en fait à lui-même
l'aveu secret; cet ennemi, c'est le cabaret.

De son plein gré, l'ouvrier se livre à sa domination. La seule arme qui pourrait l'en défendre, la
volonté; lui manque. La volonté, telle est la seule
puissance capable de rendre l'homme honnête,
moral et digne, en un mot, de régler sa vie.

Le travail abonde dans les manufactures, le salaire augmente; à qui donc imputer le malaise ou la
misère de l'ouvrier, si ce n'est à sa propre faiblesse?

Les fatigues de la journée, la recherche du plus
prochain lieu de repos à la sortie de l'atelier, les
excitations de la camaraderie sont les premières rai-

sons qui conduisent les ouvriers au cabaret. Puis l'habitude vient et pénètre les natures les plus résistantes aux mauvais instincts. La fréquentation du cabaret dégénère alors en besoin, l'homme est livré à l'intempérance jusqu'à ce qu'il tombe à un degré plus bas encore, l'*alcoolisme*. Il ne s'appartient plus, la volonté s'éteint, la force d'action et de direction disparaît, on ne trouve plus en lui que la brute titubante que l'on heurte dans la rue. S'il travaille, il le fait machinalement, uniquement pour gagner le salaire nécessaire à la satisfaction de sa passion abrutissante ; il y pense constamment, ne vit que dans ce but. S'il est en famille, ou il abandonne femme et enfants, ou, chose pire encore, il transporte chez lui un funeste exemple ; ses habitudes corrompent ceux dont il est entouré et désorganisent bientôt tous les liens d'union, de respect et d'affection de la famille.

Les habitudes d'intempérance ont malheureusement fait depuis vingt ans de grands progrès au sein des populations ouvrières. Les régions du Nord et du Centre sont particulièrement sujettes à leurs pernicieuses influences. Pour être juste, il convient de remarquer que l'usage des boissons spiritueuses s'impose aux ouvriers. Cet usage n'est pas seulement nécessité par les efforts du travail, il répond à un besoin qui s'accroît suivant les régions. On doit faire à cet égard la part des influences climatériques.

Cette considération est développée par Montesquieu dans le chapitre de l'*Esprit des lois* intitulé : *Des lois qui ont rapport à la sobriété des peuples;* elle n'a point cessé d'être vraie : « Une loi, dit-il, qui défendrait de boire du vin ne serait pas bonne dans les pays froids, où le climat semble forcer à une certaine ivrognerie de nation, bien différente de celle de la personne. L'ivrognerie se trouve établie par toute la terre, dans la proportion de la froideur et de l'humidité du climat. » Ce fait est corroboré par les constatations des enquêtes; elles signalent les ouvriers du midi de la France comme moins adonnés à l'usage de la boisson, sans que pour cela on reconnaisse chez eux des habitudes supérieures d'ordre et de moralité. Ce n'est point d'ailleurs de la consommation du vin dont on appréhende un péril; les populations viticoles le consomment par habitude, dans de grandes proportions, sans qu'il en résulte de graves désordres. L'usage abondant du vin est même indispensable pour certains travaux pénibles. Le véritable fléau est le vice auquel on donne plus spécialement le nom d'*alcoolisme*, vice qui porte ceux dont il s'empare à l'usage immodéré des eaux-de-vie et absinthes, liqueurs aussi dangereuses pour la santé que destructives de l'intelligence et de tout sentiment humain.

A peine sorti de son travail, le samedi soir, l'ouvrier adonné à cette dégradante passion se précipite au cabaret. Il restera là dans l'orgie jusqu'à l'épuisement de sa paye. Confus et hébété, il osera à peine se présenter trois jours après à son misérable logis ou à l'atelier ; objet d'horreur pour sa femme et ses enfants qu'il condamne à la faim, objet de dégoût pour les ouvriers honnêtes.

Qui n'a vu par une froide soirée d'hiver quelque malheureuse femme, parfois suivie de pauvres enfants endoloris par la bise glacée, appliquer son regard à la vitre enfumée du cabaret. Là, son mari, son homme comme elle l'appelle, le père de ses enfants, boit et rit avec des compagnons d'atelier. Il vient de toucher sa paye et il a négligé de passer d'abord au logement, à la mansarde, où la femme et les enfants l'attendaient. Là-bas le pain manque, il n'y a pas de bois pour se chauffer, on a engagé dans la dernière maladie les couvertures au Mont-de-Piété, tout est triste et morne. Cet homme qui boit, rit et chante, il n'est pas plus mauvais peut-être qu'un autre ; il a bien pensé dans ses longues journées de travail à sa famille, à sa misère, et peut-être a-t-il trouvé dans cette pensée plus de courage pour sa besogne. Mais l'habitude plus forte, la camaraderie l'ont attiré au cabaret en sortant de l'usine ; il a voulu chasser une sombre pensée, s'égayer une soirée après la rude tâche de la semaine ; il est venu là. Puis, peu à peu, l'indifférence et l'oubli pénétrent dans son cœur sous l'influence de la boisson, sa vue se trouble, l'ivresse le gagne et il dissipe stupidement et sans scrupule le salaire qui devait payer le pain du ménage.

Et elle, son cœur se serre à cette vue; la colère, l'indignation, le dégoût, le désespoir se succèdent dans son âme. Les enfants pleurent et supplient, ils ont faim et demandent du pain. Les plus sinistres projets traversent son imagination et absorbent sa pensée. Pauvre femme! elle a travaillé, elle aussi, mais son salaire est trop minime pour subvenir à tous les besoins; d'ailleurs, elle est malade et faible, son cœur est brisé, ses forces défaillent. Parfois on la voit tomber inanimée à la porte du bouge jusqu'à ce qu'un passant compatissant la relève et la secoure. Tantôt, s'armant de résolution, elle pénètre dans le cabaret, apostrophe le coupable, raconte à tous bruyamment, comme en délire, sa misère, ses angoisses, ses douleurs, la conduite indigne de cet homme. De là ces scènes qui ont pour théâtre le cabaret, les coups pour dénouement et le tribunal de police pour épilogue.

Nous ne chargeons pas, hélas! cette triste peinture de mœurs; chacun y reconnaîtra quelque scène du même genre restée gravée dans son souvenir. Il n'est pas de soirée où ce sombre drame ne se passe à la porte de quelque cabaret des faubourgs. C'est là le spectacle quotidien que donne l'inconduite. Dans certaines villes de fabriques, le nombre des femmes qui attendent leurs maris à la porte des cabarets est considérable. A Saint-Quentin, des cabaretiers compatissants, émus d'une pitié qui se concilie avec leurs intérêts, ont fait placer à la porte de leurs établissements des hangars et des bancs pour que ces malheureuses puissent attendre plus patiemment et plus à l'aise[1].

N'y a-t-il pas là de quoi provoquer les méditations du moraliste et du législateur?

La progression de l'alcoolisme est malheureusement attestée par l'enquête de 1872-1875. Elle l'est encore plus par la notoriété publique, les constatations de la statistique judiciaire, celles des administrateurs, des agents de l'autorité, de tous ceux à qui leurs relations quotidiennes avec les individus font connaître l'état véritable de la société. Cette progression est affirmée d'une manière plus irrécusable encore par les chiffres attestant l'accroissement de la consommation de l'alcool en France.

En quarante années, cette consommation a triplé; on doit tenir compte, il est vrai, des usages industriels qui l'absorbent dans une forte proportion. Les chiffres n'en sont pas moins significatifs : de 350,000 hectolitres en 1820, la consommation de l'alcool s'est élevée à 620,000 en 1850, à 976,000

---

[1] M. Jules Simon : *L'Ouvrière.*

en 1868. Aujourd'hui la quantité consommée dépasse 1 million d'hectolitres, abstraction faite des quotités qui échappent aux droits.

Les villes manufacturières figurent pour la majeure partie dans cet accroissement de l'usage de l'alcool. En 1839, on y évaluait à 8 litres la consommation annuelle d'alcool par adulte ; en 1862, elle s'élevait à 28 litres. On a fait observer, à ce sujet, que le chiffre de la dépense par individu, résultant de cette consommation, était supérieur à celui du pain nécessaire à une personne dans le courant d'une année. Combien donc sa valeur totale représenterait-elle de kilos de pain et de viande ? Il y aurait là assurément de quoi nourrir des milliers de familles indigentes.

Nous ne parlerons pas des années exceptionnelles 1870 et 1871, où la consommation de l'alcool a été, pendant la durée du siége, d'un usage général. Mais en se reportant à une année normale, celle de 1869, on constate que 130,000 hectolitres d'alcool ont été soumis à Paris aux droits d'octroi : en en répartissant la consommation sur une population de 1,900,000 âmes, on aurait un résultat de 6 litres 84 par tête. Cette répartition comprend les femmes et les enfants ; ramenée par les statisticiens à un chiffre de 300,000 individus adultes, consommant habituellement l'alcool, elle donne pour chacun d'eux une consommation de 43 lit. 33.

A Elbeuf, d'après le rapport de M. Louis Reybaud sur l'industrie de la laine, la consommation de
l'alcool répartie sur toute la population est de
16 litres environ par tête. Or, si de 19,000 âmes,
chiffre de cette population, on déduit les femmes et
les enfants, on arrive à un usage effectif de 50 à 60
litres d'alcool absorbés chaque année par les clients
du cabaret.

Il est inutile d'insister sur ce que les excès de
l'alcoolisme entraînent après eux de folles dépenses, de désordres, parfois même de crimes; ils
amènent bien vite à leur suite la misère, la désunion dans le ménage et la désertion du foyer.

La statistique de l'assistance judiciaire, d'après
une curieuse remarque de la chambre de commerce de Bordeaux, offre à cet égard de tristes enseignements : plus de la moitié des affaires qui sont
soumises aux conseils d'assistance, dans les grands
centres industriels, ont pour objet des demandes
en séparation de corps formées par des femmes
d'ouvriers, à la suite de violences et de querelles
qui ont été la conséquence de l'ivresse du mari.

A Lyon, l'abus des liqueurs fortes et le chômage
du lundi amènent un résultat analogue. « Les chefs
d'ateliers ou pères de famille qui cèdent à ces habitudes font incontestablement, dit la chambre de
commerce de Lyon, de mauvais ménages. »

Les habitudes d'intempérance ne jettent pas seulement le trouble dans l'union du ménage et ne portent pas uniquement atteinte à la paix du foyer. Le caractère, la moralité et la dignité de l'homme en sont également compromis. Les statistiques criminelles sont là pour l'attester : les deux tiers des délits ou des crimes sont commis en état d'ivresse.

Les ivrognes tournent contre eux-mêmes leurs propres violences; sur 5,114 suicides; en 1869, la police a constaté que 163 doivent être attribués à des excès accidentels de boisson et 531 à l'ivrognerie habituelle.

L'état mental des individus est profondément atteint par les excès alcooliques. La statistique des aliénés vient à l'appui de cette observation. Sur 490 aliénés, admis dans les maisons de santé de Paris dans le cours d'une année, 257 s'étaient attiré cette maladie par l'intempérance.

Le patriotisme ne s'afflige pas moins que la morale au spectacle honteux de l'ivrognerie. Si, d'une part, ce vice entraîne à sa suite la perversion des âmes, de l'autre il produit la décroissance de la race. Les contingents militaires portent la marque profonde de cette dégénérescence. Parmi les enfants jetés dans la vie par un caprice de l'ivresse, la mortalité est effrayante. S'ils échappent à la mort dans le premier âge, leur constitution reste faible et maladive. Les habitudes d'intempérance des mères, celles que les enfants contractent eux-mêmes dans les ateliers d'une manière précoce, achèvent la destruction des forces vives des populations industrielles. L'ivrognerie est le minotaure qui dévore les jeunes générations ouvrières.

Les malheurs qui ont accablé la France et attristé toutes les âmes n'ont malheureusement corrigé personne. L'intempérance, quand elle a pénétré dans les habitudes de l'homme et qu'elle est entrée dans le fonctionnement de sa vie, frappe d'impuissance les plus généreuses intentions, paralyse les bonnes résolutions, énerve le sentiment du devoir. On eût dû en France se recueillir, méditer sur les cruelles leçons de la fortune, réformer les mœurs, relever les caractères pour préparer à l'avenir du pays de meilleures destinées. Mais hélas ! les habitudes sont prises, contractées au temps de la prospérité matérielle ; les volontés fléchissent sous elles, les hommes du présent s'en sont faits esclaves. On n'a donc rien à attendre d'eux ; appelons-en à l'éducation de la jeunesse et au secours des lois.

Un cri d'anathème s'élève partout, dans l'enquête de 1872-1875, contre le nombre sans cesse croissant des cabarets et la tolérance extrême accordée à l'ouverture des débits de boissons. On voit là pour la jeunesse une cause de perversion et pour l'ouvrier adulte une incessante excitation aux habitudes de dissipation et d'intempérance.

A Bordeaux, la principale cause de désordre

vient, d'après les plaintes de la chambre de commerce [1], du nombre excessif des cafés ou cabarets et des habitudes pernicieuses qui en découlent. Cependant les ouvriers faisant le lundi y sont une exception; ils sont généralement mal notés dans les ateliers où ils travaillent. La fréquentation des cafés fait donc là moins de mal par les effets de l'intempérance que par les habitudes d'oisiveté qui éloignent de toute occupation sérieuse et dégoûtent du travail.

À Lyon, l'obstacle au progrès moral est le même; le nombre des cabarets, suivant l'avis de la chambre de commerce, et des lieux de séduction où l'ouvrier trouve facilement à dissiper son salaire, est malheureusement trop considérable. Il en est de même dans toutes les villes de fabriques.

Les tableaux statistiques de l'administration des contributions indirectes prouvent d'ailleurs la progression effrayante des débits de boissons : leur nombre était, en 1829, de 297,812 ; en 1850, de 350,424 ; il est aujourd'hui, grâce à une tolérance extrême pour l'ouverture des débits nouveaux, de 372,951. Ces chiffres donnent une moyenne d'un cabaret ou café pour 102 habitants. Dans certains centres industriels, la proportion du nombre des débits est de 1 pour 40 à 50 habitants. Peut-on mieux mettre le poison à la portée de toutes les lèvres ?

[1] *Archives parlementaires* : Enquête 1872-1875.

Dans les pays voisins, de nous la droportion des cabarets est beaucoup moindre. En Angleterre, par exemple, pays d'ivrognerie, la moyenne est d'un débit seulement par 150 habitants.

Disons-le donc, l'administration française est responsable de l'accroissement excessif des débits de boissons, partant de ses suites morales. A l'esprit de tolérance se mêle l'esprit de fiscalité ; on croit servir les intérêts du Trésor en facilitant la consommation d'un produit qui donne à l'impôt ses résultats les plus considérables. On oublie qu'en favorisant l'abus d'une liqueur destructive de la santé, de la constitution de l'homme, des forces de l'ouvrier, on enlève au travail national, à l'industrie, à la prospérité du pays son plus puissant levier d'action. On oublie encore qu'en favorisant les moyens de démoralisation privée et l'affaiblissement des mœurs publiques, c'est au caractère, à la dignité, à la grandeur même de la patrie que l'on porte atteinte.

Il ne faut point accuser les lois, elles sont suffisantes, rigoureuses même. Le décret du 6 novembre 1852 en est la preuve. L'administration est armée; qu'elle agisse, c'est son devoir.

On a ajouté d'ailleurs à l'arsenal législatif un nouveau moyen de répression : la loi sur l'ivresse votée, en 1873, par l'Assemblée nationale. Les dispositions en sont précises : elles atteignent successivement les individus trouvés en état d'ivresse manifeste dans les rues, chemins, places, cafés et autres lieux publics ; la peine, en cas de récidive, peut aller jusqu'à un mois d'emprisonnement. Ces prescriptions atteignent également les cafetiers, cabaretiers et autres débitants qui laissent les consommateurs boire jusqu'à l'ivresse, ou donnent à boire à des mineurs âgés de moins de seize ans ; elles frappent aussi ceux qui les accompagnent dans les débits de boissons. Ainsi tout est prévu, la loi est complète, elle est affichée partout, rien ne peut échapper aux mailles étroites de ses sévérités : le tout est de l'appliquer. Donc, à l'administration, à la justice à veiller à l'exécution... si l'usage et les mœurs, plus forts que les lois, n'y mettent obstacle.

Aux moyens coercitifs s'ajoutent les moyens de persuasion et de propagande morale propres à ramener à la sobriété et à la tempérance.

En Amérique, en Angleterre, en Irlande, l'initiative privée a formé de nombreuses sociétés de tempérance. Hâtons-nous de le dire, à l'honneur de notre pays, la nécessité de mesures préventives de l'intempérance se fait beaucoup plus sentir encore chez ces nations qu'en France ; le mal y est beaucoup plus étendu. A Londres, dans les *gin-palaces,* à chaque heure du jour, et particulièrement le soir à l'éclat du gaz, on voit se presser une population famélique d'ouvriers, de misérables de tous genres, poussés là par la puissance d'un vice irrémédiable, l'alcoolisme.

Le pain manque à ces êtres amaigris et misérables ; le besoin de la nourriture se fait à peine sentir chez eux ; ils n'ont qu'une pensée, qu'un instinct, détruire hâtivement, complètement, par les fumées de l'alcool, jusqu'au sentiment de leur existence et avec lui le sentiment de leur misère. On s'attriste surtout à voir ce vice fatal n'être pas moins répandu chez les femmes de la classe ouvrière que chez les hommes. Il est facile d'en juger par le nombre de celles qui fréquentent ces temples de l'abrutissement et de l'immoralité. Des enfants attachés à la robe de leur mère sont même amenés là par elles et s'habituent à une précoce dégradation.

Aux États-Unis, le vice de l'ivrognerie a pris une telle proportion qu'un mouvement de révolte s'est produit contre ses excès dans toute la partie saine de la population. L'ardeur d'une juste cause est allée fort loin : une ligue, dans certains États, s'est formée entre les femmes pour arracher leurs maris ou leurs fils à l'abrutissement des tavernes et faire fermer ces établissements. La coalition est devenue menaçante : dans plusieurs villes de fabriques, les femmes s'assemblaient sur les places ; puis, joignant l'action aux paroles, elles parcouraient les rues et s'arrêtaient devant chaque 'cabaret, tantôt chantant des psaumes pendant de longues heures pour lasser la patience des buveurs, tantôt pénétrant dans l'intérieur des salles et couvrant d'invectives le tavernier où les pères indignes qui dévoraient là le pain de leur famille. La police a dû intervenir pour mettre fin à ces scènes de désordre où la moralité de l'intention ne pouvait être une suffisante excuse à l'étrangeté des moyens de réforme.

Quoi qu'il en soit, on voit là la preuve de l'étendue du vice de l'ivrognerie chez des nations que l'on propose trop souvent à notre imitation. La création des sociétés de tempérance tente, dans les pays les plus adonnés à l'ivrognerie, d'élever une digue contre ses progrès. C'est une ligue de bonnes résolutions, de bons exemples, de généreux efforts que l'on oppose, trop souvent, hélas! sans efficacité, au spectacle de défaillances et de désordres sans nombre.

L'Irlande, l'Angleterre et l'Écosse comptent ensemble 850 sociétés de tempérance comprenant 1,640,000 adhérents.

L'intempérante Allemagne présente un contingent de 1,300,000 membres des sociétés de tempérance; — presque autant que d'affiliés à ses sociétés secrètes ou à ses sociétés de buveurs.

Le Canada et les divers États de l'Amérique du Nord comptent 950 sociétés et 370,000 adhérents. On évalue aux États-Unis à 3,615,000 les propagateurs de la tempérance.

Partout ces chiffres sont en rapport portionnel avec l'intensité du fléau de l'ivrognerie; on peut juger à leur importance des ravages qu'il cause chez les différentes nations.

On a mieux fait en Amérique; on a créé des maisons de santé spéciales, ouvertes aux incorrigibles de l'ivrognerie qui ont la bonne volonté de tenter la cure de leur maladie. Ce mal est considéré comme ayant un caractère en quelque sorte contagieux, et l'on isole ses victimes. En Suisse, le goüvernement de Neufchâtel a provoqué la création d'un établissement du même genre.

La bienfaisance a tenté les mêmes œuvres en France. Villermé constatait, en 1828, l'existence d'une société de tempérance à Amiens; les résultats en furent insignifiants. Un nouvel essai vient d'être fait à Paris à la suite de l'adoption de la loi de l'ivresse : une société s'est constituée, sous les plus honorables patronages; elle n'a point encore subi l'épreuve de l'expérience.

Nous ne voulons décourager aucun effort, mais il nous est impossible de le dissimuler : nous croyons peu à l'efficacité en France des sociétés de tempérance. Le vice de l'ivrognerie n'a point encore fait de tels ravages au sein de nos laborieuses populations, que ces moyens préventifs y soient nécessaires. Le vice reste attaché aux individus, il n'a pas gagné les masses.

Le sentiment de répulsion qu'inspire dans nos mœurs la vue de l'ivrogne est encore la meilleure garantie que nous ayons contre les progrès du vice qui l'avilit. Un sentiment analogue à celui que les Lacédémoniens cherchaient à inspirer à leurs enfants, par la vue de l'esclave ivre, a profondément pénétré chez nous, sans qu'il soit nécessaire de recourir à ce spectacle grossier, dans l'éducation de la jeunesse. C'est ce sentiment qu'il faut entretenir, développer, jusqu'à ce qu'il soit devenu pour les enfants des populations laborieuses un instinct de dignité personnelle, comme il l'est déjà chez les classes élevées. Alors les dangers de la contagion ne seront plus à craindre ; les citoyens observeront tous ce respect d'eux-mêmes et de la décence publique, qui peut le mieux honorer le caractère d'une grande nation.

CHAPITRE XIII

Le chômage du lundi. — Le respect du dimanche. — Le rangement de l'atelier. — L'opinion des ouvriers belges. — La loi et l'exemple.

Parlons maintenant d'un auxiliaire inséparable des habitudes d'intempérance, s'il n'en est même le générateur : le chômage du lundi.

L'ouvrier économe, rangé, respecte le dimanche, en fait un jour de repos physique et de délassement moral ; il relève ce jour-là vers la lumière du soleil son front penché durant la semaine entière sur le travail obscur et matériel. Il prend sa part des joies saintes qui fortifient les courages en ramenant l'homme, aux heures de la méditation et de la prière, vers le sentiment et les espérances de ses destinées éternelles.

L'ouvrier dissipateur commence le plus souvent le dimanche les excès qu'il continuera le lundi. Il fuit la famille pour satisfaire en égoïste ses goûts de plaisir ou se livrer à de brutales passions. Le lendemain, il profite de ce que la femme est retournée à l'atelier, les enfants rentrés à l'école, pour absorber dans des jouissances grossières la paye de la semaine ; il la dépense souvent jusqu'au dernier centime, sans qu'il en revienne rien au ménage.

Ainsi la moralité de l'ouvrier, son attachement à sa famille, ses sentiments, son caractère peuvent se juger à l'emploi respectif qu'il fait de la journée du dimanche et de celle du lundi. Le chômage de l'un, le repos de l'autre sont l'antithèse de la bonne conduite et du désordre.

On sent par là toute la gravité de la question désignée par les économistes sous ce nom, le chômage du lundi. Examinons-en les principaux caractères :

L'usage du repos du septième jour ou repos dominical est, on peut le dire, aussi vieux que le monde ; il a traversé les siècles, les nations et les temps les plus divers ; il s'est étendu des limites de l'extrême Orient jusqu'au fond de l'Occident ; il appartient en un mot à l'histoire de la civilisation. Malgré les vicissitudes et les révolutions dont les sociétés humaines ont été tant de fois troublées, cet antique usage subsiste encore au milieu de nous, il y survit avec la même vigueur, le même prestige, entouré d'un inaltérable respect.

Il faut donc que, dans le repos hebdomadaire, il y ait plus qu'un usage du passé, plus même qu'une prescription religieuse. Cela n'eût peut-être pas suffi pour le faire survivre à l'indifférence de notre époque pour les traditions les plus sacrées, celles mêmes qui tiennent de plus près au culte chrétien. La vérité est que l'usage du repos du septième jour est né d'une nécessité d'ordre économique et social. Sa merveilleuse longévité doit être attribuée à des effets physiologiques reconnus par toutes les nations. C'est une loi d'hygiène publique qui a prêté une force nouvelle à la tradition religieuse. Ainsi, le repos dominical n'a pas été seulement un puissant auxiliaire des progrès du christianisme, il est en même temps une institution éminemment favorable au développement moral et physique de l'homme.

On constate les avantages du repos du dimanche vis-à-vis des enfants, des adultes, de la famille tout entière, au triple point de vue de la morale, de la culture intellectuelle et du progrès même de l'industrie.

Favorable à tout homme, dans toutes les conditions de la vie, le repos dominical est indispensable à ceux qui subissent, la semaine entière, la dure loi du travail. Les ouvriers ne s'y trompent pas ; la plupart le respectent et tiennent à sa pratique. Les patrons éclairés estiment, de leur côté, qu'il y a dans ce repos périodique des avantages profitables non-seulement aux ouvriers, mais à leurs propres intérêts.

La puissance productive de l'industrie dépend en

effet du développement physique et du développement intellectuel des ouvriers. Plus les forces de ceux-ci reprennent d'élasticité et de vigueur par le repos, plus leur santé est robuste, plus ils apportent dans le travail d'action effective dans son résultat et dans sa durée. Au point de vue intellectuel, ce que l'ouvrier donne le dimanche à la culture de son esprit, aux études techniques, au désir même d'élever régulièrement sa condition, profite à l'industrie par le perfectionnement de ses produits et leur évaluation à un prix supérieur.

Le repos du dimanche favorise ce double progrès : il concourt, dans le mouvement général de la production industrielle, à l'amélioration intellectuelle de l'ouvrier ; il augmente cette production par une application plus soutenue au travail et un emploi mieux raisonné et mieux réparti des forces individuelles.

Quelques économistes ont voulu vainement opposer aux avantages du repos hebdomadaire la limitation du travail quotidien. Ce système est tombé devant l'impossibilité où l'on s'est trouvé d'établir une répartition exacte et permanente du travail de chaque jour pendant toute la durée de la semaine ; de plus, les habitudes hygiéniques qui commandent le repos complet à certains intervalles de temps pour la durée entière de la journée s'y sont opposées. Enfin ce système est condamné dans la pratique à la fois par l'attachement même de l'ouvrier à sa famille, dont il entend jouir à son jour, et par l'intérêt de sa culture morale, dont il ne fait point mépris.

Les lois sur le travail des enfants dans l'industrie garantissent avec raison le repos hebdomadaire du dimanche aux enfants employés dans les ateliers et manufactures. La loi du 19 mai 1874 a apporté à la législation précédente d'importantes améliorations sur ce point. Ainsi l'enfant ne peut plus être occupé le dimanche matin au *rangement de l'atelier*. Cette pratique était le plus souvent l'emploi de l'enfant au ménage de la maison, c'est-à-dire à un travail servile, contraire à la fois à ses goûts, à sa dignité, à la loi du contrat d'apprentissage et aux sentiments de la conscience. Le législateur a eu grande raison de fermer cette fissure par où passait l'abus.

Les femmes se montrent très-soucieuses de l'observance du repos dominical. Elles y trouvent la facilité d'obéir aux prescriptions religieuses qui leur sont chères, de mettre dans leur ménage l'ordre nécessaire, enfin, grâce à la liberté et aux loisirs du dimanche, de prendre encore, loin de l'atelier, quelques heures de délassement et de distraction.

C'est donc la famille entière qui, le dimanche se trouvant libre du travail, peut ainsi resserrer ses liens d'affection, d'union, d'intimité morale. Sans ce jour de ralliement des joies et des devoirs communs, la famille ne pourrait véritablement exister. Comment en effet méconnaître combien ses sentiments et ses liens les plus étroits sont profondément relâchés durant la semaine par la séparation et la dispersion résultant, dans les ménages d'ouvriers les mieux unis, des conditions du travail industriel?

Ce sont des heures de fête, de paix, de mutuelle tendresse que le dimanche rend à des milliers d'esclaves du travail quotidien. Les promenades ensemble, les lectures de famille, l'accomplissement commun des devoirs, le repas à la même table sont autant de joies pieuses que ce jour béni réserve à ceux auxquels le travail de l'atelier enlève dans la semaine les plus douces satisfactions de la vie.

On s'est préoccupé, avec juste raison, de former des institutions propres à habituer la jeunesse ouvrière à une observation régulière et à un emploi moral du repos hebdomadaire.

Quand les enfants ont appris à tirer du dimanche, par l'étude et les délassements honnêtes, le meilleur et le plus utile profit, ils continuent plus tard, devenus maîtres d'eux-mêmes, à suivre les habitudes acquises et à marcher dans le même chemin.

Des sociétés de patronage se sont donc créées pour développer chez les enfants le goût du bon emploi du dimanche. On a institué dans de grandes industries des bibliothèques, des écoles du dimanche, des cercles, même des gymnases, des instructions morales où la jeunesse se forme à l'utile emploi de ses loisirs.

Ceux qui, de bonne heure, ont appris à prendre le dimanche le chemin de l'église ou de l'école restent plus tard fidèles, dans l'âge de l'indépendance, à cette pieuse tradition; ils inspirent à leur tour à des générations nouvelles le respect de pratiques conformes à l'instruction et à la moralisation de la famille.

Ce n'est point seulement à l'enfant que la bienfaisante propagande du respect du dimanche s'adresse; les industriels ont aussi le souci d'occuper ce jour-là les loisirs des ouvriers d'une manière digne et morale, de les détourner du cabaret et des habitudes de dissipation ou de débauche. Des cours d'adultes ont été organisés, des bibliothèques spéciales ont été ouvertes, des conférences ont été mises à leur portée. Les cercles ouvriers sont venus à leur aide. Ce n'est point seulement la lecture et l'instruction que l'on offre là aux ouvriers, mais encore des distractions physiques; les jeux d'adresse, la gymnastique y mêlent la récréation active à l'étude. Dans ces réunions, l'ouvrier trouve un attrait particulier, il s'y sent honoré, moralement relevé à ses propres yeux; elles ont une double valeur, par la pensée philanthropique qui les inspire, autant que par la sagesse et le bon sens de ceux qui les fréquentent. L'éducation morale de l'enfant en propage le goût. On ne saurait trop revenir sur ce point : si, dans la transition difficile de l'âge de raison à la jeunesse libre et indépendante, l'adulte dirige ses préférences vers les délassements utiles et les distractions sérieuses, fréquente les bibliothèques, les conférences, les musées, les cours techniques ; s'il préfère l'épanouissement de la vie libre, une atmosphère de soleil, de lumière et d'air en pleine campagne, aux plaisirs grossiers et malsains du cabaret, il est probable que, l'esprit nourri d'éléments substantiels et le cœur pénétré de bons sentiments, il aura appris, pour sa vie entière, à allier les passe-temps honnêtes aux nobles joies de l'intelligence.

Le repos du dimanche a pour conséquence directe la reprise régulière et énergique du travail, le lundi. Le mauvais emploi de cette journée, soit par l'abus du travail, soit par la dissipation et l'intempérance, entraîne fatalement le chômage du lendemain.

Les ouvriers de la grande industrie pratiquent peu le chômage du lundi. Les chefs d'usines ont intérêt à s'en défendre, beaucoup se montrent sévères sur cette prohibition ; ils n'hésitent point à congédier un ouvrier qui manquerait à l'atelier plusieurs lundis de suite. Dans beaucoup d'industries, on inflige des amendes aux ouvriers qui ne reprennent point exactement leur travail le lundi matin. Ailleurs, les patrons font la paye le mercredi pour éviter les entraînements de la dépense.

Ces moyens sont de bonne justice, car le chômage des uns violente la liberté des autres; ceux-là absents, tout l'atelier chôme. Le rattacheur ou l'aide ne peut travailler quand le fileur ou le verrier fait le lundi. Les dévideuses, rentrayeuses, polisseuses chôment quand chôme l'ouvrier. La dissipation de celui-ci porte un coup mortel aux petits travailleurs, aux enfants et aux femmes. Elle leur arrache le pain de la journée. Les mesures de discipline prises par les patrons sont donc des plus légitimes. C'est là une question d'humanité.

« Au fond, suivant une remarque consignée dans l'enquête 1872-1875, les bons ouvriers savent gré aux patrons de leur rigueur. Les mauvais entraînent les bons; ceux-ci ne savent pas résister et regrettent plus tard l'argent et le temps gaspillés. »

La santé des ouvriers n'a pas moins à souffrir que leur moralité des excès auxquels le chômage du lundi les entraîne. Il semble même que, coupables envers la famille délaissée, et excités par les camarades de débauche, leur esprit troublé ne connaît plus ce jour-là aucune mesure et se livre plus aveuglément à tous les désordres qu'entraîne avec elle la folie de l'ivresse. Le respect de la femme, la pitié des enfants, l'honnêteté des mœurs, la probité même sont tour à tour foulés aux pieds. Les querelles, les brutalités dans son intérieur, les rixes violentes dans la rue, les délits ou les crimes font tomber alors l'ivrogne, par les chutes les plus dégradantes, entre les mains de la justice.

Les délégués des ouvriers belges, interrogés sur les causes du chômage du lundi, ont prétendu que l'ouvrier gagnant assez pour vivre les sept jours de la semaine, tout en ne travaillant que pendant cinq jours, croit pouvoir passer le dimanche et le lundi, ou le lundi seulement, dans le plaisir et l'oisiveté. « Supposons, disent-ils, que nous ne chômions pas le lundi, notre position en serait-elle meilleure? Assurément non. Nous augmenterions la concurrence. Un certain nombre de bras qui se présentent sur le marché six fois par semaine, au lieu de cinq, équivaut à un nombre de bras d'un cinquième plus considérable. »

Quelques économistes n'ont pas craint d'appuyer ce système en voulant y chercher une application du principe que le taux des salaires est en raison inverse de la demande du travail. Ils ont fait aussi remarquer que ce sont les ouvriers les plus habiles qui chôment le plus souvent. Faux raisonnement et pitoyable excuse; ne faudrait-il pas d'abord, pour prêter quelque fondement à ce système, que le travail manquât aux bons ouvriers occupés six jours de la semaine ? Or, l'expérience proteste : le travail abonde, la production perd au chômage. L'argumentation n'aurait quelque portée, dans le sens économique, qu'au cas où les ouvriers d'une même profession chômeraient tous le même jour et pendant la même durée de temps. Les faits pourtant établissent le contraire : tandis que des ouvriers imprévoyants chôment le lundi, d'autres mieux avisés travaillent avec exactitude, s'assurent l'estime du patron, acquièrent des connaissances plus complètes de leur art et gagnent ainsi sur les autres une réelle supériorité. Cette supériorité se traduit bientôt par une augmentation de salaire et de bien-être.

Les dissipateurs et les imprévoyants restent donc, en fin de compte, victimes de la concurrence des ouvriers éclairés et rangés. C'est là une vérité économique constante et irréfutable ; on ne saurait se plaindre de ses conséquences et l'on appréciera sa moralité.

Franklin, parlant de l'influence des passions sur l'aisance de la famille, déclarait « qu'un vice coûte plus cher à nourrir que deux enfants ». Cette parole est particulièrement vraie du chômage du lundi.

Ce n'est pas seulement le salaire qu'il eût gagné ce jour-là, que l'ouvrier perd en ne se rendant pas à l'atelier ; ce n'est pas seulement un prélèvement du sixième de ses salaires que l'habitude du chômage fait subir d'une manière injuste à sa famille : c'est encore une dépression générale de la production que cette habitude impose à l'industrie. Ajoutons à cela le trouble qu'elle jette dans ses opérations, l'incertitude et la lenteur qui en résultent pour la fabrication. De là souvent, pour l'industriel, l'hésitation de donner à ses entreprises tout le développement qu'elles comportent.

Envisagé dans le sens des intérêts matériels de l'ouvrier, le chômage du lundi grève son mince budget de toutes les dépenses mauvaises ou seulement futiles que lui eût épargné sa présence à l'atelier. Même dans les petits ateliers où le travail est aux pièces, l'ouvrier ne rattrape pas le temps perdu. La fatigue du lendemain ralentit son œuvre, la commande est manquée, souvent même la clientèle lui est aliénée par son inexactitude.

Dans la manufacture, c'est la perte de l'habileté de main, l'ouvrage mal fait, les reproches du patron provoqués par le retard du travail, l'irritation réciproque, le renvoi de l'ouvrier suivi d'un chômage long et douloureux, en définitive la désorganisation de l'atelier.

Les pertes occasionnées par le chômage du lundi sont nettement précisées dans cette formule économique de Bastiat : « La rémunération se règle sur les services. » Le salaire étant la part que le travailleur prélève dans les produits, il est proportionnel à l'étendue de la production. D'où il faut conclure, à l'égard des ouvriers qui chôment, qu'en diminuant la production, ils diminuent la somme de leurs salaires[1].

Voici une statistique bien digne de fixer l'attention des ouvriers qui seraient tentés de contracter l'habitude du chômage du lundi. On a calculé qu'un ouvrier qui, depuis l'âge de seize ans jusqu'à celui de soixante, occuperait avec un salaire moyen sa journée du lundi, aurait acquis, en parvenant à sa soixantième année, un capital de 15,000 francs, c'est-à-dire la sécurité de sa vieillesse.

M. Audigane, poussant plus loin le calcul, a évalué ce que le chômage du lundi peut occasionner de pertes à la production nationale. Il estime que si, sur 100 ouvrier, ils s'en rencontre 10 qui perdent volontairement un jour par semaine, ce serait, sur une population ouvrière de 1,800,000 individus occupés en France au travail industriel, une perte de 9,360,000 journées dans l'année. En estimant ces journées à 3 francs, on voit quelle serait l'importance du préjudice. Si l'on y ajoute encore une dépense moyenne de 6 francs dissipés par l'ouvrier pendant la journée de chômage, on trouve, en multipliant le nombre des journées perdues par 9, que

---

[1] M. LEROY-BEAULIEU, dans son livre sur l'*État moral et intellectuel des populations ouvrières*, présente des considérations analogues.

le préjudice réel causé à la population ouvrière se chiffrerait par une somme totale de 84 millions de francs.

Le bilan est ainsi fait des résultats comparatifs du repos du dimanche d'une part, du préjudice occasionné de l'autre par le chômage du lundi. Là, un réjouissant tableau de santé physique, de vie morale, de joies et de satisfactions au sein de la famille ; ici, une œuvre de destruction de la santé, un agent de démoralisation, une source funeste de désunion et de ruine.

Dans ce conflit du bien et du mal, beaucoup ont été tentés de faire appel à l'autorité des lois. Assurer législativement le respect du dimanche est une œuvre légitime s'il s'agit de protéger la liberté de l'enfant, de garantir son instruction, son éducation morale. La loi serait excessive si l'on prétendait atteindre la liberté individuelle de l'ouvrier.

Attendons des effets plus sûrs du progrès des mœurs. Au gouvernement, à l'administration à donner d'en haut les exemples qui frappent le plus ; il est si facile de stipuler, pour les travaux publics mis en adjudication, le respect du dimanche dans les cahiers des charges de tous les entrepreneurs. Que les grandes compagnies industrielles à leur tour y veillent; que les patrons enfin soient astreints à ne point employer, le dimanche, d'enfants dans leurs ateliers. Voilà dans quelle juste mesure la persuasion de l'exemple joint à l'autorité des lois peut exercer une influence sensible sur les habitudes industrielles et favoriser l'utile propagande du repos du dimanche : Aller plus loin serait outrepasser le but.

Un progrès sérieux, incontestable, s'est d'ailleurs accompli en faveur du repos dominical, dans les appréciations des ouvriers eux-mêmes sur les inconvénients du chômage du lundi. Le sentiment de ses dangers pénètre chaque jour davantage dans les esprits. L'intérêt en est le propagateur ; et l'intérêt est un moteur plus puissant de la transformation des mœurs que les meilleurs raisonnements.

CHAPITRE XIV

L'influence des mauvaises mœurs sur la condition de l'ouvrier.
— Le libertinage. — Les unions irrégulières. — Les ma-
riages à trente sous. — Les sociétés de Saint-François-Régis
— La dot des ouvrières.

La pureté des mœurs est commandée à tous les
hommes par les préceptes de la morale et de la
religion. A ceux qui vivent péniblement du travail
l'intérêt personnel la recommande à son tour.

La bonne conduite, la vie régulière exercent sur
les habitudes de prévoyance et le bien-être de la
famille ouvrière une action dominante. En sens
inverse, l'imprévoyance, l'inconduite, les dissipations
folles sont la conséquence immédiate des mauvaises
mœurs. L'aisance de l'ouvrier, son bien-être en sont
compromis ; la misère alors guette sa proie. Combien d'ouvriers dans les grandes villes cèdent à
de funestes entraînements. Combien d'entre eux,
au lieu de rechercher, par les liens du mariage, une
compagne honnête et digne, restent dans le célibat
pour s'affranchir des charges et des devoirs du père
de famille. Ceux-là établissent vite des relation
avec une femme que le hasard de la rencontre ou la

communauté du travail dans le même atelier leur a fait connaître ; ils vivent avec elle et tombent dans le concubinage. Bientôt cet état leur impose des charges, des amertumes et les assujettit à un joug que la vie de famille, même dans ses plus pénibles épreuves, ne leur eût point réservé. La chaîne ainsi rivée est difficile à rompre, elle pèse chaque jour davantage ; pour en supporter le poids et dissiper ses ennuis, le malheureux qui la traîne se plonge dans l'intempérance et les dépenses ruineuses, s'il n'y est poussé déjà par l'exploitation et les goûts dégradants de celle avec qui il vit. Enfin quand, las de cette existence, l'esclave veut secouer le joug, la vie n'est plus tenable, les scènes de violence se renouvellent chaque jour et, si la chaîne se brise, il est trop tard. L'homme, robuste et intelligent jadis, ne retrouve plus en lui-même, en face de l'isolement, de l'abandon, de la déconsidération, qu'une constitution usée et un caractère avili.

En dépit des leçons de l'expérience, l'ouvrier s'abandonne trop souvent à ses goûts ou à ses passions. Il n'est point, hélas ! défendu contre les faiblesses de la nature par les sentiments de réserve et de respect humain, qui retiennent, à défaut de la conscience du devoir, les hommes des classes élevées. Isolé, éloigné de sa famille, sans relations d'amitié, sans foyer, l'ouvrier, c'est là son excuse, recherche moins quelquefois dans le concubinage la satis-

faction de passions brutales qu'il ne fuit la soli-
tude. C'est la compagne qu'il veut trouver dans la
femme avec laquelle il se lie. Quelques-uns même
cherchent en elle une associée pour soutenir temporairement les charges de la vie. Le concubinage
devient alors un calcul. « C'est ainsi, d'après Villermé, que l'on voit les ouvriers tailleurs doués
d'une certaine habileté dans leur état vivre fréquem-
ment avec une femme qui les aide dans leur travail ;
elle leur coûte moins cher qu'un apprenti ; ils spé-
culent sur ces compagnes qu'ils sont libres d'abandonner quand il leur plait[1] ».

L'enquête de 1872-1875 signale, dans plusieurs
régions industrielles, des conditions analogues d'existence parmi les ouvriers de divers états.

Les unions illicites sont sans doute un vice inhé-
rent à toutes les classes de la société ; aucune n'en
est entièrement pure. Ce que nous constatons ici,
ce sont moins encore les égarements et les fautes
des passions humaines que l'habitude acquise, le
parti pris avoué et souvent calculé de vivre hors des
liens du mariage avec une femme qui aide aux soins
du ménage, sans accepter les charges de la famille.
Une clause tacite figure, d'un commun accord, au
contrat arrêté entre les deux parties. L'incompati-
bilité d'humeur se produisant, ce qui ne laisse pas

---

[1] La même observation est relevée par M. Le Play dans ses
études sur *les Ouvriers des Deux-Mondes.*

d'être fréquent, chacune d'elle reprend sa liberté.

Peu d'enfants naissent de ces unions où la stérilité est érigée en système; ce n'est point là l'une des moindres causes de la diminution générale de la population.

L'énormité du chiffre des unions irrégulières est cependant dénoncé, en dépit des mystères de l'infécondité, par celui des naissances illégitimes :

D'après la statistique établie par un économiste distingué, M. Cadet, le nombre annuel des naissances hors mariage, comparé, pour les vingt-sept années écoulées de 1841 à 1867 inclusivement, à celui des naissances légitimes, donne le résultat suivant :

Naissances légitimes . . 25,200,503.
Naissances illégitimes . . 2,077,135.

Ce qui fournit, selon l'origine respective des enfants, la proportion de 1 enfant naturel sur 12,16 légitimes. Le nombre des enfants nés hors mariage tendant à s'accroître, la moyenne indiquée a été dépassée depuis 1866. On compte actuellement une naissance illégitime sur 11,66 légitimes.

Il est avéré que les grandes agglomérations urbaines favorisent dans des proportions considérables les unions illicites.

A Paris, le nombre des naissances illégitimes s'élève à 26,62 pour 100, soit plus d'un quart de la totalité des naissances. Si l'on établit d'ailleurs une comparaison générale entré le nombre de ces naissances en France dans l'ensemble de la population, soit urbaine, soit rurale, la proportion s'élève dans les villes à 12,03 pour 100, c'est-à-dire à un huitième du nombre total. En sens inverse, la moyenne s'abaisse dans les campagnes à 4,17 pour 100 seulement, c'est-à-dire environ au seizième.

Ces divers chiffres s'appliquent à la période de 1853 à 1860. On a constaté depuis que le mouvement d'émigration des campagnes vers les villes et l'excessif développement des concentrations urbaines exerçaient une regrettable influence sur la progression des unions irrégulières et des naissances illégitimes.

Diverses causes, en dehors des considérations économiques, favorisent dans les villes de fabriques l'accroissement des ménages concubinaires.

L'enquête de 1872-1875 dénonce au premier chef l'affaiblissement des principes moraux et religieux. Les naissances illégitimes sont le plus nombreuses là où ces principes sont le moins en honneur.

L'ignorance et la négligence de l'éducation sont indiquées ensuite comme l'une des causes qui retiennent un certain nombre d'ouvriers dans une condition irrégulière et immorale. L'instruction morale n'a pas seulement pour effet de développer l'intelligence, elle inspire à l'homme le respect de lui-même, elle met au cœur de la jeune fille des sentiments de pudeur et de dignité qui la défendent contre des tentations insidieuses. La bonne éducation préserve du danger d'une chute les âmes les plus faibles; à tous elle apprend à diriger la vie vers un but honnête et utile. Les instincts de dépravation et de libertinage se développent au contraire lorsque, au milieu des excitations de toute nature, les sentiments ardents, l'imagination vive, l'effervescence de la jeunesse ne sont point contenus par la discipline morale.

La corruption des mœurs est accrue, dans les villes de fabriques, par le mélange des sexes aux ateliers et le travail de nuit. On ne saurait trop, à ce sujet, rappeler aux industriels leurs devoirs. La difficulté pour les femmes de trouver un travail rémunérateur, les progrès croissants du luxe, l'attrait des mauvaises lectures exercent également de pernicieuses influences sur leur cœur, sur leurs sentiments et y répandent des germes de démoralisation. Voilà, sous leur aspect général, les causes les plus actives de perversion et de désordre des mœurs dans les centres industriels. Les délégués de la rue d'Arras déclament contre l'industrialisme et poussent un cri de mort contre le capital; qu'ils tuent le libertinage..! ils auront fait quelque chose pour le bonheur de l'ouvrier.

Passons au rôle du législateur.

Dans quelle mesure et par quels moyens la loi

peut-elle intervenir dans la défense des bonnes mœurs ?

Nombre de moralistes et d'économistes, à l'exemple de M. Le Play, considèrent que les principes adoptés par notre code civil, au titre de la *paternité et de la filiation,* ont été funestes au progrès des mœurs en France. A leurs yeux, la prohibition de la recherche de la paternité, édictée par l'article 340, favorise les relations immorales en les dégageant de toute responsabilité. On accuse la loi d'accorder une tolérance regrettable au séducteur de la femme qui tombe. Y a-t-il justice, dit-on, à ne point faire pour les deux coupables une part égale de sévérité ? Comment ne pas mettre en parallèle, dans un lamentable tableau, la femme châtiée par son propre déshonneur, supportant le poids douloureux de la maternité, trouvant difficilement à gagner son pain, soutenant avec peine son existence et celle de son enfant, avec le complice dégagé de toute charge, continuant sa vie de désordre, oubliant l'abandonnée pour porter ailleurs les mêmes déceptions, les mêmes amertumes, la même honte ?

La conscience se révolte à ce spectacle de l'inégalité des lois et de l'immunité scandaleuse offerte au père coupable. On les met au rang des causes les plus actives de la corruption des mœurs.

M. Le Play nous montre, à l'appui de ce sentiment, la séduction descendant au siècle dernier des mœurs de la cour à celles de la ville, gagnant ensuite la bourgeoisie, puis les classes laborieuses et se propageant à notre époque dans la masse entière de la nation.

Au milieu d'une société de mœurs en apparence polies, la jeune fille, fait étrange, ne peut plus être confiée à la moralité ni à la foi publiques. L'ouvrière à chaque pas est exposée à des embûches ; les filles des familles aisées, pour défendre leur pureté, sont condamnées à rester cloîtrées au foyer domestique.

De l'impuissance de la loi on s'en prend à l'indifférence de l'autorité pour la protection des bonnes mœurs.

Bornons-nous à recueillir les échos de ces plaintes. Nous ne prétendons pas traiter ici la grave question de la moralité publique. On ne peut en parler d'une manière indirecte, ce serait l'amoindrir. Nous n'entendons pas davantage discuter la réforme des dispositions de l'article 340 du Code civil. Elles furent en leur temps mûrement élaborées par la sagesse de nos pères ; ce n'est point par un caprice irréfléchi qu'elles ont été gravées sur les tables de la loi. L'attention des législateurs est éveillée : à eux à porter la plus vive sollicitude sur la difficile condition faite dans notre état social aux mœurs de la jeunesse. Ces mœurs n'ont point encore été, qu'on y prenne garde, suffisamment armées contre les périls qui les menacent par une éducation morale et forte. C'est là l'instrument de défense, de tous le meilleur, contre les séductions, les erreurs et les fautes que les passions entraînent après elles.

Deux causes retiennent d'ordinaire les ouvriers dans le concubinage. D'une part, l'insouciance du devoir; de l'autre, la dépense et le dérangement qu'occasionne la célébration d'un mariage. La facilité de se séparer, de reprendre sa liberté quand vient la lassitude ou quand les ressources manquent, rendent les associés du concubinage fort indifférents à une situation irrégulière et immorale. Aucun d'eux n'a le désir d'en sortir par le mariage. La femme ne paraît pas être plus sensible que l'homme à l'inconvenance, à l'incertitude, aux dangers de sa position.

S'il est difficile, dans ce dernier cas, de secouer le lourd sommeil de la conscience, on peut au contraire porter remède aux embarras qui font obstacle chez les pauvres gens à la célébration du mariage, par l'aide de la loi et les efforts d'une bienfaisante initiative.

Ainsi la loi du 10 décembre 1850 dégrève des droits de timbre et d'enregistrement les actes relatifs au mariage des indigents. (Ce terme légal comprend tous ceux qui ne sont point imposés à l'une des quatre contributions directes et personnelles ou qui payent moins de dix francs de contributions). Cette faveur de la loi a été d'une grande utilité pratique pour la régularisation de bon nombre d'unions illégitimes.

Une mesure réglementaire d'un autre ordre a été prise par les administrateurs des bureaux de bienfaisance de quelques grandes villes, celui de Lille notamment : ces bureaux n'accordent de secours qu'aux ménages placés dans une condition régulière. Signaler cette mesure, ce n'est point la recommander ; elle nous paraît excessive. La pratique n'en est pas plus rationnelle que celle appliquée par les départements pour les secours aux enfants assistés : on n'accorde de pensions qu'aux filles-mères.

Ce sont là des mesures contradictoires et brutales. On ne doit point en la secourant demander à la misère un certificat d'origine. C'est, d'une part, faire violence à la liberté ; de l'autre, blesser le respect de la famille légitime.

A ce propos, on a fait à Paris une remarque caractéristique. Pendant la durée des deux siéges, de 1870 à 1871, le nombre des unions concubinaires a considérablement diminué. En voici le motif : on n'accordait dans les mairies de secours aux femmes de gardes nationaux envoyés aux remparts que sur le vu d'un acte régulier de mariage. Le secours ainsi accordé était de 1 fr. 50 cent. par jour. Or, pour obtenir ce secours, bon nombre de ménages irréguliers s'empressèrent de faire régulariser leur situation. L'esprit parisien ne pouvait perdre une si belle occasion de raillerie, même au milieu des plus terribles épreuves ; le peuple des faubourgs appela plaisamment les unions ainsi légitimées les « *mariages à trente sous* ».

L'initiative individuelle des chefs d'industrie accomplit avec ardeur et persévérance la même œuvre de réforme et de moralisation : la compagnie d'Anzin, par exemple, donne des secours aux conjoints irréguliers qui consentent à sortir de cette position par le mariage ; les ouvriers vivant en concubinage sont au contraire privés du chauffage accordé à chaque ménage. Les directeurs de la Compagnie usent en outre de toute leur influence morale pour décider les ouvriers au mariage, quand des enfants sont nés de leur union illégitime.

Dans beaucoup de grandes villes, à Paris, à Lyon, à Lille, à Bordeaux, à Nancy, etc., une association charitable ayant pour but la propagande du mariage a été fondée sous le nom de Société de Saint-François-Régis. Les résultats ne se sont point fait attendre. On a bien vite constaté qu'il ne fallait point de grands efforts pour déterminer les ouvriers, vivant en concubinage, à reprendre une vie morale et régulière.

Ainsi, à Lyon, dans ces dernières années, la Société de Saint-François-Régis a fait contracter plus

de sept cents mariages. Les membres de cette société ont maintes fois remarqué que les unions
irrégulières étaient plus souvent le fait de l'ignorance et de l'indolence pour se procurer les pièces
nécessaires au mariage que celui du désir de mal
vivre. Généralement les offres d'intervention sont
accueillies avec empressement[1].

Les sociétés de Saint-François-Régis pourvoient
aux dépenses des mariages au moyen des cotisations
de membres actifs ou honoraires et du produit de
quêtes et dons particuliers. Dans certaines villes, à
Lyon et à Lille, par exemple, les services rendus par
ces sociétés ont été si bien reconnus, qu'elles reçoivent une subvention sur les fonds du département et
de la municipalité. On exprime généralement dans les
enquêtes le vœu que ces subventions soient élargies
et étendues à toutes les associations organisées en
vue de la régularisation des mariages. Ces œuvres
influent si directement sur la constitution de la famille, sur la moralité de la femme, sur l'avenir des
enfants au sein des populations laborieuses, qu'elles
n'appartiennent plus seulement, selon une heureuse
expression, « au domaine de la charité chrétienne,
elles deviennent des institutions sociales[2] ».

---

[1] Rapport de la chambre de commerce de Lyon. Enquête de
1872-1875.

[2] Tableau des résultats présentés depuis sa fondation, de
1826 à 1869, par la Société de Saint-François-Régis :

Il n'est point fait, dans ce tableau, de divisions profession-

En regard des triomphes de la Société de Saint-François-Régis sur le concubinage, plaçons en haute estime les œuvres dont le but est de prévenir la faute. Ces institutions favorisent le mariage en dotant les jeunes ouvrières en âge de s'établir.

Plusieurs sociétés de patronage à Paris et dans d'autres grandes villes offrent des livrets de caisse d'épargne et des trousseaux aux jeunes filles qui se marient ou subviennent aux frais du mariage. Les grandes entreprises minières favorisent de leur côté les unions entre ouvriers et ouvrières occupés par la compagnie. L'intérêt industriel se joint ici à une généreuse et morale intention ; on entretient et

nelles ; mais comme cette Société agit spécialement dans les grandes villes et sur les personnes les moins favorisées de la fortune, il n'est point téméraire d'affirmer que son action bienfaisante s'est principalement exercée sur la classe ouvrière :

VILLES.	PÉRIODES.	NOMBRE DES MARIAGES.	NOMBRE DES LÉGITIMATIONS.
Paris.	1826–1869	45,000	28,645
Lyon.	1837–1866	12,000	4,545
Versailles. . . .	1838–1866	1,427	835
Marseille. . . .	1838–1866	9,844	4,144
Nancy.	1838–1866	5,312	3,354
Metz.	1838–1866	1,999	776
Lille.	1840–1866	11,941	2,762
Toulouse.	1840–1866	2,800	1,000
Saint-Quentin. .	1841–1866	1,465	815

Ne sont pas compris dans les chiffres des légitimations les enfants légitimés par le mariage de mères qui étaient encore filles au moment de la conception.

on accroît le personnel nécessaire à l'exploitation. Ainsi, à Anzin, la compagnie accorde un trousseau et une prime de 200 francs à toute jeune fille qui épouse un ouvrier de l'usine.

Les écoles professionnelles, les internats et les orphelinats d'ouvrières propagent par d'autres procédés la moralisation matrimoniale. Ces institutions, en formant dans leurs ouvroirs de bonnes ouvrières, en leur assurant à leur sortie un petit pécule, et mieux encore en leur donnant les moyens de gagner leur vie par le travail, offrent aux jeunes filles la facilité de contracter des unions honnêtes.

Nous ne saurions, à ce propos, passer sous silence les touchantes institutions organisées en faveur des jeunes ouvrières appartenant aux familles réfugiées de l'Alsace-Lorraine. Des orphelinats ont été créés pour elles dans seize villes de France, à Angoulême, Angers, Nantes, Orléans, etc.; 96 jeunes filles y sont actuellement élevées dans les arts professionnels. Au soin de leur éducation s'unit la préoccupation de leur avenir. On assure à ces orphelines, par l'épargne d'un pécule, une petite dot qui leur permettra de s'engager honorablement un jour dans les liens du mariage. Faire le bien en payant la dette du patriotisme, voilà une œuvre doublement méritante.

De tels exemples et de telles œuvres suffiraient-ils toutefois pour opérer la réforme des mœurs ? On ne saurait s'abandonner à cette illusion. Mais on ne peut davantage se détacher de cette consolante pensée que dans notre société, au milieu de tant de causes de perversion et de défaillances, on recueille encore, sous la cendre des vieilles croyances, des étincelles sacrées capables de vivifier et de relever les âmes. Le spectacle du trouble, des angoisses, des douleurs qu'entraîne après elle une vie de désordre, les charges qu'elle impose, les prodigalités et la ruine qui en sont la conséquence, l'isolement final qui en est le fruit portent d'ailleurs en eux d'assez graves enseignements pour les signaler avec confiance au bon sens de ceux qui ne fuient pas la lumière.

CHAPITRE XV

La condition morale des femmes dans l'industrie. — Le contingent des ouvrières. — L'influence de la moralité des ouvrières sur le taux des salaires. — Le travail des communautés religieuses, des ouvroirs et des prisons.— L'atelier de famille.

On s'est plu tantôt à exagérer, tantôt à amoindrir le rôle de la femme dans la société moderne. Pris à sa juste mesure, ce rôle, on ne peut le nier, s'accentue chaque jour davantage. Au sein des familles ouvrières, il est prépondérant. Dans les ménages d'ouvriers, rangés et honnêtes, le mari apporte ses salaires pour les charges communes. La femme gouverne, dirige et épargne. Elle est là le pôle d'attraction, le centre d'union, la force d'action ; tout rayonne autour d'elle ; sans elle plus de foyer, plus de liens entre le père et les enfants. La mère est l'âme de la famille.

Dans les ménages où le mari est ivrogne et dissipateur, la femme représente le devoir ; sa vie est douloureuse, mais sa tâche est immense ; elle nourrit et élève les enfants. On ne sait pas de quelle énergie, de quelle force morale, de quel héroïsme sont capables ces femmes dont l'existence est un long martyre.

L'industrie ne fonde aucune entreprise considérable, ni durable, sans le concours des femmes. Ce n'est point seulement avec le nombre des ouvrières qu'elle a à compter, ni avec la nécessité d'employer les bras dont le salaire est moins onéreux; le succès des entreprises industrielles dépend encore de l'influence morale de la femme sur l'ouvrier, de la direction de la mère sur l'éducation des enfants. Ainsi l'avenir de la production manufacturière est intimement lié à la condition matérielle, comme à la condition morale et intellectuelle des femmes et des mères d'ouvriers.

A. un point de vue plus général, le sort de la femme, vouée à la peine et aux rudes labeurs dans les sociétés primitives, s'abaisse ou s'améliore suivant le degré de civilisation des peuples et le relèvement progressif de la condition des populations laborieuses. Si bien que l'on jugerait sûrement, par la mesure du bien-être dont jouissent les femmes des familles ouvrières et le respect dont elles sont entourées, de l'avancement moral et de la prospérité d'une nation.

Quel est le sort actuel des ouvrières, soit dans leur condition personnelle, soit dans leurs rapports avec la famille et la société?

On compte en France un nombre considérable de femmes et de jeunes filles travaillant comme ouvrières, soit chez elles, soit dans les manufactures.

A Paris, sur une population féminine de 924,568 âmes, on compte 13,918 jeunes filles de 18 à 19 ans et 12,937 jeunes filles de 19 à 20 ans. Plus de la moitié sont occupées dans des ateliers, et un nombre plus difficile à préciser, travaille à domicile.

Les industries employant en France le plus de femmes sont les fabriques de tissage de la laine et de la soie, les filatures, les moulinages, les fabriques d'indienne et de toiles peintes, les fabriques de lacets, les manufactures de tabacs de l'État, les préparations de la sardine et du hareng dans les villes des côtes, les conserves alimentaires, etc.

A Paris, des industries multiples occupent les ouvrières en atelier. On cite spécialement les industries : du cartonnage ; des bijoux de doublé, d'acier ou de jais ; celle des fleurs artificielles, et tous les menus objets de luxe connus sous la dénomination générale d'*articles de Paris*.

Les magasins de couture, de confection, de chaussures et autres se rattachant à la fabrication du vêtement fournissent des salaires à un nombre fort important de femmes travaillant à domicile. Les blanchisseuses, brodeuses, couturières en robe, culottières, dentellières, giletières, lingères, modistes, piqueuses de bottines représentent dans la population ouvrière de Paris un chiffre de 105,000 âmes.

Le travail des femmes occupe, on le voit, une large place dans l'industrie nationale.

La rémunération du travail féminin n'est cependant point en rapport avec l'étendue de sa production. La plupart des ouvrières ont à résoudre un difficile problème : celui de vivre avec 250 ou 300 francs de ressources annuelles. Ce problème est d'autant plus gros d'incertitude et de perplexité que l'accroissement du salaire, quoiqu'il ait été assez sensible dans ces dernières années, ne s'est élevé que de 17 pour 100 en vingt ans; tandis que le prix des subsistances augmentait, pendant la même période, de 45 pour 100. Des milliers de femmes et de jeunes filles se trouvent ainsi condamnées à végéter dans les plus dures conditions d'existence.

La femme, dans les sociétés humaines, est sans doute assujettie, comme l'homme lui-même, à l'universelle et immuable loi du travail. Cependant la nature, par la faiblesse même de sa constitution, semble indiquer le genre d'occupations auquel elle l'a prédestinée; ce sont les ouvrages de patience, d'adresse et d'imitation. Des aptitudes naturelles la tournent également vers les soins du ménage, le commerce, les travaux délicats de l'aiguille, de la plume et du pinceau. Par une faveur providentielle il semble que la femme, appelée à concentrer au foyer la vie d'association et d'affection de toute la famille, ait reçu en même temps un don particulier et une supériorité marquée pour les travaux utiles à la communauté familiale. Elle excelle dans tous ceux qui se concilient le mieux avec les exigences d'un régime sédentaire.

Les transformations de l'industrie et l'ardeur de la concurrence ont malheureusement dénaturé le rôle imparti primitivement à la femme dans la division du travail collectif de la famille humaine. On est ainsi arrivé à enlever la femme au foyer, l'épouse au mari, la mère aux enfants, pour en faire l'*ouvrière*, c'est-à-dire l'esclave asservie à la puissance des moteurs mécaniques; « l'*ouvrière*, mot impie et sordide, selon une éloquente parole de Michelet, qu'aucune langue n'eut jamais, qu'aucun temps n'eût compris avant cet âge de fer! »

Les nouvelles lois économiques de la production offrent, il est vrai, aux ménages pauvres un double avantage : d'une part elles offrent aux femmes un salaire qui vient en aide à la vie commune, de l'autre elles abaissent le prix des objets de consommation à une valeur accessible aux petites bourses. Les dures exigences du travail industriel n'en entraînent pas moins après elles une conséquence fatale et funeste, celle d'éloigner la femme de son foyer pour l'enrégimenter dans les brigades de l'usine. Ainsi, elles la détournent de son aptitude naturelle aux travaux du ménage et avilissent la rémunération du travail à domicile.

Vers 1840, d'après Villermé, la rétribution moyenne des ouvrières des tissages des cotons ne dépassait pas un franc et ne s'élevait qu'exceptionnellement au-dessus. Une faible progression est relevée, en 1863, par M. Louis Reybaud. D'après les chiffres de son enquête sur l'industrie de la laine et de la soie, le taux des salaires des femmes dans ces industries variait alors de 1 franc à 1 franc 25 et s'élevait exceptionnellement à 1 franc 75 et 2 francs 75. Or, ce dernier chiffre devient aujourd'hui de l'exception la règle. D'après les indications recueil-lies d'un autre côté par M. Dolfus, le salaire des ouvrières dans le tissage mécanique était en 1860 de 1 franc 75 ; il est actuellement de 2 francs à 2 francs 25. Ces chiffres se corroborent l'un l'autre. Il en résulte que dans le groupe des industries textiles la rémunération moyenne des femmes est aujourd'hui de 2 francs par jour. C'est l'aisance relative pour l'ouvrière des manufactures.

Le chiffre de salaire obtenu par les ouvrières à domicile est beaucoup moins satisfaisant : son taux général en France est en moyenne de 1 franc. La journée de ces ouvrières est en outre plus pro-longée que dans les manufactures.

La faute en est à l'immense concurrence que se

font entre elles, à leur insu, les ouvrières à domicile;
à l'impossibilité où elles se trouvent de résister,
dans leur isolement, à la dépréciation de leur main-
d'œuvre. Une autre cause de cette défaveur du travail à domicile est le risque que court le patron sur
l'exactitude de la production et l'emploi utile de
toute la matière première.

La question des salaires, où se mêle tant de passion, de préjugés et d'erreurs, rencontre, quand il
s'agit de l'ouvrière, un accord général dans un sentiment d'humanité. L'insuffisance du salaire des femmes est manifeste aux yeux de tous. L'ouvrière est,
on l'a dit non sans raison, la victime de cette grande
révolution que notre siècle voit s'accomplir par les
transformations de l'outillage et l'immense accroissement de la production manufacturière. Cette révolution, dont les civilisations modernes tirent tant
d'utilité et d'éclat, fait naître aussi de lourdes responsabilités et de cruelles inégalités sociales.

Quelques industries de luxe, la confection, les
fleurs, la peinture de l'éventail traitent mieux leurs
ouvrières occupées à domicile ou en atelier. Un salaire de 3 francs à 3 francs 50 leur est offert dans
ces industries. Les dentellières à la main de toute
la région du Centre ne gagnent pas moins de
2 francs 50 par jour en s'appliquant régulièrement
à leur travail pendant une journée moyenne.

A côté de la rémunération du travail, sa sécurité:

question non moins grave. Le travail des manufactures garde là encore l'avantage; il est moins sujet aux chômages. Dans toutes les régions où existe une industrie employant les femmes, le travail est facilement offert au plus grand nombre d'entre elles et l'interruption en est rare; ce travail étant beaucoup moins recherché que le travail à domicile.

Faut-il trouver là l'explication d'un fait relevé par l'enquête de la chambre de commerce, en 1860? les ouvrières diminuent dans les industries parisiennes. Chose digne de remarque : à la diminution du nombre des ouvrières à Paris, correspond une progression sensible du nombre des ouvriers. On comptait, en 1847, 112,891 ouvrières dans l'ancienne enceinte de Paris; en 1860, Paris étendu jusqu'aux fortifications n'en renfermait plus que 105,410, ce qui accuse une diminution de 6 pour 100.

La décroissance du contingent des ouvrières n'est point, il est vrai, aussi sensible dans le dernier recensement. D'ailleurs, il s'est produit, depuis 1870, une diminution générale de la population dans Paris, qui a réduit le nombre de ses habitants de 2 millions, chiffre antérieurement constaté, à 1,851,782. Cette réduction porte principalement sur les classes laborieuses et sur la population masculine.

On a attribué la dépression du contingent des ouvrières à l'accroissement du salaire des hommes et

à l'augmentation du bien-être de la famille. Cette
considération nous semble fort relative. Il est cependant exact de reconnaître que le nombre des ouvrières à domicile a augmenté au préjudice du
travail des ateliers. L'usage, de plus en plus répandu,
des machines à coudre a permis à beaucoup de
femmes d'exécuter chez elles des travaux qui autrefois se faisaient chez les patrons. C'est là un résultat
utile de la division du travail de plus en plus frac-
tionné et disséminé entre des mains, plus nombreuses.

Certaines industries ont d'ailleurs subi des transformations de nature à diminuer le travail à la
main. Dans la décoration de la porcelaine, d'après
M. Cochin, le nombre des ouvrières qui s'élevait à
Paris à 1,010, avant l'emploi des procédés nouveaux du décalcage, a été réduit de ce fait à 458.

En même temps que décroît le nombre des femmes employées par l'industrie, le salaire progresse
d'une manière corrélative pour celles restées
occupées.

Ainsi, dès 1864, on constatait que les chiffres établis par la précédente enquête avaient été dépassés;
ils présentaient une moyenne de 2 fr. 50 c. pour
plusieurs catégories d'ouvrières parisiennes. Le
salaire des femmes, dans les départements, n'a pas
suivi la même progression. Les ouvrières de Paris
ont été relativement favorisées. Mais il est juste de

rèconnaître qu'elles sont aux prises avec des difficultés bien plus grandes par suite de la cherté de la vie. La cherté existe, à la vérité, au même point dans plusieurs grandes villes, Lyon, Lille, Marseille, où la rémunération du travail féminin n'a point obtenu une amélioration notable. Les ouvrières de ces villes souffrent d'une dure inégalité.

Nous reproduisons, à l'appui de ces observations, deux tableaux comparatifs des salaires des femmes à Paris et dans les départements, empruntés à la statistique générale de la France. Le rapprochement en est instructif [1].

Il résulte de ces chiffres que le taux du salaire, indiqué comme opérant un mouvement ascensionnel dans les périodes précédentes, aurait, dans ces der-

[1] Prix de journée moyens des femmes dans les chefs-lieux de départements :

Professions.	En 1853.	En 1872.	Accroissement pour cent.
Modistes	1f 12	1f 37	22 pour 100
Lingères.	0 90	1 38	53 —
Brodeuses.	0 98	1 38	41 —
Corsetières.	0 97	1 46	51 —
Couturières en robes. . . .	1 08	1 49	38 —
Culottières.	1 05	1 50	43 —
Piqueuses de bottines. . .	1 » »	1 52	52 —
Blanchisseuses.	1 25	1 53	22 —
Giletières.	0 95	1 57	65 —
Dentellières.	1 08	1 66	54 —
Fleuristes.	1 33	1 78	34 —
Moyenne générale.	1 07	1 51	41 pour 100

nières années, subi un temps d'arrêt facilement imputable à nos malheurs, suivis de crises inévitables qui ont ralenti l'essor de la production industrielle[1].

La moyenne du salaire serait moins favorable encore aux femmes occupées exclusivement à domicile. La rémunération des ouvrières de la grande industrie présenterait, au contraire, une proportion plus élevée. Ainsi les femmes employées dans les houillères du Nord au criblage des charbons (à Anzin notamment), gagnent 1 fr. 50 c. et même 2 francs de salaire par jour.

Le salaire des ouvrières reste au surplus, dans les

Prix de journée moyens des femmes à Paris :

Professions.	En 1840.	En 1853.	En 1860.	En 1872.
Lingères............	0f 90	1f 50	1f 75	2f »
Corsetières..........	1 »	1 50	2 »	2 »
Couturières en robes....	1 25	1 75	2 »	2 »
Brodeuses...........	1 50	2 »	2 »	3 »
Dentellières..........	1 50	2 30	2 50	3 »
Piqueuses de bottines...	1 50	2 50	2 »	3 »
Fleuristes...........	1 50	2 50	2 25	3 »
Blanchisseuses........	2 »	2 50	2 50	3 »
Culottières..........	1 75	2 50	2 75	4 »
Moyennes...........	1 43	2 12	2 20	2 78

[1] Dans la spécialité la plus nombreuse, la couture et le vêtement, le salaire moyen des ouvrières est évalué, pour les départements, à une moyenne générale de 1 franc 45 par jour. A Paris, on fixe cette moyenne, pour les mêmes ouvrières, à 2 francs 75 par jour. Ces salaires ont, depuis l'année 1853, dans une période de vingt années environ, profité d'un accroissement de 38 pour cent dans les départements et de 31 pour cent à Paris.

mêmes industries, sensiblement inférieur à celui des ouvriers, quoique dans quelques-unes leur travail produise des services identiques, quelquefois supérieurs.

Tel est, sous son aspect général, le bilan du salaire des femmes. Comment le mince budget de l'ouvrière peut-il être, dans de telles conditions, mis en équilibre? Les besoins matériels de la femme peuvent, à la vérité, être considérés comme inférieurs à ceux de l'homme. Une moindre dépense dans la nourriture, le loyer, les charges générales de la vie leur rend moins âpre la peine de vivre avec 2 francs par jour. Mais l'entretien, on ne peut dire la toilette, quand il s'agit d'une si modeste dépense, a des exigences inévitables pour l'ouvrière. La décence de sa mise est le plus souvent une obligation, dans les magasins qui l'occupent, et un bon accueil en dépend parfois. N'a-t-elle pas aussi à supporter la dépense modique en apparence, lourde pour elle, de la lumière et du chauffage quand elle travaille à domicile? Ajoutons, pour être juste, que les souffrances et les privations sont plus dures à supporter quand elles pèsent sur des natures débiles et impressionnables.

Ces difficultés peignent au vif la situation des ouvrières. La question de la quotité du salaire se lie intimement par là à celle de leur condition morale. L'insuffisance du salaire est une cause déterminante de défaillances. Comment en serait-il autrement, au milieu des tentations et des séductions auxquelles les ouvrières sont exposées? Combien les difficultés de la vie, l'étreinte du besoin, l'aiguillon de la misère ont-ils poussé de jeunes filles, nées pour vivre pures et honorées, à l'oubli des devoirs et à une chute irréparable ?.

Une première faute ouvre une vie de désordre. L'inconduite de la femme devient alors une nouvelle cause de la dépréciation de son salaire. Livrée à la dissipation, inexacte au travail, considérant comme accessoire le profit qu'elle en retire, l'ouvrière consent bientôt à s'engager dans les ateliers à un prix avili. Elle n'a plus d'ailleurs le choix d'entrer dans les fabriques où la rémunération est la plus avantageuse ; celles-là choisissent leur personnes et exigent des conditions plus rigoureuses de moralité.

Si l'on jette un coup d'œil, à la sortie des ateliers, sur les ouvrières des fabriques, on remarque d'abord des jeunes filles aux allures simples et modestes ; puis des créatures au regard hardi, enflammé par les habitudes de débauche et d'intempérance ; derrière elles marchent de pauvres vieilles chétives et blêmes, brisées par la souffrance. On peut parcourir ainsi toute l'échelle de la moralité des femmes dans l'industrie. A voir celles qui portent sur leur front les stigmates du vice et de l'impudeur, on comprend tous les dangers que courent, à de tels contacts et l'oreille exposée aux plus grossiers propos, les enfants innocentes et pures que les exigences du travail industriel et les nécessités de la vie séparent tout le jour de la tutelle maternelle. On constate ensuite les dégradations qui suivent la première faute, et ses conséquences finales, la misère.

Regardez encore, vous verrez quelques-unes de ces femmes courir à quelques pas de l'usine, aux tavernes où elles dissipent leurs salaires dans des excès que connaissent à peine les ouvriers les plus enclins aux habitudes d'ivrognerie. A Lille, elles ont leurs cabarets à elles, où la seule boisson usitée est l'eau-de-vie de grain ou de betterave. A Rouen, la police les ramassait, il y a quelques années encore, à la sortie des bouges des faubourgs, ivres-mortes, et les emportait sur des brouettes à la chambre de sûreté.

Le plus fâcheux, c'est que ces défaillances et ces désordres influent sur les conditions générales du salaire des femmes; ils produisent sur le taux de ces salaires une dépression marquée. C'est là assurément une des causes capitales de la différence si sensible existant entre le salaire des ouvriers et celui des ouvrières; différence que ne suffirait point à expliquer la faiblesse du sexe ou l'infériorité de la main-d'œuvre.

Dans beaucoup d'industries, les femmes montrent

plus d'aptitude et d'habileté que les hommes. L'emploi de ceux-ci y est cependant préféré par les patrons qui trouvent en eux plus de fixité, plus de désir de les satisfaire, plus d'ambition professionnelle.

L'influence dominante de la moralité des femmes sur le progrès des salaires, démontrée jusqu'à l'évidence par l'expérience, n'a pas été suffisamment mise en relief par la plupart des économistes qui ont traité cette matière.

On signale le plus souvent avec MM. Villermé, Le Play, Jules Simon, l'infimité du salaire des femmes comme provenant des causes suivantes : 1° le petit nombre des métiers qui leur sont dévolus et l'accaparement par les hommes de professions destinées aux ouvrières; 2° la concurrence des maisons de refuge, des couvents et des prisons qui avilissent les prix de la main-d'œuvre.

L'envahissement par les hommes des professions féminines a été mis au nombre des iniquités sociales par les moralistes de tous les temps, depuis J.-J. Rousseau jusqu'à M. Legouvé. En y regardant de près, on se convaincra aisément que ce reproche prête plus au développement littéraire et à l'effet sentimental, qu'il ne supporte un examen sérieux. A côté des industries qui substituent, comme les magasins de nouveauté, l'emploi des hommes aux femmes, on en compte de non moins importantes, de plus nombreuses même, l'imprimerie, par exemple, où les ouvrières trouvent aujourd'hui une occupation conforme à leurs aptitudes, qui leur était jadis refusée.

Les facilités de travail augmentent chaque jour pour les femmes. L'intérêt des patrons, luttant pied à pied contre l'accroissement des salaires, se tourne naturellement de leur côté. Certaines manufactures en emploient actuellement un nombre beaucoup plus considérable que par le passé.

Les femmes manquent au travail de l'industrie, plus que le travail ne manque aux femmes. Voilà la nouvelle vérité économique. Elle dénonce une amélioration sensible de leur condition. Ainsi, le premier grief porte à faux.

La concurrence des maisons de refuge, des orphelinats et des couvents est accusée comme dolosive pour le travail des femmes. M. Jules Simon dans un remarquable livre, l'*Ouvrière*, a donné crédit à ce grief dans l'opinion. Les mêmes accusations viennent d'être renouvelées, avec moins de talent et de bonne foi, par les orateurs du congrès ouvrier. Cette discussion ardente, acrimonieuse, a eu un grand retentissement. On ne parle de rien moins que de faire prohiber, par une loi d'État, les travaux sur commande aux communautés religieuses. C'est ainsi que l'on entend dans certaines sphères politiques la liberté du travail.

Les orateurs du congrès ont pris au sérieux une réclame des magasins du Louvre, annonçant qu'ils emploient 150 *couvents* à leurs travaux de confection. On a fait de cette hyperbole de prospectus, à la grande joie de ses inventeurs, un thème à déclamation sur l'accaparement, l'avilissement du salaire; l'inutilité et les dangers des ouvroirs. Interdire le travail aux couvents, et, si cela ne suffit pas, interdire les couvents, telle a été la conclusion logique de la discussion. Il y a mieux à dire, pour l'intérêt de la vérité.

Les communautés de femmes s'occupant des divers travaux de la couture comptent en France un effectif de 50,000 personnes environ [1]. Ce modeste contingent n'est guère de force à influer par lui-même sur les conditions du salaire des deux millions de femmes tirant profit, dans des conditions diverses, du travail de l'aiguille. Ajoutons que les religieuses appartiennent, en général, aux classes les moins fortunées de la société; c'est au cœur du peuple qu'elles sont recrutées. C'est là que, rendues à la vie civile, elles viendraient appor-

[1] D'après une statistique publiée par l'*Economiste français* (1876), l'effectif des corporations religieuses des deux sexes s'élève en France à 125,000 personnes; si l'on déduit de ce chiffre les communautés d'hommes d'une part, et de l'autre les communautés de femmes ne s'occupant pas des travaux de la couture, on peut évaluer au maximum à 50,000 le nombre des ouvrières des congrégations religieuses.

ter, à côté des autres ouvrières, la concurrence d'un travail d'autant plus actif qu'il serait stimulé par les nécessités de la vie.

Mais, dit-on, les religieuses ne travaillent pas seules, elles ont sous leur direction les ouvroirs. Cela est vrai. Nous avons eu occasion de dire les services rendus par là à l'enseignement professionnel. On ajouterait, sans s'écarter de la vérité, qu'il croît là toute une pépinière d'ouvrières honnêtes et capables qui, rentrées dans leurs familles, relèvent le prix des salaires par leur moralité et la perfection de leur travail. Les mères bénissent ces asiles de la chasteté de leurs filles. Les ouvriers eux-mêmes professent une grande estime pour ces institutions qui leur conservent, dans la pratique des devoirs et le respect des bonnes mœurs, des épouses dignes d'eux.

Les ouvroirs sont la meilleure défense, si tant est qu'il ait besoin d'être défendu, du travail des communautés religieuses. Non-seulement ils proclament leurs services, mais ils en attestent le désintéressement.

Une remarque peut aider à évaluer à sa juste mesure la part afférente aux ouvroirs dans la production générale des travaux de couture : on estime à 250,000 environ le nombre des machines à coudre actuellement vendues en France ; or, 10,000 seulement de ces machines ont été acquises par les communautés de femmes ou les ouvroirs. Ainsi, le travail de ces écoles d'apprentissage, outre qu'il est pratiqué pour la majeure partie par des enfants, ne figurerait pas pour un vingtième dans l'emploi des instruments de confection. Y a-t-il là de quoi porter une perturbation si profonde dans les conditions harmoniques de la production et des salaires ?

Singuliers industriels, en vérité, que ces couvents où l'on élève, instruit et nourrit des jeunes filles en bas âge. D'ignorantes et maladroites apprenties, on en fait de bonnes ouvrières; et quand vient la dix-huitième année, à l'âge où elles ont acquis l'habileté de main qui fait le bénéfice du travail, on les rend à la société, soit en les plaçant dans des familles estimables, soit en les mariant à d'honnêtes ouvriers! Singuliers industriels que ces communautés religieuses qui se font concurrence à elles-mêmes en formant de nombreuses ouvrières, et bien souvent en leur procurant du travail !

Et ce sont des ouvriers partisans de l'*association*, au point d'en faire le programme d'une rénovation sociale, ce sont eux qui s'attaquent aux communautés de femmes! Mais quelle est donc l'utilité de l'association, si ce n'est d'obtenir la production à bon marché et d'employer en les groupant les forces des faibles? Les associations corporatives, sous quelque forme que ce soit, poursuivent-elles un autre büt, sont-elles régies par d'autres lois? Est-ce donc par la religion, dont les pratiques se mêlent au travail des ouvroirs pour fortifier les courages et élever les âmes, que l'association, de louable et utile ailleurs, deviendrait ici nuisible et impie? On ne peut faire plus lourdement tomber dans la balance de la justice deux poids et deux mesures. La passion politique et le mépris de l'éducation morale peuvent seuls expliquer les attaques dirigées contre les communautés de femmes, les ouvroirs, les orphelinats. Le bon sens public a déjà condamné ces attaques. Passons.

Le travail des prisons, comme celui des ouvroirs, est frappé d'ostracisme par les congrès ouvriers. La haute utilité de la moralisation des condamnés, par le travail, n'arrête pas plus leur verdict que l'intérêt de l'éducation professionnelle des ouvrières. Il faut cependant bien que les detenus travaillent; l'oisiveté serait pour eux une cruelle aggravation de peine, sans compter la privation des adoucissements que le gain d'un salaire, si minime qu'il soit, leur procure. Or, à moins d'occuper les prisonniers, comme en Angleterre, à tourner une roue dans le vide, système à la fois abrutissant et barbare, il est rationnel que l'État utilise leur travail, soit directement, soit par des intermédiaires. Ce travail bouleverse-t-il les lois de la production? Là est la question.

Or, les griefs articulés sur ce sujet sont purement chimériques. Qu'on tienne d'abord compte de ce dilemme : ou le détenu pratiquait l'état qu'il exerce dans la prison avant d'y entrer, ou il ne le connaissait pas. Dans le premier cas, la concurrence n'a fait que changer de place ; dans le second, l'apprentissage est le plus souvent aussi long que la peine, le travail reste improductif, la concurrence n'est pas sérieuse.

On objecte que le salaire des prisons est très-peu rémunérateur ; il varie de 0 fr. 50 à 1 fr. et 1 fr. 50. Or, il faut examiner les résultats de la production et non compter le prix des journées. Le détenu, moins bien nourri que l'ouvrier libre, travaille moins ; il n'a ni goût, ni intérêt, ni courage à la besogne ; il ne produit pas moitié du travailleur libre. Si l'entrepreneur du travail des prisons abaisse à l'excès le prix de certains produits, c'est que le plus souvent il est à la fois entrepreneur de nourriture et entrepreneur du travail ; il gagne sur l'une plus que sur l'autre. C'est là où est l'abus, mais l'administration veillant, il est aujourd'hui assez restreint et réformable.

On a dénoncé au congrès les chiffres suivants, extraits d'un rapport du service des prisons à M. le ministre de l'intérieur : en 1875, dans dix-huit de nos principaux établissements pénitentiaires de femmes, il a été fait, par 2,933 ouvrières, 915,421 journées de travail ayant donné 628,624 fr. de salaires ; ce qui met à 0 fr. 80 environ la moyenne de la journée de travail.

Eh bien ! cette moyenne s'éloigne peu de ce que gagnent beaucoup d'ouvrières des campagnes ou d'ouvrières à domicile. Ajoutons que ce salaire est établi sans aucun chômage, le travail des détenus étant obligatoire. Enfin, il faudrait supputer, en regard du salaire, l'infériorité de la production, le nombre d'heures inutiles passées à l'atelier, pour apprécier les différences de résultats sur une base équitable. Il serait facile de se convaincre ainsi que le travail des détenus, dans ses proportions limitées, quant au nombre des personnes et à l'étendue de sa production, ne fait pas une concurrence sérieuse au travail des ouvriers libres. Ce travail n'influe pas d'une manière sensible sur le taux des salaires.

Ajoutons que les diverses réformes, apportées dans ces dernières années au régime pénitentiaire en France, sont de nature à limiter considérablement la production industrielle dans les prisons. La déportation appliquée à toutes les longues peines ; le travail agricole considérablement développé dans les colonies pénitentiaires et dans tous les établissements de jeunes détenus ; enfin le système cellulaire étendu à toutes les prisons départementales par la loi de 1875, sont autant de causes de suppression des ateliers industriels dans les maisons de réclusion. Par suite, s'évanouissent les craintes de la concurrence faite par les réclusionnaires aux ouvriers libres.

Les choses étant ainsi ramenées à de justes proportions, il faut chercher ailleurs les causes de l'avilissement du salaire des femmes. Revenons à notre démonstration : le niveau du salaire des ouvrières s'élève ou s'abaisse en proportion directe du relèvement ou de l'affaiblissement de leur condition morale et intellectuelle.

Nous aimons à nous trouver d'accord, sur ce point, avec un économiste des mieux autorisés, M. Leroy-Beaulieu. Ce ne sont, à ses yeux, ni le travail des femmes à domicile, ni les produits des couvents ou des ouvroirs, qui sont la cause réelle de la dépréciation du salaire des femmes, mais bien le défaut de capacité, le manque d'éducation professionnelle, l'absence d'instruction, surtout l'inconduite.

Le fait est incontestable, la plupart des carrières qui devraient être ouvertes aux femmes par la nature de leur esprit leur sont fermées par suite du défaut d'éducation et d'instruction. Mais l'influence de l'inconduite est dominante dans l'avilissement du salaire : « Il y a, dit M. Leroy-Beaulieu, un fait déplorable qui agit en ce sens avec une énergie plus grande, c'est la prostitution. Nous ne voulons pas parler de la prostitution devenue métier unique, mais de cette prostitution accessoire qui va de pair avec le travail journalier, produit autant et souvent plus que lui, et qui peu à peu tend à former le soutien principal de l'existence de l'ouvrière, pesant ainsi sur la rémunération du travail et la maintenant basse. Voilà pourquoi, dans la plupart des grandes villes, cette rémunération ne forme pas le fond de leur existence, elle vient seulement par surcroît. »

On a fait une remarque qui porte contre les mœurs industrielles une cruelle accusation. Le salaire des ouvrières est moins élevé dans les magasins les plus en vue, les plus en vogue, où l'on exige le plus d'élégance dans la tenue. En effet, on apprécie comme un avantage la facilité que les jeunes filles trouvent là d'être distinguées par la riche clientèle masculine. Les emplois sont fort recherchés par les ouvrières dans les magasins de confiserie, de parfumerie, de lingerie en renom. Les pauvres filles que l'on qualifie avec quelque prétention de dames de comptoir gagnent à peine de quarante à quatre-vingts francs par mois, et il faut faire face chaque jour aux frais de toilette et de coiffure. Peuvent-elles raisonnablement espérer vivre honnêtes avec ce misérable salaire ? C'est le sort des actrices et des figurantes des petits théâtres ; elles sont d'autant moins rétribuées qu'elles sont appelées à se produire plus souvent et dans le costume le plus léger. Beaucoup ne reçoivent rien et parfois se donnent par surcroît pour obtenir la faveur de l'exhibition publique.

Ne cherchons donc pas ailleurs la cause de la vilité du salaire des femmes; elle se dénonce partout dans le mépris du travail et le dédain de l'honnêteté.

En face de ces défaillances et de ces hontes de notre état social, ne faut-il pas énergiquement appeler de nos vœux, comme une suprême espérance, ce qui peut le mieux améliorer la condition intellectuelle et morale des ouvrières : l'éducation et l'instruction professionnelle le relèvement des bonnes mœurs et des croyances ?

La femme ne trouve pas comme l'ouvrier, dans l'indépendance personnelle ou dans les moyens d'association, la force nécessaire pour résister aux prétentions des patrons, se défendre contre les intermédiaires et relever l'avilissement du prix de sa main-d'œuvre.

Le travail des ouvrières subit encore une sensible dépréciation du fait de l'immense concurrence que les femmes se font à elles-mêmes, dans les travaux de la couture. La concurrence ne vient point là seulement des ouvrières, mais de personnes de toute condition : de femmes du monde travaillant à la tapisserie, à la broderie, à la confection, pour cacher une misère ou satisfaire une fantaisie; de personnes aisées voulant grossir leur épargne; de jeunes filles ou de personnes âgées à qui répugne le travail des ateliers; de mères attachées à la surveillance de leurs enfants. Un innombrable contingent de femmes acceptent ainsi à vil prix un travail qui leur offre encore des avantages en ne les détournant pas des occupations journalières et en ne les éloignant pas du foyer. Ce sont là des conditions économiques en quelque sorte fatales. On les constate sans pouvoir en indiquer le remède.

Faut-il d'ailleurs, même en face de ces inconvénients, se plaindre avec trop d'amertume de l'immense diffusion du travail à domicile?

Travail bienfaisant et moralisateur, ressource suprême des êtres les plus faibles, le travail à domicile ne rompt aucun des liens de famille et ramène, par un étrange retour des choses humaines, les mœurs des femmes à reconstituer, dans la vie moderne, l'atelier domestique comme il existait dans les sociétés antiques.

Le travail à domicile, pratiqué dans ces conditions, divisé, irrégulier, discontinu, subit inévitablement une lourde dépression de sa rémunération. Pourrait-il en être autrement, si l'on examine à quel prix se livrent les objets de confection, de broderie ou de lingerie dans les grands magasins de nouveautés de Paris, tels que : le Louvre, le Bon Marché, le Coin de Rue, etc.? Le bas prix de ces objets est uniquement dû à l'infimité du prix de la main-d'œuvre. Or, cette

main-d'œuvre où se pratique-t-elle? Vous retrouverez tous les modèles de confection des grandes
maisons parisiennes entre les mains des ouvrières
de la campagne, dans les villages de la Beauce, du
Berry, de la Touraine; là où les femmes ne se
livrent plus aux travaux de la culture. Vous verrez
ces guipures, ces points si délicats se dérouler sur
le carreau des dentellières de la Haute-Loire et du
Puy-de-Dôme.

Les facilités de vendre à bon marché sont acquises par l'immense division, la grande dispersion
de la main-d'œuvre, particulièrement dans les travaux de couture qui occupaient jadis les ouvrières
dans des ateliers voisins de la maison de commerce.
L'invention de la machine à coudre joue aussi son
rôle dans ces nouvelles conditions économiques. Si,
d'un côté, elle déprécie le travail de la couture à la
main, de l'autre, elle a été un actif agent de l'extension du travail à domicile. La facilité de la location
des machines, jointe à la rapidité de l'exécution, a
permis à des milliers de femmes d'accepter à forfait
ou même d'entreprendre des travaux de confection
qui leur eussent jadis été interdits. Un grand nombre
de petits ateliers de famille se sont ainsi constitués ;
et, d'ouvrières, beaucoup de femmes, grâce à l'invention des Howe et des Singer, sont devenues pa-
tronnes à leur tour.

Les salaires souffrent sans doute de cette progres-

sion immense de la concurrence; mais, à d'autres
points de vue, ne devrait-on point bénir les révolutions accomplies dans les procédés de la production? On le pourrait, sans injustice, si l'on s'arrêtait
à ces sérieuses considérations : le travail à domicile est au sein de la famille le plus efficace agent
de moralisation; il favorise tout particulièrement
les soins que la mère donne à ses enfants, ceux que
donne la jeune fille aux parents âgés; il porte l'aisance dans le ménage et attache à son foyer le chef
de la famille; il possède enfin cette rare vertu de
prévenir l'émigration des jeunes filles des campagnes, tentées jadis par les gros salaires de la ville,
en les retenant dans leur village sous la direction
maternelle.

On se plaindrait avec plus de raison de ce que
les ouvrières ne varient pas leurs travaux selon leurs
aptitudes et se livrent un combat sans relâche sur
le terrain de la couture. Le nombre démesuré des
travailleuses à l'aiguille est une cause constante de
l'avilissement de leur salaire. Si un apprentissage
spécial cultivait le goût des femmes et formait leur
capacité, elles trouveraient l'emploi de leur temps,
même à domicile, dans une infinité de travaux ré-
munérateurs. Tels sont : le dessin, la gravure, la
peinture de l'émail, de la porcelaine, des éventails,
la ganterie, le piquage des chaussures, la fabrication
des bijoux de jais, de verre ou de doublé, la bim-

belotterie, et en général la confection de tous les menus articles de Paris. Beaucoup d'ouvrières, occupées dans de petits ateliers, feraient alors leur travail à domicile. Il appartient à une bonne direction de l'éducation professionnelle de réaliser ces progrès. Grâce à un apprentissage spécial, les ouvrières peuvent accaparer le monopole d'une foule de produits dont la fabrication, dans l'atelier domestique, se concilierait avec l'avantage d'un salaire rémunérateur [1].

Quoi qu'il en soit des conditions actuelles du travail à domicile, on ne saurait trop encourager ses efforts et favoriser ses progrès, pour ouvrir aux ouvrières l'horizon d'un avenir meilleur.

Le salaire des femmes dans la grande industrie est sans doute plus rémunérateur, mais combien leur condition ne laisse-t-elle point à désirer à l'égard de la moralité et des rapports de famille! Si le besoin n'exerce pas sur elles ses pernicieuses influences, le travail à la manufacture les éloigne de leur ménage et les sépare de leurs enfants; jeunes filles, il les expose, par des suggestions et des contacts fâcheux, à de continuels périls.

---

[1] Tel n'est pas l'avis du congrès ouvrier de 1876. Voici sur ce point sa résolution, elle est fort ambiguë : « Travail des femmes : rétribution égale du travail des hommes et du travail des femmes; suppression du travail dans les écoles du soir et les écoles primaires. »

L'idéal à rêver pour les ouvrières n'est pas l'affranchissement de l'austère loi du travail. Aucune d'elles ne voudrait, au prix d'un repos égoïste, ne point prendre sa part des peines aussi bien que des joies des êtres chers. Femmes ou mères, elles portent dans leur âme, brûlant d'un feu perpétuel comme la lampe du sanctuaire, la flamme sacrée du dévouement. Ce qu'il faut souhaiter aux ouvrières, c'est que la tâche ne soit point écrasante pour leur frêle nature; qu'elle ne les détourne pas de l'accomplissement des devoirs; qu'elle n'altère pas la pureté de leurs mœurs; que leur travail enfin reçoive une équitable rémunération. Il faudrait tenir pour un malheur social que ces vaillantes auxiliaires de l'industrie n'obtinssent d'autre récompense de leur courage que le sacrifice de la santé, de la moralité, du bien-être, pour ne laisser après elles, au bout d'une carrière prématurément abrégée par la mort, qu'un foyer désert, des orphelins sans asile, la misère et l'oubli.

Il y a mieux à attendre d'une société où, parmi tant d'institutions abattues, on n'a pas détruit encore le respect de la femme, ni étouffé la foi dans l'influence morale de la famille.

CHAPITRE XVI

La protection légale des ouvrières de l'industrie. — La prohibition du travail de nuit. — La police des ateliers.

Nos mœurs et nos lois accordent-elles à l'ouvrière
une protection suffisante? Rencontre-t-elle, dans le
monde moderne, une part de justice égale à celle que
réclamerait l'importance de sa mission? Nos observations l'ont déjà fait pressentir : nous ne le pensons
pas.

Frappés des injustices et des inégalités dont la
femme est victime, nombre de moralistes voudraient
l'exclure d'une manière absolue du travail industriel, pour la renfermer au foyer et l'occuper exclusivement aux soins du ménage. Dieu nous garde
d'accueillir avec trop de faveur ces doctrines aussi
chimériques que séduisantes. Un tel idéal de rénovation des mœurs sociales, un tel souci du repos de
l'épouse et des joies de la mère au sein de la famille
appartiennent, hélas! à un monde imaginaire dont
les exigences de la vie réelle raillent cruellement
les illusions. Ces vœux sont loin de recevoir satisfaction dans une société où le mouvement industriel

s'accroît sans cesse et impose à chacun de ses membres d'impérieuses nécessités. La doctrine de l'exclusion des femmes du travail industriel présente d'ailleurs un grave danger : elle est préconisée par les congrès ouvriers, bien moins dans l'intérêt de l'ouvrière qu'en vue de détruire la concurrence de son travail. Or, cette exclusion déplacerait, dans un sens opposé, les lois de l'égale répartition des charges sociales. L'avenir de la femme, encore plus dépendant du travail et de la volonté de l'homme, en serait peut-être moins assuré. Le partage de la peine et du labeur, suivant les aptitudes respectives, est une loi universelle de paix domestique et de sécurité générale. Restons donc dans le monde réel, au milieu des nécessités qui nous entourent, et ne tentons pas un imprudent voyage au pays des chimères.

Une question plus pratique nous préoccupe : en présence de l'influence démoralisante qu'exerce sur l'ouvrière le travail des manufactures, il est temps de se demander dans quelle mesure le législateur peut intervenir là pour sa protection ? Quelles prescriptions pourrait-il efficacement édicter pour assurer le respect des bonnes mœurs et réglementer le travail des femmes dans les ateliers ?

La législation anglaise est la première entrée dans cette voie :

Dans tous les bills qui, en Angleterre, se sont, depuis le règne de Georges III jusqu'à nos jours, occupés de la réglementation du travail industriel, des articles spéciaux ont été consacrés à la police des ateliers et à la protection des femmes.

Des prescriptions minutieuses sont ordonnées, par cette prévoyante législation, pour la séparation des sexes, la surveillance des mœurs dans les ateliers, la prohibition du travail de nuit. L'observation du repos du dimanche y est assurée par la clôture des ateliers le samedi à deux heures, pour faciliter aux femmes les soins du ménage.

Les lois anglaises divisent les sujets protégés en deux catégories : les enfants, filles et garçons, de huit à treize ans ; les adolescents de treize à dix-huit ans. Les jeunes filles et femmes de tout âge sont assimilées à cette dernière catégorie pour la durée et les règles du travail. Par suite, les femmes travaillent dans les mêmes limites d'heures que les enfants, c'est-à-dire entre six heures du matin et six heures du soir en été, entre sept heures du matin et sept heures du soir pendant les six mois d'hiver.

La durée du travail effectif des femmes ne doit pas dépasser dix heures et demie par jour. La journée de présence de douze heures est coupée par une heure et demie de repos distribuée à divers intervalles. Le repos a lieu aux mêmes heures dans toute l'usine. Le travail des femmes ne dépasse point de cette manière un maximum de soixante heures par semaine, savoir : cinquante-deux heures et demie pour les cinq premiers jours de la semaine et sept heures et demie pour le samedi. Il n'est fait aucune exception à la stricte interdiction du travail de nuit des femmes. La prohibition en est absolue.

Cette législation tutélaire a provoqué de nombreuses imitations chez tous les peuples du monde ; on est convaincu partout aujourd'hui de son utilité[1].

En France, on le sait, notre première loi sur le travail industriel date de 1841 ; elle ne s'est occupée que des enfants. Grâce cependant à ce premier mouvement en faveur de la protection des faibles, on sentit bientôt la nécessité de porter quelque sollicitude sur la condition des ouvrières de l'industrie.

C'est d'ailleurs une loi du progrès des mœurs : la civilisation d'un peuple se mesure à l'état matériel et moral des femmes ; plus cette civilisation se développe, plus la femme est éloignée des rudes travaux auxquels la misère l'assujettit et son sort amélioré.

Cette loi se trouve être en harmonie parfaite avec les sentiments instinctifs de la femme. Laissée à son indépendance, dans la libre appréciation de ses actes, quelle est la jeune fille qui ne fuirait les périls qu'entraîne après elle la fréquentation nocturne des

---

[1] On trouvera une analyse complète des législations étrangères, sur cette matière, dans l'ouvrage intitulé : *Législation du travail des enfants dans les manufactures*, par MM. Eugène TALLON et Gustave MAURICE. — Paris, Baudry, éditeur.

ateliers? Quelle est l'épouse, quelle est la mère qui consentirait à s'absenter toute la nuit de la maison, pour aller travailler loin de l'époux et des enfants dans les manufactures ?

La révolution si profonde, opérée dans les mœurs du travail par l'introduction de la fabrication à vapeur, a seule pu jeter nuit et jour la femme et l'enfant dans la noire fournaise des usines. La puissance absorbante des moteurs mécaniques assujettit sans cesse à son action et dévore, Minotaure insatiable, la vie des plus faibles. Le législateur a dû intervenir. C'est au nom de la liberté, des droits personnels de la femme, de la défense des enfants, des intérêts les plus sacrés, que la loi protége le travail dans l'industrie.

Ainsi l'a compris la libre Angleterre, le pays le plus jaloux de l'indépendance et des garanties individuelles. Ainsi la France l'a voulu, à son tour, par un tardif retour à ses sentiments naturels d'humanité.

Emu du spectacle de douloureuses réalités, M. le baron Charles Dupin, dont le nom reste attaché aux origines d'une législation bienfaisante, réclamait, peu d'années après la promulgation de la loi de 1841, l'extension au travail des femmes de la protection accordée à l'enfance ouvrière.

Le projet de loi, présenté à la Chambre des pairs au commencement de 1847, prit cette généreuse initiative. La révolution de 1848 lui réservait, hélas !

un prochain naufrage. A travers des vicissitudes diverses, on voit reparaître le projet de M. Dupin au sein de la commission d'assistance, en 1851; puis au Conseil d'État sous l'Empire, en 1868. Les événements politiques le rejettent successivement dans l'ombre. L'honneur inattendu était réservé à l'auteur de ce livre (qu'on lui pardonne ce souvenir de sa carrière parlementaire) de reprendre, de concert avec MM. de Melun et Lefébure, le projet de loi relatif à la protection des femmes, au sein de la commission chargée, en 1872, de préparer une loi sur le travail des enfants dans les manufactures. Il a eu l'heureuse fortune de faire aboutir, en partie, ce projet devant l'Assemblée nationale.

La loi nouvelle devait porter le titre de *Loi sur le travail des enfants, des filles et des femmes employés dans l'industrie.* Suivant l'article premier, elle s'appliquait, sans distinction, aux filles et aux femmes travaillant « dans les manufactures, ateliers et chantiers, ou en général hors de la famille, sous les ordres d'un patron ». L'article 4 appliquait l'interdiction du travail de nuit aux filles et *femmes de tout âge.* D'après l'article 5, le travail des filles et des femmes était interdit les dimanches. Enfin l'article 7, relatif aux travaux des mines et carrières, portait cette prescription : « Les filles et les femmes de tout âge ne peuvent être admises dans ces travaux. »

Le rapport appuyait ces dispositions sur les considérations suivantes :

« Nous n'avons pas à insister sur les dangers que présente pour les jeunes filles, au point de vue moral, leur emploi dans les ateliers, la nuit; mais ce travail est plus funeste encore, s'il est possible, à l'égard des mères de famille.

« Rien ne relâche plus les liens du mariage et n'exerce sur la conduite de l'ouvrier une plus fâcheuse influence que l'absence continue de la femme de son foyer; rien n'est plus préjudiciable à la santé de l'enfant que l'éloignement de la mère aux heures où, sous le toit commun, les membres de la famille se réunissent pour le repos. La communauté d'habitation, durant la nuit, de la famille ouvrière est le seul temps que le travail laisse libre à l'affection, aux soins, à la sollicitude pour la santé des êtres chers; il serait cruel d'altérer ces sentiments respectables. La vie même des enfants en bas âge souffre de cette séparation; le lait maternel ne leur manque pas impunément pendant le temps du travail, où ils gardent la crèche; le rapprochement de la mère, le repos sur son sein que ramène le soir, son retour au foyer, sont pour ces frêles créatures les sources les plus abondantes de vitalité.

« La suppression du travail de nuit des femmes constitue donc l'une des réformes les plus favorables aux mœurs et les plus utiles à la famille, en attachant davantage la femme à son intérieur et en réservant à certaines heures aux enfants des soins essentiels. »

Malgré ces considérations, inspirées par des motifs de raison et d'humanité, nous eûmes lieu de nous apercevoir, dès la première discussion, que nos propositions sur la protection des femmes froissaient les sentiments de l'Assemblée nationale et paraissaient excessives. Elles étonnaient les meilleurs esprits et rencontraient d'opiniâtres résistances. On voulait y voir une double atteinte à la liberté des ouvrières et à la liberté des industriels; une cause irrémédiable de troubles dans l'organisation d'un grand nombre d'ateliers.

Comment de semblables préventions ne se fussent-elles pas produites? La pensée d'interdire le travail de nuit aux femmes était nouvelle pour beaucoup d'esprits, même les plus éclairés. Bien peu étaient préparés à lui faire bon accueil. Avait-on en effet donné à cette pensée généreuse la maturation d'opinion qui prépare d'ordinaire les solutions législatives? Les moralistes et les publicistes français l'avaient-ils étudiée, discutée, préconisée?

Qu'on lise les écrits, remarquables à tant de titres, de M. Jules Simon sur l'*Ouvrière*, de M. Leroy-Beaulieu sur les *Ouvrières du dix-neuvième siècle;* qu'on suive, dans leurs détails si instructifs, les monographies de M. Louis Reybaud et, en re-

montant plus haut, les utiles travaux de Villermé;
nulle part on ne voit que la grave question de la prohibition du travail de nuit des femmes dans les ateliers ait été, nous ne disons pas sérieusement traitée,
mais même effleurée. C'est à peine si on consacre,
au courant de la plume, à cette grande réforme
quelques lignes rapides. De là l'explication toute naturelle de l'hésitation, de l'opposition vive, nous
allions dire de la répugnance, que nos propositions
soulevaient au sein de l'Assemblée nationale.

Malgré les vaillants efforts de notre regretté col-
lègue, M. Wolowski, nous dûmes, pour ne pas
compromettre l'ensemble du projet de loi, céder à
l'opinion de la majorité. Le projet fut modifié. Les
dispositions relatives au travail de nuit et au respect
du dimanche, étendues aux femmes de tout âge, furent restreintes aux ouvrières mineures, au-dessous
de vingt et un ans occupées dans les usines et manufactures seulement. La protection des femmes ne
figura plus au projet que pour la seule prohibition
des travaux souterrains. Inévitable sort de toutes les
entreprises dont la conception généreuse est mal
comprise ou insuffisamment vulgarisée dans l'opinion publique !

La France, en n'acceptant pas une réforme déjà
accomplie par l'Angleterre et l'Allemagne, s'est
ainsi attardée pour longtemps dans la voie du
progrès.

L'interdiction du travail de nuit aux filles mineures a donné, il est vrai, une satisfaction relative aux mœurs et à l'humanité[1]. Cette mesure, disons-le à leur honneur, a été très-favorablement accueillie au sein des populations industrielles. Les ouvriers en ont immédiatement compris la portée morale et ont reconnu combien elle intéressait leur propre dignité.

Les chefs d'industrie, moins bien inspirés, n'ont point accepté sans résistances ni doléances l'interdiction du travail de nuit aux jeunes ouvrières des manufactures.

Les chambres de commerce et les chambres consultatives des arts et manufactures, appelées à émettre leur avis au cours de la discussion de la loi, ont été fort divisées de sentiment : vingt-huit chambres de commerce et trente et une chambres consultatives ont exprimé une opinion défavorable à la prohibition. Les opinions favorables émanent, à la vérité, des villes manufacturières où l'industrie occupe le plus grand nombre de jeunes filles. Citons : Alençon, Aubusson, Beauvais, Cambrai, Bordeaux, Carcassonne, Douai, Elbeuf, Marseille, Louviers, Lizieux, Reims, Roanne, Roubaix, Vienne, etc. A Paris et à Lyon, la prohibition a été approuvée en principe; on a seulement demandé la fixation de la limite d'âge à seize ans.

[1] Article 4 de la loi du 19 mai 1874. *Bulletin des lois.*

Que penser de l'opinion des chambres de commerce, se prononçant contre une mesure toute d'humanité et de moralité, dans des villes où l'on signale de scandaleux abus : Mazamet, Saint-Chamond, Angers, Lille, Rouen, Saint-Etienne, Valenciennes?

Le sentiment de la population ouvrière a protesté contre cette insouciance de la moralité publique: Les ouvriers ont d'eux-mêmes réclamé l'application de la loi. Ainsi, à Saint-Chamond, où les fabriques de lacets n'occupent pas moins de quinze cents ouvrières mineures, M. Gauthier, inspecteur divisionnaire, a constaté que la prohibition du travail de nuit avait été spontanément mise à exécution, à la demande des pères de famille, jaloux de hâter l'application d'une mesure de préservation morale dont ils apprécient l'utilité.

L'opinion, aujourd'hui éclairée, rendra donc meilleure justice à la loi du 19 mai 1874, que ne l'ont fait quelques publicistes qui, dédaigneux dans leurs écrits de la grave question de l'interdiction du travail de nuit, n'en ont pas moins reproché à la commission législative d'avoir cédé trop facilement aux opiniâtres résistances que rencontrait son premier projet. Le bien se fait progressivement. Il y a toujours sagesse à prendre possession du terrain que l'on gagne dans le champ de l'humanité et à s'y bien affermir en attendant de nouvelles conquêtes.

Aux législateurs futurs à édicter une protection plus complète de la femme dans les travaux de l'industrie. Comme l'enfant, elle est un être faible ; la délicatesse de sa nature répugne aux brutales exigences du travail des fabriques ; mère, elle porte dans son sein l'espoir des générations qui doivent être un jour l'honneur et la force de la patrie. On ne saurait trop l'entourer de sollicitude. C'est le cri de toutes les consciences, de tous les cœurs où a passé le souffle du patriotisme !

Protéger la mère, c'est d'ailleurs protéger l'enfant.

Pendant les journées trop longues où la femme est employée à la manufacture, l'enfant peut trouver encore un refuge à la crèche ou à la salle d'asile. La nuit, au contraire, le pauvre petit être chétif et souffreteux reste, à défaut des soins maternels que lui enlève l'usine, abandonné à des mains mercenaires. Si tant est que le travail de la femme puisse suffire à les payer. De là, pour la frêle créature, le péril de souffrances qui l'étiolent et souvent la mort.

L'ouvrier, de son côté, s'il ne rencontre pas, en rentrant au gîte commun, la compagne dont le travail l'a séparé, ira dépenser et dissiper, pendant les heures de nuit, le salaire de sa journée. De là la gêne dans le ménage, les scènes violentes qui lui font cortége ; de là la désunion des époux, peut-être la séparation, la misère et la honte.

C'est donc la vie tout entière de la famille ouvrière, son bonheur intime, sa joie, son avenir, que le travail de nuit des femmes trouble et anéantit. Le maintenir, c'est causer grand dommage à l'institution du mariage, aux plus nobles sentiments de l'âme, à la moralité commune des époux. Les plus précieux intérêts de la famille ouvrière sont engagés dans cette question, et par eux les intérêts de la société [1].

Les progrès de la population, la réserve des forces vives de l'industrie, l'accroissement du nombre de ses auxiliaires dépendent à leur tour des sages restrictions imposées par le législateur au travail des ouvrières. Quand la sollicitude des lois s'attache à protéger ce qui est la source même des existences humaines, le germe des populations saines et fortes, elle prépare pour la prospérité du pays toute une armée de travailleurs. Les espérances que portent en elles ces générations viriles et actives s'évanouiraient à jamais, dès le premier âge de l'enfance, si la mère, exténuée de fatigue, épuisée par un travail abusif, ne pouvait donner naissance qu'à des êtres faibles et sans vitalité.

[1] Les rapports des inspecteurs anglais, MM. Horner et Backer, confirment cette appréciation; ils ont constaté que, depuis l'application de la loi de 1844, prohibitive du travail de nuit des femmes, un sensible changement s'est produit dans la condition physique et l'état moral des familles ouvrières du Royaume-Uni.

Les enfants débiles et mal constitués n'apportent avec eux, dans le bilan des forces sociales, qu'une charge et un embarras. Ils sont pour leurs parents une source d'éternels regrets; ils ne leur prêtent dans leur vieillesse aucune assistance; ils amoindrissent enfin, dans les éléments constitutifs d'un État bien organisé, la grandeur de la patrie et les instruments de la richesse nationale. Pensons ici à l'avenir même du pays.

Le législateur de 1874 s'est préoccupé également de la police des ateliers [1].

On a voulu assurer, dans la mesure du possible, le respect des personnes et l'observance des règles de la morale dans les manufactures.

Les dispositions de la loi relatives aux bonnes mœurs ne sont pas comminatoires, elles ont plutôt le caractère d'un conseil; elles tiennent en éveil la vigilance des patrons.

L'avertissement trouve d'ailleurs sa sanction dans la prescription de l'affichage, dans tous les ateliers, de la loi et des règlements d'administration publique.

Les règlements d'intérêt général sont arrêtés par le Conseil d'État; d'autres émanent de l'initiative des patrons. Ces règlements particuliers, les plus

---

[1] La loi du 19 mai porte cette prescription dans son article 15 : « Les patrons ou chefs d'établissements doivent, en outre, veiller au maintien des bonnes mœurs et à l'observation de la décence publique dans leurs ateliers. »

efficaces assurément, prescrivent d'ordinaire la séparation des sexes dans les ateliers, là où les conditions de la fabrication n'imposent point impérieusement leur mélange ; ils répriment par des amendes les propos blessants pour l'honnêteté ; ils fixent les heures de sortie des ateliers de manière à ce que la confusion des ouvriers et ouvrières, évitée à l'intérieur de l'usine, ne se produise point au dehors ; enfin, ils prescrivent toutes les mesures qu'inspirent aux industriels le souci scrupuleux de leur responsabilité morale et le respect des bonnes mœurs.

Nous ne saurions trop insister sur ce point. Quelle que soit l'autorité des lois, l'accomplissement des devoirs n'est pas renfermé dans leur domaine. La surveillance des mœurs relève plus de l'initiative et de la conscience des patrons que des sanctions législatives et pénales. Le choix du personnel dans un atelier est la condition première de la discipline morale. Combien d'ouvrières sont détournées d'une voie honnête par les suggestions des compagnes d'atelier ; combien trouvent dans les facilités de rapports avec les ouvriers de la même usine, ou dans la communauté du travail, l'occasion qui prépare leur chute. Chose plus regrettable encore, le libertinage des ouvrières est souvent provoqué, imposé quelquefois par les contre-maîtres. La première faute commise, les pauvres filles prennent vite l'habitude de vivre dans le concubinage, ou même de demander des ressources à la prostitution. Bientôt elles tombent, par cette pente fatale, dans un état complet de dégradation physique et morale; l'habitude de la débauche succède pour elles à celle du travail. Le mal de misère attend alors sa proie et la dévore.

La responsabilité des patrons dans la bonne tenue des ateliers, la surveillance des mœurs, le choix du personnel, est donc l'une des plus lourdes que leur impose la tutelle morale des femmes et des enfants employés dans leurs usines. La plupart, hâtons-nous de le dire, ont conscience de la mission qu'ils ont reçue à cet égard de la confiance des familles; leurs sentiments s'élèvent à la hauteur de leurs devoirs.

CHAPITRE XVII

La vie de famille. —Le foyer.— Les vertus de la ménagère.—
L'institution des crèches. — Le devoir des mères.

Le foyer, ce mot porte en soi un mystérieux attrait. A son expression se rattachent un sentiment de dignité personnelle, un souvenir ému des douces affections de l'enfance. Le foyer, se lon les phases diverses des existences humaines, est tour à tour le berceau ou l'asile de la vie morale. Il représente, en outre, les meilleures conditions économiques de la vie matérielle.

Nous avons déjà dit combien la bonne conduite de l'ouvrier, l'emploi de son salaire aux besoins du ménage, peuvent apporter de bien-être et de satisfactions intimes dans son modeste intérieur. L'augmentation de ressources qu'ajoute au travail de l'homme le salaire gagné par la femme dans le travail des ateliers accroît sans doute ce bien-être; mais cette amélioration est peu compensée par les charges et les difficultés créées dans la vie de famille par l'éloignement de la ménagère. La vie matérielle des époux est beaucoup plus onéreuse lorsque chacun de son côté est obligé de pourvoir à sa nourriture, soit à l'atelier, soit dans les cantines du voisinage. L'esprit d'économie, formé par les réflexions réciproques et l'examen du budget commun, ne règne pas dans les ménages d'ouvriers quand les époux vivent isolément. La femme reste alors étrangère aux notions d'ordre, de bonne direction des intérêts collectifs ; elle s'abandonne à un dédain funeste de l'épargne ; la dissipation en est la conséquence. Souvent même il en résulte un état perpétuel de gêne et de privations.

Quand les occupations de la femme la retiennent au logis, elle peut, au contraire, exercer là, dans tout leur empire, ses facultés naturelles d'ordre et de bonne administration. Le salaire du mari, insuffisant jusque-là pour subvenir à des besoins chèrement satisfaits, prend alors, par l'utilité de son emploi, une élasticité qui lui permet de faire face aux charges collectives de la famille. La vie chez soi est d'ailleurs, personne n'ignore cette vérité économique, de toutes la moins coûteuse. Elle est aussi la plus saine, celle qui excite le moins aux entraînements des dépenses inutiles ou nuisibles.

C'est donc une heureuse fortune pour l'ouvrier de rencontrer dans sa compagne une bonne ménagère. On étendrait même, sans manquer à la vérité, cette observation à toutes les conditions sociales. Des vertus domestiques de la femme naissent les plus

sûres conditions de paix, de bonne harmonie, de
prospérité de la famille.

Combien n'est-il donc pas désirable que l'éducation confère aux ouvrières les précieuses qualités
de la ménagère? A celles qui ne trouveraient point
près d'une mère cette éducation pratique, l'enseignement des écoles professionnelles peut-il la donner?
Oui, si l'on sait veiller à ce que, dans ces écoles, on
inculque aux jeunes filles des notions de couture, de
comptabilité, d'économie domestique; si l'on tient
la main à ce qu'elles y acquièrent toutes les connaissances pratiques indispensables à la bonne direction
de la vie. Devenues femmes, elles mettront alors
vite à profit les connaissances utiles, on peut dire
les vertus, qui font fructifier les moindres ressources
du ménage et permettent à la fois d'augmenter le
bien-être et de relever la dignité de la vie commune
dans le mariage.

L'éducation des jeunes filles, des jeunes ouvrières
surtout, dirigée en vue de leur véritable mission,
celle de devenir un jour épouses et mères de famille,
est le meilleur progrès à introduire dans nos mœurs.
Cette éducation fort répandue dans un pays d'esprit
pratique, les États-Unis, a formé là toute une génération de femmes vaillantes et utiles. Le rôle de la
ménagère, comme tout autre, a son initiation, sa
préparation spéciale, et comporte des aptitudes fort
méritoires. C'est donc non-seulement au sein de la

vie domestique, dans l'instruction professionnelle, mais encore à l'école des mœurs et de l'estime publique, que doivent s'acquérir ces qualités particulières par lesquelles la femme peut répandre le plus d'attrait à son foyer, et y faire régner l'aisance et le bonheur.

Peu d'ouvriers, il est vrai, peuvent prononcer ce mot plein de charme : ma maison, mon foyer; bien peu encore possèdent ce domaine où la femme exerce son empire. Mais, en attendant que l'épargne assure cette possession, l'ouvrier recherche avec soin, pour lui et sa famille, la commodité et l'agrément du logement. Ces avantages, joints à l'esprit de stabilité, donnent souvent au plus simple logis tout l'attrait d'une confortable habitation. C'est là encore une des influences les plus propres à détourner du cabaret et de la dissipation extérieure.

L'éloignement, la répugnance même, si fréquente chez l'ouvrier des grandes villes pour les habitudes sédentaires et la vie de famille, tiennent le plus souvent à l'état déplorable de son logement, condition tant aggravée par la cherté des loyers et l'entassement de la population industrielle dans des cantonnements éloignés.

Dans un réduit étroit, infect, malsain, où grouillent pêle-mêle des êtres d'âge et de sexe divers, l'ouvrier ne peut trouver ni le charme d'une vie calme, ni le repos nécessaire, ni l'attrait de la famille. De là l'hésitation, la lenteur à rentrer chez lui à la sortie de son travail; de là les stations dans les cafés, où le confort, le luxe même dont on entoure le consommateur offrent un délassement immédiat après les fatigues de la journée. Ainsi naissent trop souvent, sous l'empire d'un sentiment bien naturel, des habitudes de dépenses, de dissipation, d'intempérance même, dont la charge devient ensuite dure à supporter pour les ménages d'ouvriers.

Il n'y a donc pas seulement, dans les conditions de l'habitation des ouvriers, une question d'hygiène et de salubrité; un intérêt moral s'y rattache. La loi de 1851 sur les logements insalubres a fait un premier pas dans la voie de l'amélioration du logement. Le progrès des mœurs et le développement des habitudes de bien-être feront plus encore. L'Angleterre, frappée des graves intérêts qui se rattachent aux conditions du logement des familles vivant du travail, se préoccupe en ce moment de l'amélioration des habitations ouvrières. Un nouveau bill sur cette matière a été l'année dernière adopté par le Parlement.

A toutes les expositions universelles, depuis l'Exposition de Londres en 1862, jusqu'à celle de Philadelphie en 1876, on a produit une foule de plans de maisons à bon marché pour les ménages ouvriers. On a organisé aussi des cités ouvrières.

Nous n'entendons pas revenir ici sur un sujet

dont nous nous sommes déjà occupé. Disons-le, d'ailleurs, ce sont là d'excellentes institutions, mais elles ne répondent pas toujours à ce que l'on en attend. Il n'est pas bon de cantonner la population ouvrière en masse dans des quartiers à part ; les esprits s'échauffent, les cœurs s'irritent, au contact des souffrances et de la misère. Il est plus désirable que la population ouvrière se mêle à la vie commune, à l'activité générale, au centre des grandes cités, qu'elle se confonde, en un mot, avec les éléments divers de la société. L'isolement des ouvriers dans des cantonnements spéciaux les porte facilement à croire qu'ils forment au milieu de la nation une classe à part, à concevoir vis-à-vis des autres parties de la population des méfiances injustes, et même à en venir à un antagonisme déclaré. Cet état de séparatisme est de nature à amener quelque jour nos ouvriers à se retirer, comme le peuple de Rome, sur un mont Aventin, pour dicter leurs conditions à la République. Il est mieux, à notre sens, de placer d'une manière générale sous la protection des lois d'hygiène et de salubrité l'habitation des ouvriers, tout en laissant au choix de chacun, à l'initiative des entreprises de construction, au progrès général, le soin de les pourvoir du logement, suivant leurs préférences personnelles, dans tous les quartiers des grandes villes.

Les ouvriers sont d'ailleurs portés d'instinct à se

rapprocher de l'usine où ils travaillent; ils s'attachent à la cheminée du haut fourneau, comme font les habitants du village à leur clocher. Alors ils ne songent plus à l'émigration, et ils pratiquent dans la vie de famille des vertus qui sont inconnues aux hôtes nomades des garnis de Paris ou aux instables habitants des barrières et des faubourgs.

A défaut de la maison, un logement confortable et sain, garni de meubles convenables, où l'on se sent établi pour de longues années, exerce sur l'esprit de l'ouvrier une influence salutaire; il développe en lui le goût de la vie intérieure, le rend plus sensible aux sentiments de famille et à l'affection des enfants. C'est dans l'intimité du foyer que l'on goûte le mieux les charmes et la séduction des enfants. Si le travail de l'ouvrier le déshérite de cette joie pendant les heures du jour passées à l'atelier, il appréciera d'autant plus le soir, en rentrant au logis, les soins et les caresses dont il sera entouré.

Les nécessités du travail industriel, la modicité du salaire, le prix des subsistances et du loyer rendent, à vrai dire, bien dures aux ouvriers les charges de la vie de famille. C'est là que leur force morale, leur énergie, leur courage sont le plus mis à l'épreuve; mais ils y trouvent aussi les plus douces compensations, les plus pures joies de la vie.

La mère ouvrière, occupée tout le jour à l'atelier, séparée des êtres chers, subit seule une condition dont l'amertume lui impose des privations que rien ne compense. C'est là le côté le plus douloureux de la vie ouvrière.

Dans la période de l'allaitement surtout, les mères sont obligées de se séparer de leur enfant, alors qu'il réclame les soins les plus assidus. Ce n'est point seulement une blessure profonde aux sentiments de la nature, il y a là une des plus tristes causes de la mortalité des nouveau-nés, une source fréquente de deuil dans la famille ouvrière [1]. Quelques mères jouissant d'une aisance relative ont recours aux soins des nourrices mercenaires et envoient leurs enfants à la campagne. Séparation cruelle et trop souvent sans retour. La mortalité de ces petits êtres présente un effrayant tableau [2]. Les lois ont dû prendre des mesures de protection pour prévenir les ravages de l'incurie et de la spéculation parmi tant de jeunes existences. La plupart des ouvrières n'ont point l'aisance nécessaire pour recourir à ce moyen d'élever leurs enfants; elles

[1] Cette mortalité, d'après M. Brochard, s'est élevée jusqu'à 75 et 80 pour 100.

La France, affirmait M. F. Boudet à l'Académie de médecine, perd tous les ans par sa faute 120,000 enfants du premier âge.

[2] D'après les cartes démographiques du docteur Bertillon, la mortalité des enfants mis en nourrice à la campagne la plus frappante et la plus étendue comprend les quatorze départements rangés autour de Paris, où se pratique l'industrie nourricière. La proportion des décès s'y élève à 37 pour 100; les

sont obligées de les allaiter tout en travaillant dans les ateliers pour suppléer à l'insuffisance du gain de leur mari. Alors on remet les enfants entre les mains des gardeuses. Celles-ci les négligent, ou, pour se débarrasser de leur charge, elles les endorment avec des narcotiques. Lourd sommeil qui devient avant peu le sommeil de la mort.

L'admirable institution des crèches vient en aide aux mères ouvrières. Dans ces asiles de la charité, de pieuses femmes recueillent et soignent les enfants en bas âge que leur confient les mères en se rendant à l'atelier. Dans les intervalles du travail, les mères accourent pour donner leur lait à l'enfant. Ainsi, ces pauvres femmes ne sont point privées des joies de la maternité tout en ne perdant pas le bénéfice du travail.

L'œuvre des crèches, fondée au commencement de ce siècle, par un homme de bien, M. Marbeau, dont on ne saurait trop rappeler le nom, a poussé par une génération spontanée sur les nécessités de la vie industrielle. Cette bienfaisante insti-

mêmes conditions sont constatées dans les dix départements du bassin du Rhône et dans la région voisine de Lyon et de Marseille. Ce sont les enfants d'ouvrières qui payent ce sombre tribut à la mort.

M. Bertillon a calculé qu'en réduisant cette mortalité de moitié, par des soins appropriés à l'hygiène de la première enfance, comme cela est possible, on conserverait à la France seize mille enfants par an. La moitié de la population du premier âge de notre regrettée Alsace.

tution s'est rapidement développée. On compte dans Paris 26 crèches dispersées dans différents quartiers. C'est encore trois fois moins que ne le comporterait l'énormité des besoins; que le réclame surtout la nécessité de faire disparaître les garderies mercenaires, tombes toujours béantes des enfants du jeune âge.

L'institution des crèches n'est pas cependant, comme la plupart des nobles inventions du génie de la charité, à l'abri de tout inconvénient. Créées pour prévenir les dangers de l'abandon des enfants pendant les heures consacrées par les ouvrières au travail industriel, elles accroissent la tendance de beaucoup de femmes à se dégager des soucis de la maternité pour rechercher un travail rémunérateur. La facilité et la sécurité que donne le dépôt de l'enfant entre des mains soigneuses portent souvent les ouvrières à s'affranchir des responsabilités et des devoirs que leur condition de mères leur impose.

Quelques-unes même tiennent pour dus les secours de la crèche et les considèrent comme une obligation de l'État; elles les réclament comme un droit. Par là s'affaiblissent ces liens de constante sollicitude, de tendresse, d'affection, qui unissent étroitement l'enfant et la mère. Par là est étouffée la voix du sang, voix impérieuse qui parle un jour au cœur des enfants et leur rappelle tout ce qu'ils doivent à l'amour maternel. Par là encore, la mère ne fait plus couler avec son lait dans les veines de ses fils le sentiment réciproque d'un instinctif attachement.

A Dieu ne plaise que nous voulions décourager de louables et pieuses initiatives. La charité accomplit une œuvre salutaire et bénie. La faute est à qui n'en sait point recueillir les fruits. Souvent, hélas! les œuvres les meilleures de l'assistance mutuelle énervent les courages dans les épreuves de la vie, et portent trop facilement à compter sur l'appui de la société ceux qui trouveraient en eux-mêmes, avec une volonté ferme, des forces suffisantes de relèvement et de salut.

Nous avons imputé au travail des manufactures la plus grande part des souffrances de l'ouvrière. Il n'y a ni injustice ni exagération à mettre à sa charge la plupart des atteintes portées, dans la vie industrielle, aux sentiments de famille. Ce n'est point seulement dans le jeune âge de l'enfant que l'ouvrière en est séparée. Le travail industriel le lui enlève bientôt, l'absorbe, l'énerve, parfois le pervertit; un vide, chaque jour plus profond, se creuse entre ces âmes.

Les femmes d'une condition sociale élevée redoutent pour leurs fils l'éloignement, l'isolement, en un mot, le collége; elles tiennent à bon droit à ce que ces enfants restent enveloppés le plus possible de l'atmosphère de la famille, qu'ils vivent de sa vie et de ses exemples. Leur instinct maternel ne les trompe pas ; elles sentent bien que toute sépara-tion entraîne à sa suite l'inévitable détachement des affections du premier âge, l'amoindrissement des salutaires influences du cœur. « L'air que nous res-pirons, dit avec raison M. de Gasparin [1], agit plus sur nous que les leçons ; les exemples nous frappent plus que les préceptes, et l'on apprend plus en regardant agir ses parents qu'en les écoutant par-ler. La mère ne pourra pas toujours cacher son enfant dans ses bras ; il recevra les enseignements de la vie, et les meilleurs vont lui manquer ; ce n'est pas tout d'avoir une mère, il faut avoir une famille. »

C'est à la fois l'éducation de l'exemple et du pré-cepte que la mère donne à son enfant quand elle a le bonheur de pouvoir veiller constamment sur son berceau et de garder sa jeunesse dans l'air am-biant du foyer. L'ouvrière ne peut jouir de ces avan-tages, si précieux au cœur d'une mère, qu'en se livrant à des occupations qui la retiennent elle-même à son domicile. De là, au point de vue de l'éducation des enfants, du devoir des mères, des influences de la famille, la grande supériorité du travail à domi-cile sur le travail industriel. Sans faire ici la part des dangers que court lui-même l'enfant dans les

---

[1] *La Famille, ses devoirs*, par le comte DE GASPARIN.

ateliers, le travail qui y retient la mère, qui l'éloigne tout le jour et souvent la nuit des êtres aimés, tourne contre les enseignements, les bons exemples, l'union de la famille, partant contre l'éducation morale des enfants.

CHAPITRE XVIII

Les associations ouvrières. — Le compagnonnage. — Les confréries. — Les sociétés de secours mutuels. — Les cercles ouvriers. — Les cercles catholiques d'ouvriers.

L'idée d'association exerce une séduction particulière sur l'esprit des ouvriers; ils s'y attachent avec ardeur et conviction. L'association est pour la vie extérieure de l'ouvrier ce que la famille est pour sa vie privée, tour à tour un appui moral, un refuge, un levier d'action.

Réduit en effet à ses propres forces, à ses ressources personnelles si restreintes, l'ouvrier se sent isolé et faible dans la société; il s'effraie de l'avenir en face de la puissance des entreprises industrielles, alimentées par de grands capitaux et employant des bras nombreux, en face d'un salaire parfois insuffisant pour l'épargne et du chômage menaçant.

Cette incertitude, ces appréhensions sur ce qu'il deviendra, sur ce que deviendra sa famille le jour où ses forces trahiront ses efforts, obsèdent la pensée de tout homme, vivant du salaire, d'une préoccupation constante, fatale, le dominent, l'égarent et le livrent à toutes les chimères inventées par les agitateurs.

L'ouvrier, sous cette impression constante, cherche à resserrer avec les hommes de sa condition les liens de la camaraderie, de la solidarité d'intérêts. Sous l'influence des mêmes préoccupations, il fait bon marché de son indépendance personnelle et de la liberté de son travail ; il est prêt à les lier au joug de la collectivité.

Ce sentiment est quelquefois poussé à l'extrême. En parcourant les écrits dans lesquels sont exposées les opinions des ouvriers sur l'organisation de l'industrie, on constate qu'un certain nombre des articles de leur programme tendent à la négation de la liberté du travail. Les rapports des délégations ouvrières à l'Exposition de Londres, à celle de Paris, à celle de Vienne en portent également la trace. Dans plusieurs de ces rapports, la notion de l'idée de liberté est entièrement obscurcie par celle de solidarité, de communauté d'efforts, de mutualité d'intérêts entre ouvriers du même état. La liberté industrielle à son tour devient l'objectif d'attaques passionnées. Ainsi les délégués de Paris, en 1867, n'hésitaient pas à se prononcer contre l'usage des machines.

Les ouvriers, il est vrai, sont revenus depuis à une plus saine notion des lois économiques et des avantages résultant pour eux-mêmes des procédés nouveaux de l'industrie. Un grand nombre con-

servent néanmoins des préventions contre les transformations de l'*outillage* et le mouvement du capital
industriel. Sous l'empire de ces préventions, ils sont
d'autant plus portés à se réunir, à se concerter, à se
grouper pour organiser des moyens de résistance
contre le développement de cette double puissance.

Ainsi la condition de l'ouvrier, dans la vie industrielle moderne, le porte à éviter l'isolement,
à douter des forces individuelles et à sacrifier parfois à ce sentiment ses affections et son indépendance.
Même marié, il s'éloigne de la famille pour s'attacher à la société des compagnons de travail; il
cherche moins à resserrer les liens d'origine, de
parenté, d'amitié naturelle que les relations d'atelier et d'association qui se forment entre ouvriers
du même état.

L'appui moral et matériel, que trouvaient autrefois les ouvriers auprès des patrons, leur fait le plus
souvent défaut; les rapports deviennent de moins en
moins fréquents et de plus en plus tendus entre eux.
Le patronage, l'autorité toute paternelle du maître
sur l'ouvrier ont disparu de la société moderne
quand ont disparu les anciennes institutions corporatives, nées elles-mêmes de ce besoin d'assistance
mutuelle si dominant dans la vie ouvrière.

Toutefois les mêmes besoins subsistent, aussi
réels, aussi opiniâtres; la forme seule de l'association a changé.

Partout, on voit apparaître, avec le regret de l'isolement actuel de l'ouvrier, un sentiment de retour vers des institutions imprudemment abolies.

Si partisan que l'on soit d'ailleurs de la *liberté individuelle du travail,* formulée au nom des intérêts, de l'indépendance et de la dignité de l'ouvrier, il paraîtrait difficile de ne pas tenir compte, au point de vue moral, de l'influence qu'exerce dans les populations laborieuses l'esprit d'association. L'attention est ainsi naturellement portée sur les formes les plus saillantes et les plus manifestes des associations ouvrières. Ne se produisent-elles pas d'ailleurs d'une manière trop ostensible pour échapper au regard et se soustraire aux investigations?

Les formes les plus usuelles des associations ouvrières sont au nombre de trois : *les sociétés de secours mutuels, les cercles ouvriers, les chambres syndicales.*

Examinons le caractère, le but et les résultats de ces institutions. Mesurons l'action morale qu'elles exercent sur la population ouvrière.

Au premier rang se placent les sociétés de secours mutuels. L'origine de ces sociétés est fort ancienne; leur organisation régulière et définitive ne remonte cependant qu'au commencement de ce siècle.

L'association a fait ses meilleures preuves d'utilité par les sociétés de secours mutuels. C'est là l'une des formes et l'une des applications les plus fécondes de son principe, l'une de celles où l'intervention de l'État peut se produire sans apporter d'entraves à la libre initiative d'où émane leur institution.

La plupart des nations européennes possèdent une législation spéciale sur les sociétés de secours mutuels. En Angleterre, l'organisation en est réglée par des bills nombreux; on n'en compte pas moins de neuf, promulgués de 1793 à 1850, date du dernier acte du parlement [1].

En Belgique, les conditions imposées aux fondateurs de sociétés de secours mutuels sont réglées par la loi du 3 avril 1851.

En France, jusqu'en 1850, on avait étendu aux sociétés de secours mutuels les règles générales appli-

[1] Voici, en résumé, les dispositions principales de la loi anglaise : « Des sociétés de secours mutuels peuvent être établies pour tout objet dont la légalité est reconnue, notamment : 1° Faire les frais de sépulture des membres de l'association et venir en aide, après leur décès, à leur veuve ou à leurs enfants; 2° donner des secours aux associés eux-mêmes en cas de maladie, d'infirmité ou de vieillesse; 3° assurer les associés contre l'éventualité de sinistres tels que : incendie, naufrage, inondations, épizootie, etc.; 4° procurer aux associés les aliments, vêtements, outils et matières premières au meilleur marché possible; 5° assurer l'instruction professionnelle aux enfants; 6° faciliter les moyens d'émigration. Les statuts de chaque société doivent faire connaître son objet, ses ressources, la nature de ses opérations, le chiffre de ses cotisations, etc. Ces statuts doivent être enregistrés par un fonctionnaire public relevant du ministre de l'intérieur.

cables aux associations dans le Code pénal et dans la loi du 10 avril 1834. L'Assemblée législative vota, le 15 juillet 1850, une loi spéciale conçue sur des bases larges et libérales. Cette loi confère aux sociétés le droit de se former sans autorisation préalable, sous la protection et la surveillance de l'autorité municipale. Les sociétés auront pour but d'assurer des secours temporaires aux sociétaires blessés ou infirmes, de fournir des pensions de retraite, de pourvoir aux frais funéraires ; elles compteront 100 membres au moins et n'en accepteront pas plus de 2,000. L'article 7 de la loi autorise les sociétés, déclarées établissements publics, à recevoir des donations et legs. Les sociétés, dans ce cas, sont soumises à des garanties spéciales, déterminées par les règlements d'administration publique du 14 juin 1851.

À peine cette législation avait-elle reçu ses premières applications, que l'Empire, prenant ombrage de l'influence croissante des sociétés de secours mutuels sur les masses ouvrières, songea à s'emparer de leur direction.

Tel fut le but du décret du 26 mars 1852.

D'après ce décret, une société de secours mutuels sera créée par les soins du maire et du curé, dans chacune des communes où l'utilité en aura été reconnue. Cette utilité sera déclarée par le préfet, sur l'avis du conseil municipal. Le président·

de chaque société sera nommé par le pouvoir exécutif. Ainsi la formation et la direction des sociétés de secours mutuels passaient entièrement dans les mains de l'État. On voulait par ce moyen créer un vaste réseau de surveillance sur les populations ouvrières de tout le territoire. Pour réaliser ces vues, un crédit de dix millions était ouvert, dans le même décret, afin de favoriser, par des subventions, la création des sociétés d'assistance mutuelle. Un droit de dissolution et de suspension était, en outre, mis, par l'article 16, à la disposition des préfets.

La législation étroite et autoritaire de 1852 n'a point répondu aux espérances de ses auteurs. Les sociétés de secours mutuels ne se sont en général formées que dans les centres industriels ou dans les communes populeuses; là elles ont échappé à l'influence administrative. Un abus, d'une nature opposée, s'y est même manifesté. Ces sociétés ont subi, en plus d'une localité, l'influence de la politique démagogique; et, sur quelques points, des germes de désunion ou de coalition sont nés tour à tour dans leur sein. Ces exceptions locales et passagères ne sauraient cependant mettre l'esprit en défiance contre une institution dont on doit attendre, avec le temps, pour la condition des populations laborieuses, les améliorations les plus considérables que comporte notre organisation sociale.

Ce mode d'association, par son caractère de mutualité et de fraternité, est le plus conforme aux préférences et aux mœurs de l'ouvrier. Il a d'ailleurs dans l'histoire nationale ses précédents et sa tradition. On en retrouve la conception première dans l'institution du *compagnonnage ;* association pratiquée, depuis les temps les plus reculés, entre ouvriers du même état, dans un but d'aide, de défense et d'assistance mutuelle.

La légende se mêle à l'histoire du compagnonnage. On fait remonter à *Salomon* ses origines primitives. Le grand roi d'Israël aurait donné aux ouvriers du Temple, pour récompenser leurs travaux, un *devoir* ou doctrine. Deux d'entre eux, maître Jacques et maître Soubise, venus des Gaules pour édifier les colonnes du Temple, en auraient été, de retour dans leur pays, les apôtres et les propagateurs.

De là trois corps principaux dans le compagnonnage : 1° les *enfants de Salomon*, se composant, des tailleurs de pierre, *compagnons étrangers*, dits *les loups;* des menuisiers et serruriers du devoir de la liberté, dits *gavots;* et des charpentiers, dits *renards de la liberté ;* 2° les enfants de maître Jacques, se composant, des tailleurs de pierre, *compagnons passants*, dits les *loups garoux*, et des menuisiers et serruriers du *devoir*, dits les *dévorants :* beaucoup d'autres professions se rattachèrent plus tard à cette association; 3° les enfants du père Soubise, comprenant les charpentiers, *compagnons passants* ou *drilles*, auxquels se sont réunis plus tard les couvreurs et les plâtriers.

Les rubans, la canne, l'équerre, le compas, les boucles d'oreille sont les marques distinctives des compagnons. Le *topage* est le signe de reconnaissance entre affiliés d'un même corps. Du reste, ni mystères, ni charlatanisme dans ces honnêtes réunions ouvrières. Chaque société a son organisation, sa caisse à part, ses chefs élus, ses règlements spéciaux; toutes obéissent à une règle générale. La société exerce sur ses membres un contrôle moral, elle garantit leur salaire, leur procure du travail, les empêche de contracter des dettes, les secourt en cas de chômage, de maladie, de voyage. La société assure encore à chacun le gîte chez la *mère,* et lui facilite l'embauchage, dans toutes les stations du tour de France. Si un membre meurt, on lui rend les honneurs funèbres à l'église et au cimetière; s'il manque au devoir, on l'expulse honteusement de l'association.

A toute époque surgirent, entre compagnons du même devoir, des querelles suivies de sanglantes mêlées, quelquefois même d'assassinats. Les annales des causes célèbres, de 1833 à 1844, ont été remplies des faits et gestes du compagnonnage. Ces luttes ont eu lieu surtout entre compagnies rivales. Plus d'une fois, pour y mettre fin, les compagnons ont *joué la ville*, c'est-à-dire le droit de résidence, sur la production d'un chef-d'œuvre exécuté par les meilleurs ouvriers du *devoir*. Un jury décidait du mérite de l'œuvre et les vaincus quittaient la ville. Les compagnons passants, tailleurs de pierre, ont dû abandonner ainsi, pour un siècle, la ville de Lyon avec les compagnons étrangers.

Les divisions du compagnonnage ont éloigné de ses associations beaucoup d'ouvriers honnêtes. Cette institution tombe de nos jours en désuétude pour faire place aux formes nouvelles de l'association, plus pacifiques et plus respectueuses de la liberté de chacun.

A côté des libres associations, entre *ouvriers du même devoir*, se formaient, sous l'influence de l'Église, les confréries d'artisans et de corps de métiers. Le caractère des confréries se rapproche très-intimement de celui des sociétés de secours mutuels. Chaque ville, chaque village, au quatorzième siècle, voulut posséder sa confrérie. Les unes étaient formées par esprit de dévotion et dans le but de propager les vertus chrétiennes; les autres, organisées uniquement entre maîtres et ouvriers d'un même état, avaient principalement pour objet la défense des priviléges professionnels. La formation de ces associations était soumise à l'approbation de l'évêque. Toutes se plaçaient sous l'invocation d'un saint dont elles déployaient la bannière aux jours de grandes solennités.

Les premières sociétés de secours mutuels succédèrent directement au *compagnonnage* et aux *confréries*. On constate leur existence, dans les Flandres françaises, à Lille, dès 1581. A Paris, la société de Sainte-Anne, la plus ancienne de toutes, fait dater son origine de 1694. L'Allemagne et l'Angleterre possédèrent bientôt des institutions analogues. Le premier bill décrété par la Chambre des communes, dans le but de favoriser la formation des associations mutuelles de bienfaisance, fut présenté en 1773. On y voyait, dès cette époque, l'un des plus efficaces moyens de développer l'esprit d'ordre et d'économie au sein des classes ouvrières. La Chambre des lords rejeta cependant à deux reprises différentes, par crainte de l'influence de ces associations nouvelles, les propositions des communes; elle finit par céder à la pression de l'opinion.

En France, l'association mutuelle eut un sort moins heureux. La Convention, par la loi du 14 juin 1795, la confondit dans une même proscription avec les confréries et les corporations. On croyait ainsi assurer l'affranchissement du travail. A peine cependant la tempête révolutionnaire était-elle apaisée que l'on vit la tradition reprendre son empire et les anciennes associations revivre spontanément. Elles se reformèrent sous l'invocation d'un patronage religieux, dans plusieurs villes du Midi; à Paris, elles se sécularisèrent, d'une manière définitive, sous le nom de sociétés de secours mutuels.

La progression de ces fondations a été rapide. En 1822, on comptait déjà 132 sociétés de secours mutuels comprenant 10,350 adhérents. Ce chiffre grandissait constamment, et trente ans après, au 31 décembre 1851, il ne s'élevait pas à moins de 341 sociétés, réunissant 43,874 associés. Les sociétés disposaient d'un budget de recettes annuelles de 1,221,000 francs, ayant pour garantie une caisse de 5,000,000; elles dépensaient 835,000 francs par an. Depuis, l'impulsion a été plus vive encore.

A l'époque de l'Exposition universelle, en 1867, on évaluait à 2,700 le nombre des sociétés de secours mutuels existant en France; on estimait le chiffre de leurs adhérents à 350,000, et la valeur du capital social à 10,000,000 de francs.

Ces sociétés se divisent actuellement : en sociétés approuvées, conformément au décret du 26 mars 1852; sociétés autorisées d'après les articles 291 et 292 du Code pénal; enfin, sociétés déclarées d'utilité publique.

Aujourd'hui, le nombre total des sociétés de secours mutuels est de 5,777, se décomposant ainsi : sociétés approuvées 4,194, et sociétés autorisées 1,583. Le nombre des membres de ces sociétés s'est accru dans cette période de 450,000, et leurs ressources de 50,000,000 de francs.

La situation financière des institutions d'assistance mutuelle est de plus en plus prospère; leur avoir total s'élevait, au 31 décembre 1873, à 62,633,532 francs. Le nombre de leurs membres était, à la même époque, de 825,941.

Les sociétés ont dépensé en secours, pensions de retraite, etc., dans la seule année 1873 : 12,698,370 francs. On peut juger par ces chiffres du bien qu'elles réalisent. 170,595 malades ont été ainsi secourus dans une année.

Il n'est point aujourd'hui de grande industrie qui ne possède sa société de secours mutuels [1].

[1] L'organisation de la société de la Grand'Combe peut être citée en exemple :

Cette association de secours mutuels fut fondée entre les employés et les ouvriers de la compagnie à l'origine de celle-ci en 1837; elle est administrée par les chefs de service, les maîtres-mineurs et les ouvriers nommés au suffrage universel de leurs collègues à raison d'un délégué pour cent ouvriers.

Elle est alimentée par une retenue de 3 pour 100 sur les salaires et appointements, par le produit des amendes disciplinaires et les dons annuels de la compagnie. Après diverses vicissitudes, l'association est aujourd'hui prospère; elle dépense annuellement un chiffre de 191,900 francs de secours, inférieur au chiffre des recettes; son en-caisse s'élevait, au 31 décembre 1872, à 322,312 francs. L'association a trois médecins spéciaux qui donnent gratuitement des soins à tous ses membres et à leur famille. Les médicaments sont délivrés gratuitement; leur montant annuel dépasse 20,000 francs. Deux hôpitaux reçoivent les blessés.

Cette institution répond plus que toute autre à la double préoccupation de tout travailleur : pourvoir d'abord à ses besoins personnels et à ceux de sa famille ; songer ensuite aux éventualités de l'avenir.

Un dernier trait caractéristique des sociétés de secours mutuels : à la différence de la plupart des associations ouvrières, elles ne sont point seulement un appui pour l'ouvrier lui-même, mais encore pour sa famille. La femme, les enfants, en cas de maladie, participent aux secours. Les femmes figurent elles-mêmes au nombre des sociétaires, soit aux caisses communes, soit à des caisses spéciales. Ainsi l'esprit de famille, loin d'être altéré par ces utiles institutions, reçoit un aliment nouveau, une incitation nouvelle du concours que chacun de leurs membres apporte à la prévoyance de l'avenir.

Il s'est même formé des sociétés de secours mutuels de jeunes filles, régulièrement constituées. On peut citer celle établie à Paris en faveur des jeunes employées de commerce, et celle fondée, pour les jeunes ouvrières, rue de la Tour-d'Auvergne, 30, dans la maison des religieuses de Marie-Auxiliatrice.

Une faible cotisation de un franc cinquante centimes par mois assure aux sociétaires, entre autres avantages, en cas de maladie ou de blessure entraînant incapacité de travail, les visites du médecin, les soins des sœurs, les remèdes du pharmacien de la Société et les frais de séjour au siége social.

Eu cas de chômage, l'ouvrière associée peut occuper gratuitement, si elle le désire, pendant un mois, un lit au siége social; elle y trouve, en outre, la nourriture à des conditions de grande économie. Les jeunes filles associées peuvent, à leur gré, passer dans l'établissement la journée du dimanche; elles y prennent entre elles, au milieu d'installations convenables et confortables, les divertissements de leur âge, et y jouissent des meilleures ressources de la vie-de famille.

Comment s'expliquer, en face des avantages constatés par une longue expérience des sociétés de secours mutuels, les dédains des syndicats et des congrès ouvriers pour ces populaires institutions? Il semble que leurs résultats pratiques portent ombrage aux partisans de ce que M. Cernuschi, dans un écrit qui a fait tapage, n'a pas craint d'appeler par son nom, *l'Illusion des sociétés coopératives*. Illusion, en effet, que ces sociétés de consommation, de crédit ou de production, que l'on prétend opposer à l'association de secours mutuels et dont l'histoire, depuis 1848, a été écrite par de lamentables dénouements. Le plus souvent, les sociétés coopératives sombrent par la division des associés, l'ignorance des affaires, la mauvaise gestion, parfois la malversation. Si elles réussissent temporairement, leur succès tient au dévouement de quelques hommes; eux écartés ou disparus, on voit crouler pitoyablement l'édifice un moment soutenu par des mains vigoureuses. Souvent aussi, ces sociétés dégénèrent en associations de patrons; elles deviennent, à la grande horreur des sectaires, la proie de l'infâme capital. C'est que pratiquement, s'il est facile de former une société avec le capital argent, matière malléable, exploitable et souple, c'est une œuvre fort épineuse, au contraire, de la rendre viable quand on opère sur le capital travail. On se heurte alors aux difficultés de caractère, à l'insouciance, à la paresse, à l'insubordination, à la méfiance, et l'association s'effondre dans la lutte et le conflit des volontés rivales.

Un orateur désillusionné le disait au congrès de la rue d'Arras, en parlant au nom des ouvriers peintres en bâtiments [1] : « Nous perdons de plus en plus la foi dans l'idée coopérative... Selon nous, cette forme de l'association ne peut pas garantir au prolétariat, en lui conservant la liberté qui lui est si chère, l'augmentation de bien-être, d'instruction, de loisir qu'il réclame... J'ai cru à la coopération, je n'y crois plus... Je ne partage plus ce que j'appelle les illusions des coopérateurs. »

Ce discours a été médiocrement accueilli, quoi-

---

[1] M. FINANCE. Séance du 8 octobre 1876. Compte rendu du journal *La Tribune*.

qu'il portât la marque d'un grand bon sens ; peut-être même à cause de cela. Il n'en résulte pas moins cette démonstration, que l'expérience malheureuse de la plupart des sociétés coopératives commence à porter ses fruits. Puisse-t-elle ramener la faveur des populations ouvrières vers les sociétés de secours mutuels dont elles ont recueilli, dans le passé, et peuvent attendre encore, dans l'avenir, tant de bienfaits !

Les cercles ouvriers (ou chambres) participent du caractère des sociétés de secours mutuels. Ce sont des associations corporatives formées, en général, entre ouvriers d'un même état ; siégeant dans un lieu de réunion ; offrant à leurs membres des distractions de diverses natures ; leur venant en aide, le cas échéant, sur une caisse commune. On compte un certain nombre de ces institutions à Paris et dans nos principales villes industrielles.

C'est à Marseille que l'on retrouve la plus ancienne fondation de cercles ouvriers ; ils y remontent même à une époque assez reculée pour qu'on puisse les considérer comme une transformation des corporations abolies, en 1789, par l'Assemblée constituante. Ces associations mutuelles semblent en avoir perpétué la forme et les traditions [1].

---

[1] Nous puisons ces renseignements dans une intéressante notice de M. Oddo, archiviste de la commission d'enquête de 1872-1875.

Le premier cercle qui fut organisé à Marseille est celui des portefaix; il est un des plus riches de la ville.

Dans le principe, on n'admettait dans les cercles que des ouvriers de même profession. Aujourd'hui, il suffit d'être présenté par un des membres pour que le président et le bureau agréent les admissions. Cependant les ouvriers du même métier se recherchent toujours de préférence pour se grouper et former une majorité qui donne son nom à la réunion. Ainsi ont été constitués à Marseille :

Les cercles des *Portefaix*.

  «   des *Acconniers* (terme du pays).

  «   des *Mécaniciens*.

  «   des *Peintres en bâtiments*.

  «   des *Pilotes*.

  «   des *Pécheurs*.

  «   des *Employés de commerce*, etc.

Parmi ces cercles, quelques-uns sont installés assez luxueusement, dans les beaux quartiers de la ville. Ils possèdent des bibliothèques, des salles de consommation et de jeux ; ils sont abonnés à un grand nombre de journaux et de revues. L'hiver, ils donnent des concerts de bienfaisance avec le concours des artistes des théâtres.

Tous les membres de ces cercles payent, le jour de leur admission, une somme de 10 francs au moins, de 30 francs au plus, comme premier versement;

plus, une cotisation mensuelle qui varie de 1 à
5 francs.

En cas de maladie, tout associé reçoit, à titre gra-
tuit, les médicaments et les soins du médecin ; plus,
12 francs par semaine pour subvenir aux besoins
de sa famille. S'il meurt, la caisse du cercle paye
les frais d'enterrement, les vêtements de deuil pour
la veuve et les enfants ; elle fournit à ceux-ci un secours qui n'est jamais inférieur à 100 francs.

Les cercles marseillais rendaient jusqu'à ces dernières années de grands services à leurs membres ; depuis quelque temps, la politique s'est introduite dans ces réunions, et plusieurs ont dû être
dissoutes. Une plus grave critique s'élève contre ces
associations : elles sont contraires à la vie de famille.
L'ouvrier célibataire y trouve, sans doute, d'honnêtes distractions et a intérêt à en faire partie ; le
cercle lui convient à merveille : il le détourne du
cabaret, lui donne des habitudes de sociabilité, de
décence, de culture intellectuelle ; il le civilise et
adoucit sa rude nature.

Le cercle ne peut, au contraire, convenir à l'homme
marié. Pour lui, on doit chercher ailleurs de plus
salutaires agents d'amélioration et de progrès des
mœurs. Le père de famille, par une fréquentation
trop assidue du cercle, en arrive insensiblement à
délaisser son foyer, sa femme, ses enfants. Il y contracte des habitudes de dissipation ou de dépenses

dont la charge, tôt ou tard retombe sur la vie du ménage.

Nous ne pouvons passer sous silence les efforts tentés, dans ces dernières années, pour la création des cercles catholiques d'ouvriers à Paris et dans les principales villes de France. Des hommes de bien, à la tête desquels se distingue avec éclat M. de Mun, ont entrepris pour cette œuvre un généreux apostolat. Le but moral et religieux de l'institution est ici hautement avoué; il en est l'âme et l'inspiration.

Cependant, malgré des manifestations où l'on n'a pas compté moins de 1,500 ouvriers, comme à la réunion de Fourvières à Lyon, en septembre 1876, les cercles catholiques n'ont pas réuni encore un nombre assez considérable d'adhérents, leur action n'est point encore assez développée, pour que l'on puisse utilement apprécier leur influence sur les habitudes et le progrès moral des populations ouvrières.

Puissent les initiateurs de cette œuvre de propagande morale et religieuse accomplir tout le bien dont ils portent dans leur cœur la conception élevée! Puissent-ils surtout, dans leur ardent prosélytisme, ne point amoindrir l'influence de cette autre association, sacrée entre toutes, à laquelle les décrets de la Providence ont prédestiné toute existence humaine, la famille!

C'est dans l'association familiale, ne l'oublions pas, que se puisent les enseignements et les vertus les mieux faits pour éclairer les esprits et vivifier les caractères. La fréquentation du cercle ou de la bibliothèque, le soir ou le dimanche, ne remplacera jamais les saines influences de la lecture en famille, des causeries de la veillée, de la promenade avec la femme et les enfants à la fin du travail de la semaine. Rien ne saurait suppléer à ces joies expansives qui épanouissent les âmes et les ouvrent aux meilleures inspirations. L'union de la famille a été aux origines de la civilisation la base des sociétés primitives; elle est encore, dans les sociétés modernes, la plus haute expression de l'association et de la solidarité humaines.

CHAPITRE XIX

Les associations syndicales. — Les chambres de patrons. —
— Les syndicats ouvriers. — La législation de l'association.
— Le projet de l'union républicaine. — La loi à faire.

De toutes les formes de l'association, les syndicats corporatifs ou chambres syndicales sont actuellement le plus en faveur auprès des ouvriers. Le mouvement syndical, suivant l'appellation des rapporteurs des délégations, s'accentue de jour en jour davantage. Nous avons déjà montré, chemin faisant, l'influence qu'exercent les associations syndicales sur les opinions et les tendances de la population ouvrière, et plus spécialement sur les ouvriers de Paris. Nous les avons vues à l'œuvre en matière d'instruction, d'enseignement professionnel, d'organisation corporative. Le moment est venu de mettre en lumière l'origine, l'organisme et le fonctionnement des syndicats, pour bien préciser ensuite leur portée, leur caractère, leur condition légale.

Les chambres syndicales sont des associations professionnelles de patrons ou d'ouvriers, composées de représentants nommés par les membres d'un même corps de métier.

Les chambres syndicales de patrons, constituées les premières à Paris, sont actuellement au
nombre de cent vingt-deux. L'origine de la plus
ancienne d'entre elles, celle des entrepreneurs de
maçonnerie, remonte à 1809. Ces associations ont
été pour les patrons de l'industrie parisienne la revanche de la loi de 1791. La Révolution avait dépassé son but : en supprimant la corporation privilégiée, elle avait proscrit l'association libre. Les
industriels l'ont reconquise par l'organisation des
syndicats professionnels. Pour fortifier leur possession, les associations patronales se sont reliées entre
elles par un comité central de direction dont le but
est de solidariser leurs intérêts et de concentrer leur
action. Cette sorte de fédération industrielle se divise
en deux groupes importants, connus sous les noms
d'*Union nationale* et de *Chambres de la Sainte-
Chapelle;* elle compte 10,000 adhérents sur les
38,000 chefs d'usine et les 62,000 patrons de petits ateliers appartenant à l'industrie parisienne. Les
tribunaux de commerce, à Paris et dans plusieurs
grandes villes, ont spontanément consacré l'existence des chambres syndicales de patrons en leur
confiant diverses missions d'expertise ou d'arbitrage
sur les difficultés relatives aux salaires ou aux
marchés dans chaque industrie. On se plaît à reconnaître le soin et l'équité qui ont présidé à l'accomplissement de ces missions. Les associations patro-

nales se sont particulièrement développées à la suite des grèves qui ont, de 1850 à 1870, troublé l'industrie française. Elles se sont, dès lors, plus fortement organisées pour la défense de leurs droits et le maintien du taux des salaires. Aujourd'hui les chambres syndicales de patrons ont une possession acquise assez forte pour que nul ne songe à les troubler dans leur domaine.

La fondation des chambres syndicales d'ouvriers a pris naissance, au sein des corporations professionnelles, à l'imitation des associations de patrons. La formation des unes entraînait, par voie de conséquence, l'organisation des autres. Un sentiment de justice la commandait. Contre la ligue du *statu quo*, dans le champ clos du salaire, devait inévitablement être soulevée la coalition pour son progrès. Soustraire les combattants à la lutte eût été du même coup s'obliger à imposer des lois invariables au prix des objets de consommation. Cela étant impossible, les ouvriers ont légitimement opposé, depuis 1866, à chaque chambre de patrons un syndicat représentant leurs intérêts professionnels. De tous côtés aujourd'hui l'élan est donné, il n'existe plus un corps de métier qui ne possède déjà ou ne tente d'organiser une chambre syndicale. A Paris, on n'en compte actuellement pas moins de 92, représentant plus de 100,000 adhérents.

Les chambres syndicales sont pour la plupart

composées de 15 à 18 membres ou syndics, d'un secrétaire et d'un trésorier. Elles sont nommées par un groupe ou assemblée d'ouvriers de la même profession. Les fonds qui alimentent les dépenses de l'association sont fournis par un droit d'admission et des cotisations mensuelles. Des receveurs sont placés pour recueillir ces cotisations dans chaque quartier ou même dans chaque atelier. Une commission de contrôle est également nommée, en assemblée générale, pour surveiller l'emploi des fonds.

Les attributions conférées par la corporation aux chambres syndicales ne sont ni fixes ni bien nettement déterminées. On donne en principe, aux représentants de l'association, le mandat général de défendre les intérêts ou d'améliorer la position des membres de la même profession unis dans un sentiment d'aide mutuelle. Leurs attributions comprennent [1] suivant le programme radical :

1° Toutes les modifications relatives au taux des salaires et aux usages du travail professionnel;

2° La résistance à l'*industrialisme;*

3° L'action sur le gouvernement pour la défense et la protection de la profession ;

4° La régularisation de l'offre et de la demande du travail ;

[1] *Les Chambres syndicales*, par Louis PAULIAT.

5° La juridiction corporative.

On place encore, dans les attributions de second ordre, le règlement des tarifs, l'organisation de l'atelier social et coopératif, les affaires contentieuses, le bureau de placement, le soin de l'outillage.

La plupart des associations syndicales se sont senties gênées dans ce cadre déjà assez large d'attributions; elles en ont agrandi les proportions. Ainsi, les syndicats ouvriers ont considéré les questions de l'instruction, la fondation des écoles professionnelles, la nomination de délégués aux expositions ou aux congrès, comme rentrant dans leur sphère d'action. On voudrait vainement nier que ces syndicats ont mis ouvertement le pied dans le domaine de la politique [1]. Nous en avons pour preuve : leurs encouragements à la presse radicale, les principes proclamés dans leurs programmes, les souscriptions recueillies en faveur des déportés, les manifestations aux enterrements civils, leur action patente dans les réunions publiques, et occulte dans les comités électoraux.

En présence de ces agissements du mouvement syndical et de son intrusion dans un ordre d'idées qui ne se rattache ni directement ni indirectement

[1] Cette prétention n'est pas seulement formulée par les intéressés; elle a trouvé un appui inattendu auprès de la *Société d'économie charitable*. Voir à ce sujet l'intéressante publication de M. Fernand Desportes : *La Question sociale et les syndicats ouvriers*.

aux intérêts professionnels des ouvriers, on serait tenté de mettre en doute et de contester les résultats utiles des associations syndicales. L'épreuve faite de l'association, sous cette forme, n'a pas été, à vrai dire, très-satisfaisante; mais quels que soient les mécomptes éprouvés, les fautes commises, on ne peut nier qu'il n'y ait là une institution féconde, propre à faire germer quelque bien.

Au point de vue des intérêts purement professionnels, on trouverait cependant de plus grands avantages à former des syndicats mixtes composés mi-partie d'ouvriers, mi-partie de patrons. On estime que ces syndicats constitueraient l'un des plus efficaces moyens de faire cesser les malentendus, l'antagonisme même, qui se produisent entre le capital et le travail. Les syndicats professionnels formeraient ainsi des conseils d'arbitrage, analogues aux conseils de prud'hommes. On réclame pour eux le droit de juger tous les différents survenus sur le règlement des salaires, entre ouvriers et patrons d'une même industrie, membres de l'association. Leurs attributions seraient même étendues sur le domaine de l'éducation professionnelle.

Les syndicats mixtes marqueraient, on le voit, sous cette forme, un retour peu dissimulé aux anciennes juridictions corporatives.

Les économistes du congrès catholique de Reims,

en août 1875, sont allés plus loin. Ils ont formulé un vœu en faveur du rétablissement des corporations, fondées « sur l'esprit chrétien » et appropriées aux conditions nouvelles de la société moderne. « Il s'agit, disaient-ils, de reformer la corporation en n'en prenant que ce qu'elle avait de bon ; il s'agit de rétablir l'association, afin de ramener la mutualité et la solidarité ; il s'agit de coordonner le patro- -nage avec l'association, afin de lier entre eux, par des obligations réciproques, les divers rangs de la société et d'en former ainsi un faisceau indestructible.»

Ainsi, par un singulier rapprochement, le retour vers les formes anciennes de l'association, l'engouement spontané des institutions abolies du passé, se manifestent, en même temps, dans le parti radical par les revendications des délégations ouvrières, et au sein des congrès catholiques. N'est-ce pas la preuve évidente que la réalisation de ces vœux, au fond, répond à un sentiment, on pourrait dire à un besoin général ?

Reportons-nous à l'histoire dont on tente aujourd'hui de remonter le cours. Les corps d'état avaient, dans le passé, sollicité du pouvoir royal les règlements corporatifs pour protéger leurs franchises et opposer des barrières aux entreprises et à la domination du droit féodal. Aujourd'hui, au milieu des révolutions économiques qui ont bouleversé le monde de la production, la liberté individuelle du travail se trouve désarmée en face des grands monopoles de l'industrie, des chocs menaçants du capital et du travail. Une puissance plus terrible encore, la concurrence, lutte contre eux et brise leurs efforts dans le champ de bataille transformé et agrandi des intérêts commerciaux et industriels. Les ouvriers d'un même état sentent, contre ces forces inéluctables, la nécessité de se raffermir par le groupement. De là leur tendance à restaurer, dans le syndicat corporatif, une institution qui n'est, en réalité, qu'une forme nouvelle de l'ancienne corporation. Ce n'est pas qu'ils entendent aliéner les droits de la liberté du travail ; mais ils ont reconnu que, en voulant abaisser les barrières du monopole, on a livré la location de la main-d'œuvre au jeu variable de l'offre et de la demande. D'incessantes fluctuations avilissent ainsi ou élèvent tour à tour le taux des salaires. Somme toute, les ouvriers ont plus souffert de la concurrence qu'ils n'ont profité de la liberté.

Les corporations et les jurandes, désorganisées, d'abord par l'édit de Turgot, furent emportées par la Révolution dans la célèbre séance du 4 août 1789. Les lois du 22 octobre 1789, 18 mai et 19 juin 1791 enveloppèrent ensuite dans une même proscription les corporations privilégiées et le droit d'association. En voulant atteindre un but légitime, la liberté du travail, on le dépassa.

L'Assemblée nationale frappa l'association dans

son principe : « Elle crut, dit avec un juste sentiment de regret Henrion de Pansey, faire ainsi un
grand pas vers la liberté ; elle brisa les barrières
dont la sagesse de nos pères avait environné l'autorité royale. » Ce fut là son erreur. Proclamer la liberté du travail, affranchir l'ouvrier des règlements
de maîtrise, des tarifs obligatoires, des entraves du
monopole, était assurément une œuvre grande et
utile; supprimer le droit d'association était une faute
grave et irréparable [1].

[1] Ceux qui attaquaient si ardemment alors les associations
ouvrières, au nom de la liberté et du génie moderne de l'émancipation, n'ont pas semblé se douter qu'ils reculaient de deux
siècles en arrière. Ils ne faisaient que rééditer, en effet, les
mesures sévèrement prohibitives des anciens édits royaux sur
l'interdiction des « confrairies, assemblées et monopoles des
gens de mestier et autres, » édictés par François Ier à Vil-
lers-Cotterets en aoust 1539 (articles 185, 186 et 191); les
ordonnances rendues par Henri III aux États de Blois; par
Charles IX à Saint-Germain-en-Laye, en février 1567; à Mou-
lins, en février 1566, article 74; et à Paris en février 1567,
chapitre XVI, article 6.
« I. — Anihilons et abolissons, disaient les édits, par tout
nostre royaume, toutes côfrairies de gens de mestier et artisans,
soient maistres ou compagnons, et leur défendons de s'en entre-
mettre sous peine de punition corporelle. . . . .
» II — Défendons à tous lesdits maistres, ensemble aux
compagnons et serviteurs de tous métiers, de faire aucunes
congrégations ou assemblées, grandes ou petites, ne pour quelque cause ou occasion que ce soit; et ne faire aucuns monopoles, et n'avoir ou prendre aucunes intelligences les uns avec
les autres du faict de leur métier, sous peine de confiscations de
corps et de biens. »
Comme ces édits, empreints d'une rigueur barbare, les lois

La loi de 1791 a subi le sort de toutes les lois qui se heurtent au courant des mœurs. On s'est efforcé d'éluder ses dispositions restrictives.

Nombre d'associations, telles que les sociétés commerciales et industrielles, les sociétés de secours mutuels, les sociétés coopératives de consommation et de production sont parvenues depuis cette époque à fléchir les rigueurs de la loi et ont obtenu, par une faveur spéciale, un état civil légal et régulier. Les chambres de patrons se sont établies elles-mêmes par une possession indiscutée. Moins heu-

---

de la Révolution ne se bornèrent pas à abolir les corporations, en les confondant avec les priviléges; elles voulurent prévenir leur reconstitution. Le décret du 14-17 juin 1791 formule nettement ces mesures préventives :

« Art. 1. L'anéantissement de toutes les espèces de corporations de citoyens d'un même état ou profession étant une des bases fondamentales de la Constitution française, il est défendu de les rétablir de fait sous quelque prétexte et sous quelque forme que ce soit.

» Art. 2. Les citoyens d'un même état et profession, les entrepreneurs, ceux qui ont boutique ouverte, les ouvriers, les compagnons d'un art quelconque ne pourront, lorsqu'ils se trouveront ensemble, se nommer ni président, ni secrétaire, ni syndic, tenir des registres, prendre des arrêtés ou des délibérations, former des règlements sur leurs prétendus intérêts communs. »

Dix-sept ans après, le Code pénal, inspiré des mêmes préventions contre le groupement corporatif, renouvelait et généralisait ces prohibitions. L'article 291 déclare que « nulle association de vingt personnes s'occupant *d'objets religieux, politique, littéraire ou autres,* ne pourra se former qu'avec l'agrément du gouvernement et *sous les conditions qu'il plaira à l'autorité d'imposer à la société* ».

reuses, les associations ouvrières seules, jusqu'à ce jour, n'ont pu faire reconnaître leur droit à l'existence. Elles vivent au jour le jour, d'une vie aventureuse et compromise, sous le régime périlleux de la tolérance ou, pour mieux dire, de l'arbitraire. Ces associations se sont imposées au régime impérial par le nombre de leurs adhérents et l'importance de leurs groupements dont on avait à ménager l'influence. Il parut difficile alors de donner ouvertement un démenti trop brutal au programme plébiscitaire, dans lequel apparaissaient avec un merveilleux effet *l'émancipation des travailleurs, les franchises du travail, l'initiative des producteurs*. Ainsi, à la faveur tout à la fois des agissements administratifs et de l'assentiment accordé par le gouvernement aux chambres syndicales de patrons, les chambres ouvrières ont pris place au soleil. La loi, désarmée par l'usage, serait désormais, de l'aveu même des circulaires ministérielles, impuissante à remonter le courant irrésistible qui entraîne actuellement les ouvriers vers l'association.

Dès 1868, M. de Forcade la Roquette, alors ministre de l'intérieur, confessait la nécessité de l'assimilation des chambres syndicales d'ouvriers à celles de patrons. Il reconnaissait aux ouvriers le droit de se constituer en syndicats ; il y voyait une œuvre de justice et d'égalité pour la protection de leurs intérêts.

« En adoptant, disait le ministre, les mêmes règles pour les ouvriers que pour les patrons, l'administration n'aura pas à intervenir dans la formation des chambres syndicales; elle ne serait amenée à les interdire que si, contrairement aux principes posés par l'Assemblée constituante dans la loi du 17 juin 1791, les chambres syndicales venaient à porter atteinte à la liberté du commerce et de l'industrie, ou si elles s'éloignaient de leur but, pour devenir à un degré quelconque des réunions politiques non autorisées par la loi.

» Mais les ouvriers seront les premiers à comprendre que leur intérêt même est engagé à maintenir le caractère purement professionnel de leurs réunions. »

Ce projet, dont on ne pourrait sans injustice méconnaître le sage esprit de prévoyance, n'a point reçu d'exécution. L'arbitraire le plus absolu n'a cessé de régner, depuis cette époque, dans la conduite de l'administration à l'égard des chambres syndicales. Les rapports de la préfecture de police au gouvernement affirment, dit-on, que la législation est parfaite, qu'il est inutile de la modifier. On peut, assure-t-on, avec cette arme quelque peu ébréchée, faucher en herbe l'organisation de toutes les associations ouvrières. On le dit, mais qui oserait le faire? En attendant, on tolère les syndicats ouvriers. Leur institution s'épanouit et se développe au grand jour. L'arbitraire ne s'en fait pas moins sentir. Ainsi, M. de Marcère, le ministre sympathique aux congrès ouvriers, interdisait le 21 novembre une réunion ayant pour objet d'étudier, entre délégués et députés, le projet de loi sur les associations syndicales ; tandis que, quelques mois auparavant, les mêmes députés et les mêmes délégués présidaient, avec l'assentiment du précédent ministre, les assemblées électives organisées pour l'envoi d'une délégation à Philadelphie. A Lyon, on interdit ce que l'on tolère à Paris. L'administration refusait le 22 novembre d'autoriser une réunion privée, en vue de la formation d'une chambre syndicale des ouvriers terrassiers. Partout apparaissent, dans la conduite des agents de l'autorité, l'inconséquence, l'hésitation ou la peur, sous le régime de l'arbitraire.

Cette situation n'est conforme ni à la dignité du pouvoir qui s'avoue impuissant, ni aux intérêts des ouvriers qui ne sauraient trouver, dans une tolérance forcée, la sécurité sur laquelle toute institution, pour être viable, doit poser ses premières assises. On a qualifié d'un mot juste la législation actuelle en matière d'association : elle n'a de force que contre le bien, elle est impuissante contre l'abus.

Le gouvernement se trouve donc placé dans cette alternative à la fois pressante et fatale : ou d'interdire toute réunion des syndicats ouvriers ou de reconnaître ces associations, sous l'autorité de la loi.

Interdire les associations ouvrières, on ne peut y songer. L'association libre se produit, grandit et se développe aujourd'hui, aidée et soutenue par la force des choses : il est difficile d'admettre qu'en dépit de la compression, de la contrainte et de la résistance, elle n'arrive pas à s'imposer définitivement à notre organisation sociale.

Le droit de s'entendre, de se défendre, entre gens du même état, contre des prétentions qui atteignent le groupe, la profession, nous semble indiscutable. La magistrature, le clergé, l'armée, forment dans l'État des corps qui, à défaut des priviléges abattus sous le niveau révolutionnaire, ont à coup sûr leurs prérogatives, leurs préséances, leurs traditions professionnelles. Ces corps se protégent par là contre toute atteinte. La plupart des professions libérales possèdent une organisation corporative : les membres du barreau ont leur conseil de discipline; les avoués, notaires, huissiers, leurs chambres; les commerçants ont les juridictions spéciales des tribunaux de commerce et des prud'hommes. A quel titre, en vertu de quelle loi qui ne soit pas tombée en désuétude, s'opposerait-on donc à la prétention des ouvriers de posséder, pour la défense de leurs intérêts, des syndicats professionnels? N'est-ce pas l'instinct même de la conservation personnelle qui porte ainsi la faiblesse à fuir l'isolement pour s'abriter derrière le rempart de la collectivité? La loi de 1791, abolitive

.des corporations, est-elle plus opposable aux ouvriers qu'elle ne le serait aux académies, aux professions libérales, aux associations industrielles, également proscrites par l'aveugle fureur des sectaires? Dans leur légitime répulsion contre les priviléges, les novateurs du 4 août n'ont-ils pas renversé au hasard, pêle-mêle, sans distinction d'origine, de but et d'utilité, toutes les institutions du passé qui, de près ou de loin, avec les nuances les plus profondes, prenaient l'apparence du monopole professionnel et de l'association corporative? On recueillerait aujourd'hui plus d'un débris précieux en fouillant sous ces ruines.

Le flot de la démocratie, comme le Tibre à travers la Rome antique, découvre parfois dans ses crues subites les assises des monuments d'un autre âge et rejette sur ses bords de curieux vestiges, dignes de tenter encore l'imitation des architectes.

Résister au sentiment instinctif qui emporte la masse des travailleurs vers les refuges de l'association serait se heurter contre les tendances les plus inéluctables de la société moderne. Il suffit, en effet, d'embrasser d'un coup d'œil toutes les forces économiques du pays, industrielles, commerciales, agricoles, pour constater l'immense mouvement qui depuis soixante années les porte à se réunir, à se grouper, à se concentrer. On se convaincra que résister à cette impulsion, c'est lutter contre l'impérieuse autorité des mœurs. Dénier aux ouvriers un droit qui s'affirme partout, par les manifestations les plus ostensibles, ce serait vouloir redresser le cours des choses pour imposer une réglementation surannée à une époque de progrès ; ce serait assimiler les conditions de l'industrie française, dans toute son expansion actuelle, à ce qu'elle était il y a quatre-vingts ans avec des forces si restreintes et des moyens d'action si imparfaits ; ce serait, en un mot, inscrire dans la législation un anachronisme.

. Si le gouvernement doit, bon gré mal gré, céde à l'association libre, dont les syndicats ouvriers ne sont qu'une émanation, le terrain qu'elle a conquis, ne peut-il pas du moins mettre un frein à ses écarts par le contrôle et la surveillance des lois ? Là est le nœud de la question.

La législation des syndicats est à faire ; sur quels principes doit-elle se baser ? La liberté d'association devrait être garantie, d'une manière générale, par l'abrogation de l'article 1er de la loi de 1791, et la modification de l'article 291 du Code pénal. Le droit de réunion, corollaire immédiat du droit d'association, serait élargi dans une sage mesure. Resterait à prendre, à titre préventif, des précautions contre l'abus qui pourrait, surtout au début, être la conséquence de la liberté.

Nous reconnaissons cependant que l'association affecte tant et de si multiples formes, qu'il est difficile de trouver une formule législative qui satisfasse, dans leur ensemble, à toutes les aspirations et protège tous les intérêts. Cette tentative a été faite par la précédente Assemblée; elle a échoué malencontreusement. Le projet de M. Berthaut concluait à l'abrogation de la loi de 1791; il substituait au régime préventif de l'autorisation le système répressif de la surveillance et du contrôle. Ce projet froissait des esprits prévenus, il n'a pu trouver l'heure opportune de la discussion.

Aujourd'hui on ne demande plus de généraliser la loi; on réclame uniquement la liberté d'association et le droit de réunion pour les syndicats ouvriers. Admettons donc que l'on aille au-devant des besoins les plus pressants, et examinons les bases d'une législation spéciale pour les associations ouvrières.

La prohibition des associations corporatives n'est plus, aux yeux des législateurs, à la fois une garantie pour la liberté du travail et une sécurité pour l'État. On reconnaît s'être mépris sur ses résultats. L'erreur du passé doit être la leçon de l'avenir.

« Le moment est venu, affirment les économistes, de réhabiliter l'association corporative, en évitant les fautes qui l'ont fait condamner et en se pénétrant bien des idées modernes.

» N'y aurait-il pas justice à permettre aux ouvriers de se grouper par professions et à leur assurer, sous le patronage et la surveillance de l'État, la liberté de s'associer, de stipuler collectivement, d'arrêter entre eux des règlements professionnels?

» Ne peut-on point trouver, enfin, un moyen terme entre l'ancien régime corporatif et l'individualisme absolu? Ne peut-on pas, sans porter atteinte aux grands principes de la liberté du travail, faciliter aux ouvriers les moyens de s'entr'aider et de se soutenir réciproquement dans toutes les vicissitudes de la vie? »

En se plaçant dans cet ordre d'idées, plusieurs déposants à l'enquête de 1872-1875 ont déclaré que la révision de nos lois sur les associations était une nécessité démontrée par quatre-vingts ans d'expérience douloureuse. On a eu tout le temps de reconnaître, dans cette longue période d'années, les inconvénients entrevus par le Parlement de Paris dès la première apparition des réformes de Turgot.

A leurs yeux, aux yeux des écrivains qui soutiennent les mêmes doctrines, un des plus puissants moyens de force et de prospérité pour l'industrie nationale, pour le pays lui-même, serait un système d'associations professionnelles, soutenant à la fois, dans la classe ouvrière, les intérêts matériels et y relevant la discipline morale. Ce procédé établirait enfin les liens d'une union étroite entre les patrons et les ouvriers par des rapports bienveillants et une juste rémunération du travail.

« Dans ce système d'association, chacun conserverait la faculté de rester indépendant et la loi respecterait la libre concurrence du travail individuel. Les droits de la famille, de la propriété, de la liberté, seraient sauvegardés; l'association prendrait pour base les principes du patronage et de la mutualité et assurerait, par des secours à l'âge et à la maladie, la sécurité de l'avenir.

» Pourquoi persisterait-on à dénier aux classes ouvrières le droit de se syndiquer dans de telles conditions? Pourquoi ouvriers et patrons d'une même profession ne pourraient-ils pas se soumettre ainsi à des règlements émanant de leur libre initiative, mais soumis à l'approbation et à la surveillance de l'État? »

Les principes et les vœux que nous venons d'exposer ne sont point ceux dont s'est inspiré le projet présenté à l'Assemblée nationale, le 4 juillet 1876[1], par M. Lockroy et ses amis. Ses auteurs semblent s'être plus préoccupés de complaire aux prétentions des chambres syndicales de Paris, de légitimer leurs usurpations dans le domaine des lois et de la liberté, que de préparer l'édifice d'une législation

---

[1] Dès 1871, les députés de l'Union républicaine avaient demandé l'abolition des articles 291 à 294 du code Napoléon qui règlent la matière des associations.

sérieusement destinée à abriter les associations ouvrières. Aucun d'eux, au surplus, ne se paie d'illusions sur le succès de ce projet. On entend surtout en faire pour le parti radical un instrument de revendications. Les motifs du projet sont cependant, on ne saurait le nier, bien déduits et fortifiés à la fois par les souvenirs de l'histoire et l'expérience du présent. Les conclusions en sont nettes. On y demande :

1° L'abrogation pure et simple de la loi du 17 juin 1791 ;

2° Le droit pour les syndicats professionnels de patrons et d'ouvriers de se constituer, sans autorisation du gouvernement, sur un simple dépôt à la préfecture de leurs statuts et des noms de leurs membres ;

3° L'attribution aux syndicats professionnels du droit de défense des intérêts industriels communs à leurs membres; de la création de sociétés de secours mutuels, de caisses de retraite, d'ateliers de refuge, de sociétés coopératives ;

4° L'entente entre les syndicats de patrons et les syndicats d'ouvriers des mêmes industries, pour régler les rapports professionnels.

Ce projet, à part certaines réserves à faire sur quelques-unes des attributions réclamées pour les syndicats ét sur le mode de leur constitution, présente des conclusions sérieuses. Il répond à d'immenses et incontestables intérêts. Quoi qu'on en pense d'ailleurs, il s'impose aux méditations et à l'étude du législateur. La discussion publique en dégagera sans doute les scories, et, remanié, étudié, passé au creuset d'un examen attentif, il en sortira une œuvre répondant aux besoins du présent. L'association corporative, reconstituée par la nouvelle République, pourrait alors consacrer les souvenirs de son histoire en frappant une curieuse médaille : on y figurerait sur deux faces opposées ce double millésime : 1791-1877, entouré de cet exergue : *abolition, restauration.*

Un spectacle digne d'observation est l'attitude prise par les syndicats ouvriers en face du projet présenté par leurs représentants à l'Assemblée. Les orateurs du congrès ouvrier n'ont pas eu assez de sarcasmes et d'indignations contre ce projet. Tout ou rien, s'écrient-ils! liberté absolue, entière du droit de réunion et du droit d'association; point de loi; nous ne voulons pas passer du régime de la tolérance sous celui de la surveillance légale; il nous faut l'affranchissement sans réserves. Ainsi les représentants des ouvriers parisiens ne marchent plus à l'unisson des aspirations de leurs électeurs; ils sont débordés.

Nous ne nous arrêterons pas à discuter l'opinion du congrès ouvrier; elle consiste dans un égal dédain de tous les systèmes législatifs. Revenons au projet Lockroy.

Les attributions réclamées pour les syndicats ouvriers, par les membres de l'Union républicaine, sont la plupart justifiées par les conditions actuelles de la production. Les associations ouvrières ont naturellement pour premier objet la fixation des salaires. Sous l'influence de préventions innées dans les esprits, de méfiances indestructibles, l'antagonisme subsiste entre les ouvriers et les patrons. Aux yeux des salariés, leur condition souffre de deux maux : le renchérissement des choses nécessaires à la vie et ce qu'ils appellent l'*industrialisme* ou l'abus des moyens de concurrence.

Depuis vingt ans, il est vrai, le renchérissement de la vie a subi une augmentation d'un tiers, et la cherté va croissant ; les salaires doivent suivre une progression correspondante et s'élever dans une proportion légitime. L'ouvrier abandonné à ses seules forces élèverait en vain la voix, l'intérêt du patron lui opposerait une invincible force d'inertie : il s'exposerait lui-même, par la vivacité ou l'aigreur de ses réclamations, au renvoi et au chômage. L'association corporative, en discutant le salaire et en soutenant l'intérêt collectif, offre au contraire une force d'action qui doit assurer le triomphe des prétentions justifiées par la nécessité des choses. On ne saurait donc raisonnablement contester aux chambres syndicales le droit de s'occuper des salaires. La même évidence d'intérêt existe pour le règlement des tarifs dans les travaux aux pièces ou à la tâche. A l'appui de ce droit, on invoque encore l'expérience du passé. On a constaté que le nombre des grèves a diminué dans les corps d'état où sont établies des associations syndicales.

Mais où doit s'arrêter ici l'action de l'association? Pourrait-elle être autorisée à alimenter les grèves de ses subsides, à fomenter et à soutenir la résistance, à repousser tyranniquement de l'atelier ceux que la nécessité ou de moindres exigences y ramènent? Pourrait-elle en un mot troubler la paix de l'industrie française, en y prenant le rôle néfaste joué en Angleterre par les trades-unions dans des grèves souillées de sang et de crimes?

C'est contre ces dangers qu'on réclame l'intervention du législateur. La loi nouvelle doit, par une disposition spéciale, prendre ses garanties contre un état de choses qui pourrait devenir une menace pour l'ordre public.

Il est encore de l'essence des syndicats professionnels de s'occuper des œuvres d'assistance mutuelle destinées à soutenir les ouvriers du même état, tombés dans la détresse par suite d'accidents, de chômage, de l'âge ou de la maladie. On ne peut donc leur dénier les attributions relatives à la formation des sociétés de secours mutuels, caisses de retraite, ateliers de refuge, sociétés coopératives.

Il serait nécessaire de faire des réserves sur l'entente entre les syndicats d'ouvriers et ceux de patrons : cette entente, dans le règlement de leurs conflits, œuvre de conciliation et d'arbitrage, est une solution fort souhaitable ; mais on doit prévenir des coalitions qui, d'un commun accord, tendraient au renchérissement de la main-d'œuvre au profit des uns, et à la cherté des produits au profit des autres. Les intérêts du public, ceux des consommateurs, méritent aussi d'être défendus. L'État, sans gêner la liberté des conventions, a le devoir de prendre ces grands intérêts sous sa sauvegarde.

Enfin, si le projet Lockroy est trop étendu en un sens, il nous paraît, à d'autres points de vue, trop borné. Les syndicats professionnels peuvent remplir plus largement, dans leur sphère d'action, un rôle de patronage et d'humanité.

Ainsi, il leur serait facile de rendre des services considérables dans l'application des lois sur le travail des enfants et des femmes. Déjà on a eu la pensée d'utiliser le concours des chambres de patrons pour la diffusion de la loi du 19 mai 1874. Elles ont répondu à cet appel et prêtent à l'inspection un concours apprécié. Les syndicats ouvriers ont le droit de revendiquer leur part dans cette œuvre d'humanité. Ils pourraient contribuer à la scrupuleuse exécution des lois de protection de l'enfance et des contrats d'apprentissage, sans empiéter sur les attributions de l'inspection. On les

ferait utilement entrer dans la composition des commissions locales organisées par la loi. Il appartien-
drait ainsi aux associations ouvrières, dans un temps
où l'on ne voit pas sans inquiétude pour l'avenir
tous les bons ouvriers disparaître, de rendre de
réels services au recrutement de l'industrie. On peut
attendre aussi de la loi sur l'organisation corporative
l'avantage de constituer des comités d'arbitrage. Ces
conseils, composés moitié patrons, moitié ouvriers,
fonctionnent déjà dans plusieurs corporations parisiennes. Ils sont nombreux en Angleterre où il en
existe dans chaque comté.

Partant de ces principes, nous émettons le vœu
que les Assemblées françaises adoptent les résolutions suivantes :

1° Abolir les articles 1er et 2 de la loi de 1791, afin
de placer les associations ouvrières sous le régime
du droit commun; étendre le projet de loi relatif
aux syndicats professionnels à toute nature d'association; modifier, en ce sens, les dispositions de l'article 291 du Code pénal et la loi de 1834;

2° Accorder toute liberté à la formation des syndicats professionnels ou autres associations, sous la
condition du dépôt préalable des statuts, de la déclaration du but de l'association et des noms de ses
membres, de la désignation de son bureau ou d'un
agent responsable de ses actes;

3° Interdire, dans l'intérêt même des ouvriers,

toute intrusion de la politique au sein des associations syndicales;

4° Réprimer toute provocation, menace ou subornation ayant pour objet de fomenter ou d'entretenir les grèves; empêcher par là que l'association ne dégénère en coalition;

5° Assujettir au contrôle de l'État et à l'inspection de l'instruction publique les écoles primaires, écoles professionnelles, cours et bibliothèques fondés sous le patronage des syndicats;

6° Garantir, par des moyens de publicité analogues à ceux exigés par la loi de 1867 sur les sociétés commerciales, l'appel de tous les ouvriers du même état à la formation et au contrôle de l'association corporative;

7° Admettre tout ouvrier, citoyen français, jouissant de ses droits civils et politiques, à concourir à la formation des associations de sa profession; en exclure les étrangers. Fixer le siége social en France.

Établie sur ces bases, la législation des syndicats professionnels nous semble devoir échapper aux critiques et aux méfiances dont elle a été l'objet. On en pourra, dès lors, nous en avons l'intime conviction, attendre un jour, pour la prospérité de l'industrie et le calme des esprits, des effets merveilleux.

La plupart des grandes nations industrielles possèdent leur législation sur les associations ouvrières.

Aux États-Unis, les lois sur la matière prennent un double caractère : tantôt l'association est instituée par un acte spécial de la législature qui détermine directement les conditions de son existence ; tel est l'acte d'incorporation de la société, de Saint-Vincent-de-Paul existant dans la ville de New-York, concédé le 10 avril 1872. Tantôt, d'après un usage plus répandu dans les autres États, le législateur trace aux associations des règles générales d'existence, auxquelles elles se soumettent volontairement. « Elles naissent à la vie civile, dit M. Claudio Janet [1], sans une intervention spéciale du législateur, en se conformant aux conditions de publicité fixées par la loi. »

Ainsi, d'après un acte de la législature de l'Illinois, du 18 avril 1872, adopté dans plusieurs autres États : « lorsque trois personnes ou un plus grand nombre voudront s'associer, pour un objet légal sans intention de profit, elles dresseront, devant un officier public compétent, et déposeront à la secrétairerie d'État un acte authentique, indiquant le nom de l'association projetée, son objet, le nombre de ses administrateurs. La constitution n'est définitive qu'après enregistrement de l'acte. »

---

[1] Claudio JANET, *Les États-Unis contemporains.*

Les associations par corps de métier existent également en Angleterre; et, chez cette nation tant éprise de la liberté du travail individuel, ces associations ont leur législation générale comme leurs règlements particuliers.

« Les Anglais [1], dit un observateur profond des mœurs de ce peuple, ont compris qu'ils n'avaient ni le droit, ni les moyens d'étouffer les associations ouvrières, et que, au lieu de les comprimer, il fallait au contraire les obliger à se produire au grand jour. Grâce à ce régime, les hommes les plus violents ont bientôt perdu l'influence que leur donnait un pouvoir occulte et irresponsable. Le système de la responsabilité et de la publicité a été la meilleure garantie contre les excès. L'argent a afflué dans les caisses de l'Union; dès lors ses membres sont devenus plus scrupuleux dans le choix des hommes auxquels ils en confiaient la garde. Ils ont appris à se servir du mécanisme électoral de ces associations pour se donner des chefs honnêtes et capables. Enfin, plus l'Union a été riche, plus elle est devenue conservatrice. »

Agir comme l'ont fait les Anglais, en plaçant au grand jour les syndicats ouvriers et en les entourant d'une publicité permanente, ne serait-ce point apporter des éléments de discipline et d'ordre au sein

[1] *Les Ouvriers anglais,* par M. le comte de Paris.

des populations ouvrières? ne serait-ce point jeter la lumière de l'opinion sur des associations souvent secrètes, parfois ténébreuses; en prévenir les dangers, en y substituant des institutions libres, utiles et fécondes?

On ne doit pas d'ailleurs s'y tromper, les adhérents des syndicats corporatifs sont relativement peu nombreux. Ils s'élèvent environ à 100,000, d'après les évaluations les plus favorables, dans l'ensemble de la population ouvrière de la France. Beaucoup de chambres syndicales, de l'aveu même de leurs promoteurs les plus convaincus [1], ne comptent à leur actif qu'une fraction insignifiante des membres de la corporation.

C'est là une faible minorité, mais une minorité bruyante, d'une volonté opiniâtre, qui prétend faire la loi à la masse ouvrière en se proclamant l'interprète de ses vœux et de ses révendications.

Grâce au fonctionnement régulier d'une institution ouverte à tous et sous les yeux de tous, le groupement des ouvriers, par corps de métier, cesserait d'être une source d'agitation et une menace permanente au repos public. Telle est l'œuvre que conseillent à la fois la prudence et l'expérience. Le meilleur argument en faveur des syndicats professionnels, c'est que patrons et ouvriers les acceptent

---

[1] Louis PAULIAT, *Les Chambres syndicales.*

également. Ils y voient une garantie d'apaisement. Serait-il donc sage, politique même, de s'opposer à cette expérience?

On l'a judicieusement fait remarquer : « Devant l'histoire contemporaine interrogée indépendamment de toutes préoccupations politiques, on est en droit d'affirmer que les libertés reconnues au travail n'ont été pour rien dans nos discordes civiles. Il serait dès lors aussi impolitique qu'injuste de s'en faire une arme contre leur existence [1]. »

Le jour où les associations syndicales pourraient s'établir en pleine lumière, ce jour-là elles perdraient leur caractère occulte et illégal, pour devenir la représentation réelle et efficace de chaque corps professionnel. Leur esprit, leur rôle changeraient. On verrait en elles les défenseurs autorisés des intérêts de la population ouvrière. A l'illégalité tolérée, succéderait un mandat régulier et juridique, un élément nouveau de vie et d'activité dans les forces sociales.

On n'a d'ailleurs pas à craindre de voir renaître, de notre temps, les abus des anciennes corporations privilégiées. Ces appréhensions seraient un anachronisme. Les priviléges et les inégalités de condition ne menacent plus la société nivelée et centralisée de ce pays de démocratie et de suffrage universel.

---

[1] AUDIGANNE, *Mémoires d'un ouvrier de Paris.*

Le vice de l'époque actuelle serait plutôt l'individualisme, qui éparpille et réduit à l'impuissance les forces vives de la nation. On a tout à gagner à livrer les voies de l'association à de libres initiatives, à soutenir les efforts des hommes dévoués à la défense du droit, à favoriser le progrès des institutions où l'accession de tous aux avantages de la communauté peut opposer une barrière infranchissable aux entreprises dangereuses de l'esprit de parti et aux doctrines subversives.

Le principe de l'association a largement contribué, sous le régime des institutions de saint Louis, au développement de la civilisation au moyen âge ; le même principe peut encore, sous une forme nouvelle, exercer une influence salutaire et féconde sur le progrès moral des sociétés modernes.

XX

Le devoir des classes dirigeantes. — L'exemple du travail. —
La persuasion par les œuvres. — Le père des ouvriers. —
Solidarité d'intérêts entre les patrons et les ouvriers.

Tous les efforts tentés pour relever matérielle-
ment et moralement la condition des populations laborieuses seraient frappés de stérilité, si aux différents degrés de la société subsistaient des lignes
séparatives qui ne pussent être franchies par les
hommes que le sort a placés aux rangs inférieurs.
Bien des préventions, bien des irritations, bien des
haines sont fomentées dans le cœur des ouvriers,
bien des découragements y paralysent l'essor des
instincts généreux, par suite du défaut d'aide mutuelle, de sympathie même, de ceux que le hasard
a favorisés des avantages de la richesse.

Le plus grand mal chez un peuple, c'est que
les différentes forces qui le composent suivent leur
marche respective sur un plan parallèle, sans jamais se rapprocher et se confondre. C'est au contraire par le mélange et la fusion réciproque de
leurs divers éléments que les nations peuvent pro-

duire dans leur ensemble une valeur homogène, comme un métal précieux dont l'alliage agglomère les molécules. Ceux qui appartiennent, par leur condition, à ce que l'on appelle dans le langage du monde les classes dirigeantes, ont à ce sujet des devoirs à remplir. Le premier de ces devoirs est de mettre en honneur le travail. La fausse considération que le vulgaire attache, en dépit de tous les raisonnements, à l'homme qui ne fait rien, est de nature à troubler l'esprit de ceux qui gagnent leur vie par le salaire et la peine. Ce sentiment les porte à la dissipation, au découragement, ou les endort dans la paresse. Plus un homme occupe dans la société un rang élevé, plus le travail s'impose à lui par une loi impérieuse. On excuserait le malheureux accablé sous la tâche quotidienne, aux prises avec les âpretés de la vie, s'il recherchait quelque jour un loisir égoïste. Il serait au contraire impardonnable celui qui, placé aux sommets de la fortune, ne songerait point à rendre sa vie utile par le bien, ni à développer les nobles facultés que la main de Dieu à déposées dans toute âme humaine. Les obligations sociales s'agrandissent donc en raison directe de la culture de l'esprit, des avantages de la richesse, de la possibilité de donner un plus libre essor aux sentiments généreux dans les loisirs d'une vie facile.

L'instruction libérale, dont tout homme bien élevé

a été favorisé, doit développer en lui les liens de solidarité qui le rattachent à ses semblables. Ce n'est là que la conception exacte des règles d'ordre et de bonne entente qui doivent consacrer les rapports réciproques entre les citoyens d'une même nation. Ces règles sont faciles à accepter pour l'homme qui porte haut dans son cœur le respect des lois et met sa dignité à les exécuter; elles constituent, dans notre état social, la plus solide garantie de la paix publique et la base de l'harmonie générale.

De quoi se plaignent en général les ouvriers quand on les interroge? De ce que l'on manque d'égards envers eux; de ce que les lois et les usages ne les traitent pas avec égalité et justice. « C'est, dit M. Reybaud, le grief principal, celui que j'ai recueilli dans beaucoup d'ateliers. Il suffirait, pour en finir, que les fabricants y veillassent avec plus de soin. L'essentiel, c'est que les ouvriers sachent et demeurent persuadés qu'on est animé de bons sentiments à leur égard. Les meilleurs céderont d'abord, puis les autres à leur exemple, et, à la longue, les plus endurcis finiront par se lasser de rendre le mal pour le bien. »

Il faut, en un mot, que les volontés, les intentions et les actes s'inspirent, dans les rapports sociaux, de sentiments fondés sur l'égalité des droits et la réciprocité des devoirs.

Les patrons parviendront ainsi à dissiper beau-

coup de préjugés qui subsistent encore parmi les
ouvriers. Quand ceux-ci comprendront bien qu'à
côté d'eux, au-dessus d'eux, n'existent aucun esprit
de surveillance jalouse, aucune pensée d'exploitation;
quand ils seront bien pénétrés de cette conviction, que
les efforts des patrons s'unissent pour un même but,
celui d'être utiles à la population laborieuse, leurs
sentiments se modifieront sans doute, leurs préventions s'effaceront, l'union se fera. On en a pour
gage plus d'un exemple. Les ouvriers, au début,
ont montré de l'irritation contre l'introduction des
machines, ils eussent voulu les anéantir. Ils y
voyaient une concurrence ruineuse pour le travail
manuel. Cette prévention a longtemps subsisté dans
leurs esprits. On en retrouve encore des traces. Aujourd'hui cependant, les ouvriers reconnaissent en
général que, au lieu de rencontrer dans les machines
des ennemis, ils y trouvent au contraire de puissants
auxiliaires. Beaucoup les apprécient, les tiennent
pour indispensables et appellent de leurs vœux leur
perfectionnement. Le bon sens et l'expérience ont
fait cette conversion. Serait-il donc impossible de
faire accepter aux ouvriers la direction et les conseils des patrons, en leur faisant bien comprendre
qu'ils sont pour eux les plus puissants instruments
de sécurité, de protection, d'utilité?

En répandant ces sentiments de confiance au sein
des populations ouvrières, on aura plus fait pour le

bien social qu'aucune de nos révolutions. Tel en est le sort fatal, qu'après bien des ruines et des souffrances, toutes ont retardé, pour de longues années, l'avénement des progrès dont elles tentaient d'assurer le triomphe.

Rien ne peut d'ailleurs justifier, en France, l'état de méfiance dans lequel se tiennent réciproquement les ouvriers et les patrons, ou, si l'on veut, le peuple et la bourgeoisie. Ces deux éléments sociaux, dans notre droit public moderne, n'ont rien qui les sépare l'un de l'autre. L'égalité civile, base de toute démocratie, n'est plus à faire, elle existe. On ne peut aujourd'hui remonter le courant ; le flot du progrès populaire grandit sans cesse. Partout l'aisance et l'instruction, en se répandant, élèvent la condition matérielle et morale de l'ouvrier. Les divers rangs de la société se confondent de plus en plus dans ce grand tout qui fut le Tiers-État et qui porte aujourd'hui dans son sein, après les conquêtes de la Révolution de 1789, l'âme et l'avenir de la démocratie française.

L'égalité existant, l'effacement des différences de condition devant fatalement se produire, le tort des classes dirigeantes est de ne point aller au-devant des faits qui s'accomplissent. C'est à elles à hâter de tous leurs efforts cette confusion d'intérêts, cette communauté d'idées et de sentiments sur lesquels la paix sociale trouvera un jour d'inébranlables assises.

Dans cet espoir, on peut applaudir aux œuvres fondées par la grande industrie pour améliorer la situation des ouvriers, leur donner confiance dans les bonnes intentions des patrons et les porter à l'attachement envers eux.

Combien ne voit-on pas d'industriels consacrer une large part de leur fortune à créer des écoles, des institutions d'assistance et de prévoyance à l'usage de leurs ouvriers !

Tous ont compris que leurs efforts devaient surtout se réunir pour l'œuvre de l'éducation. L'action des patrons sur l'esprit des ouvriers est le plus souvent nulle ou fort limitée ; elle est presque illimitée au contraire sur celui des enfants. C'est donc cette matière première, si impressionnable et si malléable, qu'il est bon de façonner, d'améliorer dans les écoles d'enseignement primaire et les écoles professionnelles par une éducation bienfaisante, paternelle et moralisatrice. « La restauration des mœurs publiques, disait le chancelier Gerson, quand on en veut relever l'édifice, se doit commencer par sa base, l'enfance et la jeunesse. »

Que les patrons se gagnent le cœur des enfants, alors se formeront des générations moins isolées, moins ombrageuses dans leur indépendance, mieux portées par leurs sentiments à unir leurs efforts à ceux des classes dirigeantes pour assurer l'ordre dans l'État et accroître la prospérité du pays.

La grande industrie se préoccupe particulièrement de prévenir dans la population ouvrière l'esprit de déclassement et d'instabilité. Pour cela, elle favorise par tous les moyens possibles chez les enfants l'attachement à la profession paternelle; elle leur donne toutes les facilités désirables d'instruction dans ses établissements mêmes. Cette initiative n'est point uniquement inspirée par un intérêt personnel, si légitime qu'il soit; un sentiment moral la domine. Les hommes qui dirigent les entreprises industrielles ont conscience de leur devoir et de leur responsabilité. Ils ont compris que l'avenir du pays, sa prospérité, son salut, le salut même de la société sont attachés à la bonne harmonie, aux rapports sympathiques des populations ouvrières et des chefs d'industrie. Ils font œuvre patriotique et œuvre morale à la fois en donnant tous leurs soins au développement des institutions qui conduisent à ce double but, par des améliorations durables et fondamentales.

Les ouvriers, de leur côté, apprécient ces bienveillantes intentions. Partout, les faits l'attestent, où, sur l'initiative éclairée des patrons, des institutions utiles ont été créées; partout où un mouvement s'est accompli pour le bien-être, l'instruction, l'amélioration du sort des ouvriers, les conflits, les irritations, les haines héréditaires se sont apaisées. L'industrie gagne à ces œuvres; la prospérité et la

fortune de l'industriel sont bien souvent nées des.
progrès qui ont rendu à l'ouvrier la vie plus heureuse.

« J'ai constaté, dit un grand industriel des Charentes[1], que les travailleurs sont très-sensibles à ce que l'on fait pour eux..... Celui qui souffre n'aime pas à voir plus heureux que lui, ni surtout à trouver des hommes indifférents à sa situation. Il est infiniment reconnaissant qu'on s'occupe d'améliorer son sort..... Les salles d'asile que j'ai établies pour permettre aux mères de gagner leur vie à côté de leurs enfants en bas âge; les écoles primaires mises à la disposition de ceux qui, un peu plus grands, peuvent étudier en attendant l'âge où ils pourront aider leurs parents par leur travail; les soirées d'étude organisées pour les ouvriers des deux sexes qui, n'ayant pu s'instruire dans leur enfance, veulent le faire après leur journée de travail, tout cela mis gratuitement à la disposition de la jeunesse, plaît beaucoup aux parents. »

Les efforts accomplis pour l'éducation de la jeunesse ouvrière par M. Laroche-Joubert, dans ses papeteries d'Angoulême, ont trouvé une double récompense dans les sympathies de ses ouvriers et le succès de ses entreprises.

Les déposants de la Grand'Combe constatent à leur tour, dans l'enquête de 1872-1875, les résultats

---

[1] M. Laroche-Joubert, enquête 1872-1875.

favorables des institutions créées par la compagnie minière; ils signalent l'influence acquise, grâce à elles, par les directeurs, sur les ouvriers. «Les moyens, disent-ils, propres à prévenir les conflits sont, à notre avis, tout moraux et dérivent tous de la confiance dans les chefs. Cette confiance ne peut s'acquérir que par l'exemple du travail et des bonnes mœurs, par la plus juste impartialité entre tous, par un séjour continuel au milieu des chantiers, par des réunions fréquentes avec les ouvriers ou leurs délégués, soit aux ateliers mêmes, soit dans des associations où on apprend à connaître leurs aspirations, afin que, le moment venu, on puisse y faire droit si elles sont légitimes, les réfuter si elles sont fausses; enfin par une discipline sévère, mais incontestablement juste. Cette confiance obtenue, les chefs en sont eux-mêmes assez fiers et heureux pour désirer la conserver et, par suite, pour apporter toutes les améliorations possibles dans la situation de leurs ouvriers. »

« En un mot, ajoutent ces déposants, les chefs d'industrie doivent se faire les meneurs des ouvriers et leur dire la vérité pour que d'autres ne les entraînent pas à leur perte. » L'apaisement, la bonne harmonie, les bonnes mœurs règnent à la Grand'-Combe; c'est dire que les louables intentions et les vues éclairées de ses directeurs n'ont point déçu leurs espérances.

Le Creuzot a été troublé, qui n'en a conservé le douloureux souvenir? dans les dernières années de l'Empire, par des grèves suivies de sanglantes répressions. Ce fut l'œuvre des meneurs de l'Internationale. Cependant la population de ce groupe industriel avait été comblée par son regretté directeur, M. Schneider, de tous les bienfaits. Écoles, asiles, hôpitaux, caisses de dépôts et de secours mutuels, rien n'avait été négligé des institutions les plus propres à contribuer au bien-être, au bonheur même des familles d'ouvriers.

Ces bienfaits semblaient oubliés; la politique avait égaré tous les esprits.

M. Schneider était l'un des hommes les plus haut placés du régime impérial; il semblait qu'il dût ressentir durement le contre-coup de sa chute. Eh! bien, il n'en fut rien. L'Empire tombé, M. Schneider rentra au Creuzot, reprit sa vie passée, ses relations quotidiennes avec ses ouvriers. Or, voilà qu'au milieu du désordre général des idées et du cours agité des événements, cette population se transforme, s'attache au travail; elle entoure son chef de vénération, fait revivre l'honneur de toutes ses œuvres, et, quand la mort vient frapper cet homme de bien, un long deuil s'étend sur le Creuzot; les ouvriers pleurent leur bienfaiteur.

Il faut lire le touchant récit des obsèques de

M. Schneider au Creuzot, en novembre 1875, pour bien comprendre tout ce que la douleur la plus vraie peut exprimer dans ses touchantes manifestations, tout ce que la gratitude du cœur peut dévoiler d'intimes mystères. L'expression de ces sentiments ne s'arrêta pas à l'émouvant spectacle que l'on vit se déployer autour d'une tombe. La population du Creuzot a consacré par un pieux souvenir la mémoire de M. Schneider; on l'y appelle aujourd'hui encore *le père des ouvriers.*

Inspirée de ces exemples, l'action dévouée, bienfaisante et persévérante des patrons pour le progrès moral et matériel des ouvriers entre de plus en plus dans les mœurs de l'industrie française. Les avantages en ont été depuis longtemps compris en Angleterre. Un mouvement considérable s'y est produit dans le Parlement, dans la haute industrie, dans l'opinion, pour agir efficacement sur les conditions du travail et développer la vie morale des ouvriers.

Les écoles, les bibliothèques, les cours techniques, les institutions de prévoyance et de secours ont été multipliés sur toute la surface du territoire et dans tous les groupes industriels du Royaume-Uni. On est ainsi parvenu à substituer à un état violent, à l'hostilité de classe à classe, la libre discussion des intérêts, la confiance du peuple dans les classes dirigeantes, en un mot l'apaisement social. La condition des populations laborieuses s'est modifiée, dans ce pays, de telle sorte que la taxe des pauvres, fixée d'une manière permanente, en 1815, à 17 francs pour chaque contribuable, est descendue, en 1869, à 8 fr. 15. A côté de cela, l'épargne ouvrière a décuplé dans la même période de temps. Tel est le résultat des efforts persistants dirigés en Angleterre vers l'amélioration du sort des ouvriers, tels sont les effets d'intelligentes et persévérantes réformes.

En France, comme en Angleterre, l'expérience est faite. Il faut la poursuivre énergiquement, sans relâche, sans découragement ni défaillance. Proclamer bien haut les effets de la persuasion qui agit par les œuvres, affirmer la solidarité d'intérêts qui existe entre les patrons et les ouvriers, o'est confier à l'avenir, dans le domaine de l'activité industrielle, des semences fécondes de bonne harmonie, de bien-être, de progrès moral et intellectuel.

CONCLUSION

Nous avons parcouru le cercle tracé à cette étude.

Quelle a été notre marche? Suivre dans son développement moral et intellectuel la vie des populations ouvrières; mettre en lumière les éléments divers de la puissance nouvelle des travailleurs dont l'influence sur les forces vives des nations, l'action dominante sur la production industrielle, la prépondérance dans les institutions issues du suffrage universel, tiennent sous une entière domination l'avenir des sociétés modernes.

Nous avons pris l'ouvrier dans sa jeunesse à l'école, à la manufacture, à l'atelier d'apprentissage; nous l'avons suivi dans la sphère du travail, des devoirs sociaux, des mœurs publiques et privées. Pénétrant sous le toit de la famille, nous avons vu tour à tour les peines et les joies du foyer, les angoisses des mères, le bonheur intime assis sur la base du travail, de l'ordre et de l'épargne; nous avons supputé ce que peut, dans le domaine des mœurs, l'intervention des lois; dans le domaine des faits, la puissance de l'initiative individuelle; apprécié enfin les effets comparés de l'action personnelle et de l'association.

On nous rendra cette justice, notre observation s'est adressée aux faits plutôt qu'aux rêves de l'idéal. Nous avons voulu dessiner avec sincérité la physiologie de la vie morale des ouvriers comme on tracerait le tableau de leur vie réelle.

Pour l'ouvrier, il s'agit avant tout de vivre. Le problème du pain quotidien, qui se pose chaque jour devant lui, ne se résout cependant pas uniquement par le travail. Sa solution comporte des efforts de pensée, de volonté, de résolution ou de résignation qui transportent bien vite l'homme des vicissitudes de la vie réelle dans la sphère de la vie morale. De là l'utilité, la nécessité même des études sur l'état psychologique et intellectuel des populations ouvrières.

La conclusion se présente d'elle-même : cultiver les esprits, élever les âmes, affermir les caractères ; en un mot, éclairer et moraliser, c'est résoudre le problème social.

A travers les égarements, les agitations, les dépravations même auxquelles les ouvriers ne peuvent échapper, dans le milieu social où ils vivent, la vitalité des sentiments natifs, l'effort de la conscience sont chez eux assez puissants pour qu'il n'y ait pas à désespérer du triomphe du bien.

Il n'est point dans les mœurs des peuples de corruptions irrémédiables, il n'est point dans la vie des nations de décadence qui ne rencontre à son heure son levier de relèvement. Les populations ouvrières de la France, avides de progrès, amies du travail, amoureuses de l'épargne, portent en elles, plus que toutes autres, des ressources morales et intellectuelles suffisantes pour se régénérer et s'élever. Le patriotisme, la foi dans l'avenir, la confiance en Dieu, joints à l'esprit pratique et à l'initiative courageuse, ne sont pas les moindres traits de leur caractère. Écartez d'elles les défaillances des âmes, les égarements de la politique, les plaisirs corrupteurs, et vous les retrouverez, dans leur mâle et fière nature, prêtes à tous les efforts comme à tous les sacrifices pour poursuivre et atteindre un but honnête, grand, réparateur. Les populations elles-mêmes des villes industrielles, dont la santé morale s'altère et s'épuise dans une vie végétative, ont, comme certains individus, une complexion maladive et nerveuse, sujette aux excitations, aux affolements, aux désordres; mais il existe, pour les uns comme pour les autres, une loi providentielle qui fait naître, des souffrances mêmes et des épreuves auxquelles les assujettit leur nature, le remède à leurs maux. La sagesse et la raison acquises au prix de l'expérience assurent, après maintes vicissitudes, à ces existences agitées la paix de l'âme, le calme de la vie, la considération même qui les place dans la société à un rang digne de leur légitime ambition.

C'est par la base qu'il faut relever l'édifice des mœurs.

Le progrès de l'enfant, sa vie intellectuelle, son avenir, se résument dans l'instruction, l'éducation morale, religieuse et professionnelle.

La vie morale de l'ouvrier repose sur l'honnêteté, les habitudes laborieuses, la modération des désirs, la pratique des devoirs. Il acquiert la santé de l'âme par la sagesse, celle de l'esprit par le bon sens, celle du corps par le travail : *mens sana in corpore sano*.

La vie morale de l'ouvrière, de la femme, se concentre dans l'amour du foyer, l'affection des enfants, l'union de la famille, cet instrument le plus incomparable des joies et des tendresses du cœur.

Dans le jeu régulier des différents organes de la société, la prospérité, la sécurité, l'avenir des familles ouvrières, sous leur triple expression d'enfant, d'épouse et de père, dépendent rigoureusement de la pratique des devoirs réciproques. Or, l'association familiale étant la base première de l'association humaine, la bonne organisation de l'une règle le bon fonctionnement de l'autre. Ainsi l'harmonie des sociétés repose à la fois sur l'accomplissement des devoirs publics et sur la pratique des vertus privées.

De l'intérêt social, passons à l'intérêt particulier des populations ouvrières :

La moralité de l'ouvrier est pour lui la conquête de la liberté. Sans la moralité, point de véritable indépendance ; seule, elle affranchit l'homme des grandes servitudes de la vie, les passions, les habitudes mauvaises, les égarements aveugles. L'émancipation des intelligences et des volontés est le fruit des bonnes mœurs ; la dignité des caractères en est l'œuvre. L'autorité des lois morales ne s'impose pas seulement aux individus ; les nations elles-mêmes qui n'obéissent point à leur direction marchent inévitablement au despotisme et à la servitude.

A la moralité de l'ouvrier se lie la question de l'égalité des conditions, l'un des problèmes qui sollicitent le plus les préoccupations et les aspirations populaires. Le nivellement des richesses, leur égale répartition, la somme de bien-être et de bonheur qu'elles procurent, consistent dans l'emploi qu'on en fait. Leur utilité dépend de la limite des besoins, de la sagesse des désirs, en un mot de la mesure en toutes choses. Les déshérités de ce monde, privés des joies du foyer, de la fortune ou du bien-être, seraient condamnés à un irrémédiable malheur s'ils ne portaient en eux, à un degré souvent supérieur aux autres hommes, la force morale, la vigueur du courage et de la volonté qui

non-seulement relèvent de la misère par le travail,
améliorent la condition, mais permettent même à
chacun de conquérir dans la société la place que
lui assignent les desseins de la Providence.

La moralité de l'ouvrier touche encore, par une
intime solidarité, à l'intérêt national. Elle s'impose
aux sentiments du patriotisme. D'elle naissent, par
l'attachement à la famille et la pratique de ses
devoirs, les générations saines, viriles et fortes
qui portent les espérances de l'avenir. Dans les
révolutions successives du monde, tout renaît, vit
et disparaît à son tour. Les sociétés vieillies tombent en décomposition, et l'incessante germination
des êtres entretient et élève la force collective des
nations. Aux destructions des races stériles et impuissantes, la vitalité des mœurs oppose la force des
races fécondes, ardentes, progressives, qui fondent sur les vertus de la famille et le progrès
de la population la durée et la stabilité des empires.
La France, menacée d'une dépopulation croissante, pourrait-elle donc être indifférente à la réforme des mœurs populaires?

L'État ne peut se désintéresser de la condition
morale des travailleurs. Cette nécessité s'impose
surtout aux gouvernements dont l'édifice repose sur
le suffrage universel. Qu'a-t-on fait? Que doit-on
faire dans ce but? Graves questions, trop peu agitées dans les discussions des assemblées parlemen-

taires, partant, mal éclairées, mal comprises. Les lois, disons-le d'un mot, doivent en cette matière protéger, développer, diriger. Protéger les faibles : l'enfant, la femme ; développer l'instruction ; favoriser l'association ; diriger dans leur mouvement progressif les masses ouvrières ; prévenir les égarements ; apaiser les agitations qui ébranlent le pays jusque dans ses fondements.

Bon gré, mal gré, la préoccupation générale des esprits se tourne vers les progrès croissants du mouvement ouvrier. Son activité grandit, sa puissance s'affirme, sa force se manifeste de jour en jour davantage. C'est le point culminant où se portent les regards de tous ceux qui prennent souci de l'avenir du pays: Ce mouvement ne s'isole pas en France, il s'étend autour de nous, enveloppe et envahit, jusqu'à l'absorber tout entier, l'ordre social moderne.

On compare souvent le progrès démocratique à un fleuve dont la crue monte sans cesse. L'image est vraie sous un aspect : le flot populaire détruit tout, ou s'étend au milieu des sociétés sans en ébranler les fondements, selon qu'il rencontre l'obstacle ou la direction. Semblable au fleuve majestueux dont l'ancienne Égypte attendait sa richesse, si aucune digue ne s'oppose à son envahissement, il laisse émerger les monuments, les cités populeuses, et fertilise le sol. Les résistances imprévoyantes et obstinées, tout en étant impuissantes à arrêter son cours, entraînent après elles des destructions et des ruines. Diriger le fleuve débordant, préparer la régulière dispersion de ses eaux, utiliser ses éléments de fécondité, c'est aujourd'hui le travail prévoyant de la science sociale. C'est aux œuvres qui éclairent, règlent et amortissent le choc des grands courants populaires, plus qu'à la résistance opiniâtre et inutile, que l'on doit donc s'attacher. On leur devra d'éviter bien des désastres. Peut-être même verra-t-on, après le passage du flot habilement distribué, les sociétés humaines fécondées par son immense immersion.

La France, envahie et troublée par la crue montante de la démocratie, tente aujourd'hui cette expérience. Selon qu'elle sera heureuse ou malheureuse, notre pays reprendra bientôt ou peut perdre à jamais sa place dans le concert européen et son rang à la tête des nations civilisées.

FIN.

TABLE DES MATIÈRES

Avant-propos. . . . . ʋ
Introduction. 1

CHAPITRE PREMIER

L'instruction des ouvriers. — L'obligation scolaire en Alsace.
— Les écoles de fabrique. — Les écoles de demi-temps. —
La lecture; ses influences morales dans les populations
ouvrières 69

CHAPITRE II

L'éducation morale de la jeunesse ouvrière. — Ses effets comparés à ceux de l'instruction. — Le programme radical en
matière d'instruction. — Le syndicat des instituteurs et des
institutrices laïques. — Les délégués du syndicat à l'Exposition de Vienne. 101

CHAPITRE III

La condition des enfants dans l'industrie. — Leur état moral et
intellectuel. — La protection des jeunes ouvriers en Angleterre et en Allemagne. 117

CHAPITRE IV

La loi du 19 mai 1874 sur le travail des enfants et des femmes
employés dans l'industrie. — Son économie et son application. — Les auxiliaires et les adversaires de la loi. . 135

CHAPITRE V

L'apprentissage. — L'enseignement professionnel. — La division du travail et ses effets. — Plaintes des ouvriers sur l'état de l'apprentissage. — La juridiction des prud'hommes. — Réformes législatives. — Les inspecteurs des apprentis. 155

CHAPITRE VI

L'instruction professionnelle. — Les écoles d'apprentissage. — Les écoles d'arts et métiers. — L'enseignement des arts industriels. — Sèvres et les Gobelins. — L'éducation professionnelle des femmes. 179

CHAPITRE VII

La question sociale. — Les opinions des ouvriers. — L'influence de la politique sur leurs aspirations. — Les socialistes anciens et le néo-socialisme. — Le programme des syndicats ouvriers. 203

CHAPITRE VIII

Erreurs économiques des ouvriers sur la rémunération du travail. — L'association coopérative et la participation aux bénéfices. — Le caractère moral et légal du salaire. — L'enseignement populaire de l'économie politique. 227

CHAPITRE IX

Rapports entre la quotité des salaires et la moralité des ouvriers. — La diminution de la durée du travail. — Ses effets sur l'utilité des salaires. — La journée de huit heures aux États-Unis. — Ses conséquences morales. 247

CHAPITRE X

L'emploi utile du salaire. — La vertu de l'épargne. — Les influences morales de la propriété chez les ouvriers. — Les maisons-dortoirs en Allemagne. — Où va l'épargne française. 259

CHAPITRE XI

Les Caisses d'épargne. — Les bureaux d'épargne. —Les Penny-Bancks. — Les Caisses d'épargne scolaires. 273

CHAPITRE XII

Causes de dissipation des salaires. — L'intempérance. — L'alcoolisme. —.Le nombre des cabarets. — La loi sur l'ivresse. — La ligue des femmes aux États-Unis. — Les sociétés de tempérance en France et à l'étranger.... 289

CHAPITRE XIII

Le chômage du lundi. — Le respect du dimanche. — Le rangement de l'atelier. — L'opinion des ouvriers belges. — La loi et l'exemple. 309

CHAPITRE XIV

L'influence des mauvaises mœurs sur la condition de l'ouvrier. — Le libertinage. — Les unions irrégulières. — Les mariages à trente sous. — Les sociétés de Saint-François-Régis. — La dot des ouvrières. 325

CHAPITRE XV

La condition morale des femmes dans l'industrie. — Le contingent des ouvrières. — L'influence de la moralité des ouvrières sur le taux des salaires. — Le travail des communautés religieuses, des ouvroirs et des prisons. — L'atelier de famille. 344

CHAPITRE XVI

La protection légale des ouvrières dans l'industrie. — La prohibition du travail de nuit. — La police des ateliers. . 371

CHAPITRE XVII

La vie de famille. — Le foyer. — Les vertus de la ménagère. — L'institution des crèches. — Le devoir des mères. . . 387

CHAPITRE XVIII

Les associations ouvrières. — Le compagnonnage. — Les confréries. — Les sociétés de secours mutuels. — Les cercles ouvriers. — Les cercles catholiques d'ouvriers.   401

CHAPITRE XIX

Les associations syndicales. — Les chambres de patrons. — Les syndicats ouvriers. — La législation de l'association. — Le projet de l'union républicaine. — La loi à faire. . .   423

CHAPITRE XX

Le devoir des classes dirigeantes. — L'exemple du travail. — La persuasion par les œuvres. — Le père des ouvriers. — Solidarité d'intérêts entre les patrons et les ouvriers. .   455

Conclusion   467

FIN DE LA TABLE.

PARIS. TYPOGRAPHIE DE E. PLON ET Cⁱᵉ, RUE GARANCIÈRE, 8.

En vente à la même Librairie

Les Questions vitales, par Léon LEFÉBURE, ancien député, ancien sous-secrétaire d'État. Un beau volume in-8°. . 6 fr.

Le Même. Un volume in-18. Prix. . . . . 3 fr. 50

Le Programme radical, par D. JAUBERT. In-8°. Prix. 1 fr. 50

La Réforme judiciaire, par M. Jules FAVRE, de l'Académie française. Un volume in-8°. Prix. . . . . 2 fr. 50

La Civilisation et ses lois, par M. FUNCK-BRENTANO. Un volume in-8°. Prix. . . . . 7 fr. 50

La France, l'Étranger et les Partis, par M. G. A. HEINRICH, doyen de la Faculté des lettres de Lyon. Un vol. in-18. 4 fr.

Voyage aux Pays rouges, par un Conservateur, rédacteur du *Français*. Un volume in-18 jésus. Prix. . . . . . 2 fr. 50

Du relèvement de la France : Vieilles Vérités, Union, Perfectionnement, par le docteur C. SÉDILLOT, membre de l'Institut. Un volume in-8°. Prix. . . . . 3 fr. 50

Du Pouvoir, ses origines, ses limites, ses formes, ses transformations, par M. l'abbé RABOISSON. Un beau vol. in-8°. 6 fr.

Le Parti libéral sous la Restauration, par Paul THUREAU-DANGIN. Un volume in-8°. Prix. . . . . 7 fr. 50

Royalistes et Républicains, essais historiques sur des questions de politique contemporaine, par Paul THUREAU-DANGIN. — I. La question de Monarchie ou de République, du 9 thermidor au 18 brumaire; II. L'extrême droite et les royalistes sous la Restauration; III. Paris capitale sous la Révolution française. — Un beau volume in-8° cavalier. Prix. . . . . 6 fr.

Deux Chanceliers, le prince Gortchakof et le prince de Bismarck, par M. Julian KLACZKO. Un volume in-8°. *Deuxième édition.* Prix. . . . . 7 fr. 50

Le Fond de la société sous la Commune, décrit d'après les Documents qui constituent les Archives de la justice militaire, avec des considérations critiques sur les mœurs du temps et sur les événements qui ont précédé la Commune, par C. A. DAUBAN. Un volume in-8°, enrichi d'une gravure et de *fac-simile* d'autographes. Prix. . . . . 8 fr.

PARIS. TYPOGRAPHIE DE E. PLON ET Cie, RUE GARANCIÈRE, 8.